你应该具备的——

考古知识

朱鸿儒　主编

全国百佳图书出版单位
时代出版传媒股份有限公司
安徽人民出版社

图书在版编目（ＣＩＰ）数据

————————————————————————————————

你应该具备的考古知识 / 朱鸿儒主编. -- 合肥：安徽人民出版社，
2012.3

ISBN 978-7-212-04827-3

Ⅰ.①你… Ⅱ.①朱… Ⅲ.①考古学—通俗读物 Ⅳ.①K85-49

中国版本图书馆 CIP 数据核字(2012)第 043573 号
————————————————————————————————

你 应 该 具 备 的

考 古 知 识

朱鸿儒　主编

————————————————————————————————

出 版 人：胡正义

责任编辑：黄　刚

封面设计：光明工作室
————————————————————————————————

出版发行：时代出版传媒股份有限公司 http:www.press-mart.com

　　　　　安徽人民出版社 http:wwwahpeople.com

　　　　　合肥市政务区文化新区圣泉路 1118 号出版传媒广场八楼

　　　　　邮 编：230071

　　　　　营销部电话:0551-3533258　　　　0551-3533292(传真)

印　　制:合肥瑞丰印务有限公司

　　　　　(如发现质量问题,影响阅读,请与印刷厂联系调换)
————————————————————————————————

开本：787×1092　1/16　　印张:14　　　　字数：220 千字

版次:2012 年 3 月第 1 版　　　　2023 年 1 月第 2 次印刷
————————————————————————————————

标准书号:ISBN 978-7-212-04827-3　　　　定价:45.00 元

第二章 中国历史古迹

目　录

第一章　文物·古董·古玩

目 录

你应该具备的

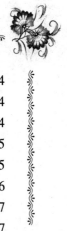

第三章　世界古迹

第四章　文物收藏

第五章 艺术考古

第六章 考古拾趣

目　录

你应该具备的

第一章　文物·古董·古玩

鼎

鼎,在古代被视为王权的象征。始于夏朝的九鼎,《左传》宣公三年(前606年)记载,夏朝初年,会九州州牧(九州的长官)贡铜铸九鼎,其上刻有全国各地山川、异物之图形,代表九州,象征夏王朝拥有天下,置于宫门之外。从此历经商、周,都将九鼎视为传国之宝,以得九鼎视为受天命而得天下。春秋时周王室衰微,公元前606年楚庄王率兵攻打陆浑之戎,在洛邑以咄咄逼人之势,向周王使者王孙满问九鼎之轻重,暗示以武力夺取全国统治权。从此"问鼎中原"就成为夺取政权的代称。战国时期,在各国兼并战争中,对九鼎展开了激烈的争夺。秦统一后,九鼎理当归秦,然而却从此不见九鼎下落。诸书记载,颇多抵牾,堪称一大历史文物疑案。

碑刻

碑在秦代以前称为刻石,到汉代才称为碑。人们把立于宫、庙、殿、堂门前用于识日影及拴马的石桩称为碑。以后,在人死后或下葬时,人们在墓坑周围树立石桩——碑,并筑上孔,用以系绳徐徐下棺,这时的碑不具有纪念意义,只是行葬的一种工具。随着时间的流逝,立于墓旁的石碑有些未被拔掉,并被人镌刻上纪念或说明的文字,为死者歌功颂德,于是便出现了"树碑立传"作用的墓碑。随着历史的发展,碑被人们赋予了更广泛的意义,比如:纪念碑、墨迹碑、地界碑、里程碑,应有尽有,成为人类历史发展的各种标志。

从内容看,有的为神鬼树碑立传,歌功颂德;有的记述兴建土木的原因和名胜古迹的沿革;有的是文人雅士观赏风光时留下的墨迹;有的是整体经文的抄录。

碑刻绝大多数是刻在石头上的,所以也叫刻石,也有刻在砖上的。古代的碑都用朱笔先写在石面上,叫"丹书",然后依朱照刻,此法汉代就开始了,后来又有了钩摹法,即先在纸上写字,再钩摹上石,最后雕刻。

碑刻保存了大量书法和篆刻艺术珍品,既是重要的文史资料,又是名贵的观赏艺术品。最古老的《泰山刻石》藏在泰山脚下的岱庙里,是公元前209年秦朝丞相李斯奉秦二世之命篆写刻成的,到东汉末树碑刻石之风日益兴盛起来,官府大力提倡刻石,民间竞相立碑。此时流传到现代的碑刻也最多,历代所谓"汉隶碑碣"就指这一时期的刻石而言。

碑石丛立如林称为"碑林",古都长安则是中国专门收藏碑刻最早最多的一座艺术宝库,陕西西安碑林、山东曲阜孔庙碑林、台湾高雄南门碑林、四川西昌地震碑林被称为中国四大碑林。

西安碑林最为著名,现存碑石11700多块,荟萃了各代名家手笔,汉魏及唐代著名书法家的碑石大多集中于此,其中114石的《开成石经》,是一座大型石质书库。

曲阜孔庙碑林集碑碣两千多块,碑石大者逾丈,小者不过盈尺,其中两千多年前的孔庙、史晨、乙瑛、礼器等四块汉碑是闻名中外的碑石珍品。

高雄市南门碑林集碑石一千多块,碑刻书法浑厚严谨,气势磅礴,是书法艺术上的珍品。

西昌市地震碑林有碑石一百余块,记载西昌、冕宁、甘泉、宁南等地历史上发生地震的资料。明、清时,西昌地区发生过三次大地震,碑石对其均有详细记载,可以弥补历史文献的不足,是研究地震史的珍贵资料。

国耻纪念碑的来历

1900年夏,义和团运动爆发,德国公使克林德对义和团运动一直持敌视态度。6月12日,义和团经过东交民巷的德国使馆门前时,克林德竟出其不意地以手杖击打一名团员,并将他架到使馆内,引起了群众的极大愤慨。6月20日,克林德与翻译柯达士乘轿经过东单牌楼时被杀死。这本是一件大快人心的事,可是腐败无能的清政府却卑躬屈膝,遵从德意志帝国的无理要求,于出事地点建立一座克林德牌坊。为了建造这座汉白玉的牌坊,共费银120万两,费时一年多,被时人称为"国耻纪念碑"。

第一次世界大战结束时德国战败,当时的战胜国开会议定把"克林德牌坊"改为"公理战胜"牌坊,1919年移至中山公园,1952年亚洲及太平洋地区和平会议在北京举行,会议决定将这座牌坊改为"保卫和平"牌坊,为此,郭沫若题写了"保卫和平"四个大字。

汉画像石

汉画像石是汉代雕刻于石头上的平面图画。它是先画后刻,具有明确的主题思想和人物故事情节,是战国器物上画像纹和狩猎纹图案风格的发展和延续。汉画像石是以现实生活为直接描写对象,既有贵族地主的享乐生活,也有普通百姓紧张繁忙的劳动生活,开创了魏晋南北朝现实主义的艺术作风,构图既有变化又有统一,画面形象生动,动静相乘,互相呼应,通过人物的地位、动作、姿态来刻画出人物的个性和特点。汉画像石刀法简练有力,线条流畅雄健,对以后的木刻版画产生了极其深远的影响。

离石市是中国汉画像石的主要分布区域之一,离石汉画像石大致可分为两类:一类是天上的神仙世界,描写的是墓主人死后祈求步入的仙境;一类是人间的现实图景,描写的是墓主人生前的享乐生活。

离石汉画像石为砂质页岩,质较软,呈灰绿色,红褐色,系削凿磨制成石材后,由画工用墨线勾勒出物像,再由石匠阴刻其轮廓并剔地平铲,成为浅浮雕作品。画像中细部不作阴线镂刻,留有隐约可辨的原有墨迹,其画像构图疏朗,刻画凝重醒目,形象洗练质朴,且剔地平铲极浅,故拓片效果宛如剪影,又衬凿地,得成古拙深沉的艺术风格。离石汉画像石与洛阳汉墓中砖上的彩色人物、大连劳城子汉墓中人物壁画,以及朝鲜平壤附近一些汉墓中各种漆器上的人物画有同样的艺术、历史价值。它比山东武梁祠的图案疏朗,而画刻亦比武梁石室的人物现实生动。离石汉画像石在加拿大、北京故宫、山西省博物馆、山西省考古研究所都有展出,在世界各地有着极大的影响。

现今,离石市文管所珍藏着各种类型的汉画像石百余块,拟做"汉画像石"陈列馆,以一种特有的文物形态,一种特异的风貌向全世界展示中华民族古老文化的光辉。

石狮之史

狮子的故乡在非洲、印度、南美等地。东汉时期安息国王献狮子,把狮子带到中国的土地上。由于佛经对狮子的推崇,在人们的心目中,狮子便成了高贵的"灵兽",于是人们便用石头雕刻成各种狮子,用以镇守陵墓、驱魔辟邪。明朝以后,许多宫殿、府第、寺院,甚至普通住宅,都用石狮子守门,以壮威观。后来,就是在门枕石门楣、檐角、栏杆等建筑部位,也雕刻上姿态各异的石狮子,成为古代建筑不可缺少的装饰。金朝时所修建的卢沟桥的桥身石雕护栏,共有281根雕柱,每个柱顶上都刻着千姿百态,神情活现的石狮子,共有485只。

我国现存最古老的石狮子是东汉时期的遗物,如四川雅安高颐墓前的石狮子;江苏句容县梁朝墓前的石狮子,也有1400多年的历史了。这种石狮子,一般把它叫做"辟邪"。陕西咸阳市唐顺陵的石狮,是现存石狮中比较突出的杰作,它头披卷毛,昂首挺胸,四爪强劲有力,盛气凌人,显示了大唐帝国不可一世的气概。

瓷器的发展历程

远在新石器时代晚期,我们的祖先就已经会利用瓷土做原料,经高温烧成精美的硬陶,这为瓷器的发展创造了一个重要条件。到了商代,又发明了玻璃质釉。瓷土的采用,釉的发明,烧造温度的提高,开创了我国瓷器的新纪元。

我国的瓷器在长期的发展过程中,经历了从青瓷到白瓷,又从白瓷到彩瓷的阶段,这也是我国制瓷技术不断提高的重要标志。

青瓷是我国著名的传统瓷器之一,历代所称的漂瓷、千峰翠色、艾色、翠青、粉青等,都是指的这种瓷器。

到魏晋南北朝时期,烧成了黄釉、酱釉、黑釉、黑褐釉、褐黄釉等瓷器,特别是北朝成功地烧出白瓷,是制瓷技术上的重大突破,这一时期还发明了釉下挂彩的技艺,东晋以后,南方青瓷普遍用褐色斑来装饰。

隋朝瓷窑分布很广,有的窑场规模很大。随着瓷器品种增加,器形多样,部分代替了金、银、铜、陶等生活用具。隋瓷的硬度和釉色的洁净,都超越了前代。烧造的白瓷,色调比较稳定,白度较高,釉色和装饰都比以前复杂,并出现了彩绘。

随着烧造地域的扩大,技术的提高,唐代制瓷业形成了独特的风格。瓷器成为人们日常生活中不可缺少的用品。唐代诗人杜甫在《又于韦处乞大邑瓷碗》诗中写道:"大邑烧瓷轻且坚,扣如哀玉锦城传,君家白碗胜霜雪,急送茅斋也可怜。"这首诗称赞大邑白瓷质"轻且坚",声"如哀玉",色"胜霜雪",销路较广。唐代除青、白瓷外,有的地方出现了在黑釉、褐釉或青釉器物上多次施成色彩不同的釉,烧出的彩霞、浮云和树叶、花朵形状的彩斑,庄重华美。

宋代瓷业发展很快,制瓷技术有许多创新和进步。元代制瓷工艺突出的成就是烧成青花和釉里红瓷器,青花相传开始于宋代,元代成熟,明代极盛,直到今天,还在大批量烧制。

明代制瓷技术又有新的发展。单色釉方面,烧成了鲜红、宝石红、翠青、娇黄、孔雀蓝等新品种。彩瓷也取得了重大成就,烧制的青花已远超前代。成化年间创始的斗彩瓷,为后来灿烂绚丽的多彩瓷器的发展开辟了道路。明晚期又烧成"五彩瓷",技术更为先进。

清代的瓷器生产,达到了更高度的水平,工匠们能够准确地配料、恰如其分地掌握火候。在单色釉方面又增加了许多新的品种,彩瓷立体感更强。

在世界上,我国素有"瓷器之国"的美誉。我国的瓷器不仅是很好的日用品,而且是珍贵的艺术品,深受世界人民的喜爱和赞扬。

紫砂陶器

紫砂陶器历史源远流长,上溯至春秋战国时期,越国著名大夫范蠡曾在宜兴制陶,人称"陶朱公"。明清时期,宜兴陶业空前繁荣,迎来了宜兴紫砂陶器的"黄金时代",那时文人士大夫阶层在室厅堂中陈设宜兴紫砂陶器,成为一种时尚。紫砂陶器是一种质地细腻的无釉细陶器,是用中国江苏宜兴丁蜀镇北黄龙山产的陶土(紫砂泥)制成的陶器,又称宜兴紫砂陶器。所用原料属于高岭土、石英、云母类型,其特点是含铁量较高,颜色有赤褐、淡黄和紫黑等色。宜兴紫砂陶器的造型大体可分为几何形、自然形、筋纹形和仿古形等几大类,通过点、线、面的巧妙组合与泥色的浑然配置,集造型、色泽、书画、诗词、雕刻于一体,使紫砂陶器别具一格。紫砂陶器初创于宋代,明中叶以后盛行,其中以茶壶最受欢迎。紫砂壶泡出的茶,清香扑鼻,隔夜不变味,壶内不留茶垢。而且紫砂壶形制古朴典雅,耐人寻味,与其他瓷器相比,自有一种新的格调。

瓷器

瓷器是我国古代的伟大发明之一,"中国"的英文小写就是瓷器的意思。目前世界上发现最早的瓷器是 1981 年在正定南杨庄仰韶文化遗址出土的釉陶片,这种釉陶片经鉴定为原始瓷器,这次发现把中国烧瓷的历史向前推进了一千多年。瓷器的产生晚于陶器。较早出现的为青瓷,再晚出现的是白瓷。青瓷在东汉末期趋于成熟;唐代以南方越窑青瓷、北方邢窑白瓷最为著名;宋代制瓷业蓬勃发展,各处窑场林立,如汝窑、钧窑等。元代以后景德镇逐渐成为瓷器的制作中心。瓷器品种多样,有冬羊色的瓷、低温色釉瓷以及青花、釉里红、料彩、五彩、粉彩、珐琅彩等装饰的彩瓷,"三阳开泰"就是景德镇出品的名瓷之一。

宋五大名窑

宋代名瓷名窑大量涌现,其中最出类拔萃的是官窑、哥窑、汝窑、定窑和钧窑5个窑口,后人誉之为"五大名窑"。五大名窑以位于河南宝丰的汝窑为首,汝窑以烧制青瓷为主,它的生产只在北宋末期,加上成本高、产量低,故传世作品少而弥足珍贵,器、物本身制作上胎体较薄,胎泥极细密,呈香灰色,制作规整,造型庄重大方。汝窑瓷器最为人们称道的是其釉色,后人评价"其色卵白,如堆脂然,汁中榨眼隐若蟹瓜,底有芝麻细小挣针"。

龙泉青瓷

龙泉是浙江省历史文化名城,位于浙江西南部,与江西、福建两省接壤,以出产青瓷著称。文物普查时发现,这里烧制青瓷的古代窑址有五百多处,仅龙泉市境内就有三百六十多处,这个庞大的瓷窑体系史称"龙泉窑"。龙泉窑是中国陶瓷史上烧制年代最长、窑址分布最广、产品质量最高、生产规模和外销范围最大的青瓷名窑。

相传南宋时,在今浙江省龙泉境内,有两座著名的瓷窑叫哥窑和弟窑,分别由两兄弟主管。哥窑烧造的青瓷较黑,俗称"铁骨";弟窑烧制的青瓷器,性质细密清白,釉色名目繁多,其中又以粉青与梅子青为最,前者色调柔和淡雅如青玉,后者色调青翠滋润赛翡翠。

当时龙泉上品青瓷只要一出窑,立刻就被宫廷高价收购,当地县官看一眼都难。今天,不要说完整的龙泉青瓷,即使是它的一个碎片,都是珍宝。龙泉青瓷的质地之细清,釉色之醇美,达到了青瓷艺术的高峰,从此龙泉青瓷甲天下,并使唐代名窑越窑从此黯然失色。

龙泉窑青瓷在国外也有重大影响,宋元时期就大量出口,陈桥驿在

《龙泉县地名志序》中说："从中国东南沿海各港口起,循海道一直到印度洋沿岸的波斯湾、阿拉伯海、红海和东非沿海……无处没有龙泉青瓷的踪迹。"龙泉青瓷在宋元时达到高峰,明代生产规模不减,但质量下降,至清代逐渐衰落,晚清后曾一度停烧,仅有少数窑口从事仿古生产。

陶都宜兴

湖北宜兴是陶瓷艺术的发源地,有陶都之称。宜兴地处江、浙、皖三省交界处,河流交错,交通便利,当地陶土蕴藏十分丰富,且质量上乘,仅鼎蜀镇一带小区就蕴藏上千亿吨用以制作紫砂陶器的天然原料,宜兴以紫砂器最为著名,由于所制陶品广为世人所喜爱,因而名声远扬。

霄化

青花是彩瓷的一种,以元代景德镇的青花瓷器制品最具代表性。青花是指以氧化钴为着色剂,在瓷坯上绘画,罩以透明釉,经1300℃高温烧成的瓷器,其色彩白蓝相映,恬淡素雅,给人以清新明快的美感,青花因具有中国传统水墨画的效果,成为我国最具民族特色的瓷器。

古代陶瓷的鉴别

鉴别陶瓷主要从陶瓷的造型、图案纹饰、胎、釉、款式等五个方面来鉴别。很多陶瓷是以龙的图案来装饰的,人们根据龙的图案纹饰便可鉴别它的年代,元代的龙,嘴尖头小,颈细身肥,只有三爪或者四爪;明代的龙,嘴凸头大,颈粗身肥,五爪,头上有角,毛发上冲,又称为猪嘴龙;清代的龙,嘴缩身细,样子变得像条蛇,而且显得呆板。如16世纪以后陶瓷图案装饰,画的龙是正面的,不同时期的陶瓷,造型也不同,以花瓶为例,清代康熙年间的花瓶,造型轻巧秀丽,而乾隆年间的花瓶造型稳重朴实。而鉴别一件陶瓷是真品还是仿制品,非常困难,仅仅靠观察和经验是不够的。

陶器与瓷器的区别

陶器与瓷器主要有以下几点区别:

一、陶器与瓷器所取材料的质地完全不同。陶器以黏土加工成型,这种原料可塑性好,是多种矿物的集合体,多呈粉土状,具有喑哑、不透明、吸水性和吸附性强等特点;而瓷器以瓷土为胎骨,这是一种主要由石英、云母组成的复杂的矿物岩石,其内三氧化二铝含量高,三氧化二铁含量低,透明度高,吸水性很弱。

二、烧制温度不同。陶器在800~1000℃的低温中即可烧成。超过了这个极限,胎骨就会爆裂;瓷器的烧成温度则一般要在1200℃以上,烧成后质地纯洁而坚强,把它打碎后呈现光辉四射的介壳屑状。

三、瓷器表面施釉而陶器多不施釉。

唐三彩

唐三彩是唐代三彩陶器的简称,制作始于唐高宗中期,盛于武则天时,安史之乱后逐渐衰落。所谓"三彩",并不只限于三种色彩。除了白色(一般微带黄色)之外,还有浅黄、赭黄、浅绿、深绿、蓝色等。唐三彩的配方和制作非常有研究。它是用含有较高成分的高岭土的白色黏土作坯胎,用铅和石英配制成的铅釉作釉,并在釉中加入含铜、铁、钴、锰等元素的矿物作釉料的着色剂,经过两次烧制而成的。这为我们了解当时人们的生活方式,进而研究当时的社会关系、民俗风尚、审美倾向提供了大量的实物材料。

唐三彩的特点可以归纳为两个方面,首先是造型。从造型方面来讲,它的造型与一般的工艺品的造型不同,与其他时代出土的也不同。

唐三彩的造型丰富多彩,一般可以分为动物、生活用具和人物三大类,而其中尤以动物居多。出土的唐三彩,从现在分类来看主要也是分为动物、器皿和人物三类,尤其以动物居多,这个可能和当时的时代背景有关,在我国古代,马是人们重要的交通工具之一,战场上也需要马,农民耕田也需要马,交通运输还需要马,所以唐三彩出土的马比较多。马的造型比较肥硕,这个马的品种,据说是当时从西域那边进贡过来的,所以和我们现在看到的马的形状有点不大相同,马的臀部比较肥,颈部比较宽。唐马的造型特点,是以静为主,但是静中带动,你们看到这是一匹静立的马。但是它通过马的眼部的刻画,马的眼部是刻成三角形的,眼睛是圆睁的,然后马的耳朵是贴着的,它好像在静听或者听到有什么动静一样,它通过这样的细部刻画来显示唐马的内在精神和内在的韵律。其次就是骆驼也比较多，这可能和当时中外贸易有关，骆驼是长途跋涉的交通工具之一，那么人们经商可能就是从东往西，从西往丝绸之路沿途需要骆驼作为交通工具，所以说，工匠们把它反映在工艺品上。人物一般以宫廷侍女比较多，这与当时的宫廷生活有关。

唐三彩的另外一个特点就是釉色。作为一件器物上同时使用红、绿、白三种釉色，这在唐代本来就是首创，但是工匠们又巧妙地运用施釉的方法，红、绿、白三色，让它们交错、间错地使用，然后在经过制作以后，釉色形成独特的流窜工艺，出窑以后，三彩就变成了很多的色彩，它有原色、有复色、有兼色，人们能够看到的就是斑驳淋漓的多种彩色，这是唐三彩釉色的特点。

唐三彩的兴起可能与当时的厚葬风气有关。由于唐三彩流行时间短，流传地区也不广，所以除了洛阳、西安、扬州外，在其他地区很少出土，因而在考古界它也就成了不可多得的珍品。

印染技术的发展

早在六七千年前的新石器时代，我们的祖先就能够用赤铁矿粉末将麻布染成红色。我国古代染色用的染料，大都是天然矿物或植物染料，而以植物染料为主。古代将原色青、赤、黄、白、黑称为"五色"。将原色混合可以得到间色(多次色)。青色，主要是用从蓝草中提取的靛蓝染成的。能制靛的蓝草有好多种，古代最初是用马蓝、赤色，我国古代将原色的红称为赤色，而称橙红色为红色。周代开始使用茜草。它的根含有茜素，以明矾为媒染剂可染出红色。汉代起，大规模种植茜草。早期主要用栀子，栀子的果实中含有"藏花酸"的黄色素，是一种直接染料，染成的黄色微泛红光。南北朝以后，黄色染料又有地黄、槐米(槐树花)、黄檗、姜黄、柘黄等。用柘黄染出的织物在月光下呈泛红光的赭黄色，在烛光下呈光辉的赭红色，其光照色差很炫人眼目，所以自隋代以来便成为皇帝的服色。宋以后皇帝专用的黄袍，即由此演变而来。白色，用天然矿物绢云母涂染，但主要是通过漂白的方法取得。在此前后，还发明了用硫磺熏蒸漂白的方法。黑色，古代染黑色的植物，主要用栎实、橡实、五倍子、柿叶、冬青叶、栗壳、莲子壳、鼠尾叶、乌桕叶等。我国自周代开始采用，直到近代，才为硫化黑等染料所代替。掌握了染原色的方法后，再经过套染就可以得到不同的间色。

你应该具备的

唐代的印染业相当发达,除缬的数量、质量都有所提高外,还出现了一些新的印染工艺,特别是在甘肃敦煌出土了唐代用凸版拓印的团窠对禽纹绢,这是自东汉以后隐没了的凸版印花技术的再现。从出土的唐代纺织品中还发现了若干不见于记载的印染工艺。到了宋代,我国的印染技术已经比较全面,色谱也较齐备了。明代杨慎在《丹铅总录》中说:"元时染工有夹缬之名,别有檀缬、蜀缬、浆水缬、三套缬、绿丝斑缬之名。"名目虽多,但印染技法仍不出以上范围。

到了明清,我国的染料应用技术已经达到相当高的水平,染坊也有了很大的发展。乾隆时,有人这样描写上海的染坊:"染工有蓝坊,染天青、淡青、月下白;有红坊,染大红、露桃红;有漂坊,染黄糙为白;有杂色坊,染黄、绿、黑、紫、虾、青、佛面金等。"此外,比较复杂的印花技术也有了很大的提高。

雕玉史话

我国雕玉的历史可以追溯到新石器时代,但新石器时代的玉器主要用于装饰,而制作很简陋、不规整,玉料选择不严,玉质较差,器形只有坠、管、珠、璜、玦等。

随着历史的推进,玉器大为发展,应用范围扩大,制作技术完善,产量丰富。特别是玉璧、玉琮的出现,说明玉器已开始脱离实用而转变成供某种特殊用途的器物。

商代玉器的生产规模已达到了前所未有的高度。从出土情况看,当时的奴隶主贵族佩玉、玩玉的习俗很盛,不论男女,都要佩戴玉饰。玉制的礼器种类增多,有璧、琮、圭、璋、璜等。并出现了玉制的生产工具和戈、矛、戚、钺、刀等仪仗用器。商代已掌握了阴刻、浮雕、圆雕、透雕等方法,并首创了立体玉雕人像和各种动物。

继商代之后,西周玉器的应用,在贵族当中更为普遍。除用于装饰、仪仗和礼器外,还作为交换财产的等价物。西周金文中的"宝"字,是室内藏有玉和贝。春秋时代的玉器,一方面承袭西周作风,另一方面又有发展因素,琢玉技术有较大进步,各种硬玉石料也能加工雕造。战国雕玉有了新的变化和成就。在佩玉方面,讲究组合、形象和色泽对称。这一时期还以雕玉做剑的装饰,用玉制作带勾、印玺、符节、简册等。传世作品中的战国行气铭玉佩饰,周身刻有"行气"铭文45字,是我国最早关于气功运动的记载。

西汉时期。王侯贵族盛行用"玉衣"作为葬服。玉衣又以编缀玉片的金属丝不同,分为金缕玉衣、银缕玉衣和铜缕玉衣3种。据《后汉书·礼仪志》记载,皇帝用金缕玉衣,诸侯王、列侯、始封贵人、公主用银缕玉衣,大贵人、长公主用铜缕玉衣。新中国成立后至20世纪80年代,已发掘出土了9套这样的玉衣。

隋、唐时期的玉器,在造型和装饰方面创造了新的风格。佩饰出现了头戴的金、银镶玉的步摇、发钗和手戴的玉镯。唐代还流行玉带铸,它是用玉琢成方形的玉片,缀附在革带上,成为官场礼服的重要组成部分。这种玉带铸在宋以后也有制作,明代更为流行,制作更精致。

到了明、清时期,玉器生产发展很快,工艺技术水平相当成熟,品种以佩带和陈设用的工艺美术品为主,还出现了一些大型玉雕。

象牙微雕

象牙微雕,顾名思义即在象牙上进行微型雕刻。它是在骨刻、石刻、竹刻艺术的基础上发展起来的。微雕的工具是比绣花针还细的刻刀和固定象牙的砧座,以及低倍的放大镜。由于雕刻的字画极为精细,即便戴上放大镜,刀尖的转动也不能笔笔窥见,这就要求艺术家具有深厚的书法、绘画功底和以指感、腕力自如地把握刻刀的能力。操刀时屏息静气,收视闭听,专心一致,使刀能到之处,粗细深浅得当,阴阳向背分明。

我国的微雕艺术有悠久的历史。早在西周时期,刻在甲骨上的卜辞,有些字"小如粟米",这就是原始的微型雕刻。同书法、绘画一样,象牙微雕也很讲究艺术美。刻字是通过笔法、间架、行气、章法来反映作者的精神境界和思想感情的。因而要求点画分明,笔锋圆润,铺排妥帖,行款井然,把书法的情味与金石的意趣融为一体;雕刻要求虚实结合,合理布局,构思精巧,画面线条柔和、浓淡得体,形象逼真,富于立体感,使人们观赏以后能得到美的享受。

木雕观音

1755年,在河北承德普宁寺大乘阁中用松、柏、桦、杉、榆等100多立方米木料拼成木雕观音,这是世界上最大的木雕佛像,它高 22.28 米,腰围 15 米,重 110 吨。在它的头上,还有一个高 1.4 米的坐像,据说是观世音菩萨的师傅无量佛的像。这尊木雕大佛像有 42 只各持法器的手,45 只眼睛炯炯有神,面目清秀,体态匀称。人们称之为"千手千眼佛"。

剪纸史话

剪纸,是用镂空透雕来创造美的一种艺术形式。我国早在新石器时代,人们就已经有了美的观念,并且产生了对镂空透雕美的追求。利用其他薄片材料进行剪刻镂花,在出土文物中屡见不鲜。战国的银箔镂空刻花弧形装饰物、透雕玉璜等。1966 年湖北江陵望山 1 号墓出土的一件战国镂空刻花皮革,在很薄的皮革上刻有细密的圆、方和三角形组成的连续花纹。它足以说明,当时除了没有纸作为材料之外,在技术方面已经为剪纸艺术的产生奠定了基础。

南朝时期荆楚一带的节日风俗。在"人日"时,要用彩色幡纸剪成人形贴在屏风上,妇女们则把用幡纸剪成的燕子戴在头上,作为节日的装饰。这可以作为剪纸已在民间流行的证明。

真正用纸剪成的剪纸出现在北朝时期。在新疆吐鲁番阿斯塔那地区的古墓葬中,发现有八角形团花、忍冬纹团花、菊花形团花三幅,层次交错,变化繁复,颇有韵律感。还有更为复杂的剪纸,在几何形内圈之外分别剪出一圈对马和一对猴,将动物很巧妙地组合在图形的画面中,给人一种清新之感,其艺术表现之成熟,绝非萌芽的原始状态。

剪纸在民间普及是在宋代。宋代民间剪纸的应用范围很广:有的将剪纸作为礼品点缀,有的贴在窗上作窗花,有的巫师用剪纸"龙虎旗"驱邪,有的把剪纸用于工艺装饰,还有的用剪纸装饰灯彩。宋代剪纸的普及,还表现为专业剪纸艺人的出现。当时杭州就有"剪字"、"剪镞花样"、"镞影戏"等专门从事剪纸或同剪纸有关的手工业。

剪纸工艺到了明代已达很高的艺术水平。1965 年在江苏江阴出土的一把明代折扇,在素色扇面的双层纸间,夹裱着一幅深色的"梅鹊报春图"剪纸。据记载,著名的佛山剪纸,在明代就已经远销东南亚一带,博得声誉。

清代剪纸进入宫廷。北京的坤宁宫,是清代皇帝结婚时的洞房,室内的布置一直保留着满族的习惯:墙壁裱纸,四角贴着黑色的喜字剪纸的角花;顶棚中心贴着龙凤团花的黑色剪纸;在宫殿两旁的过道壁上,也贴有角花。

延安地区地处中华民族文明摇篮的黄河流域,有着灿烂的文化传统和民间风俗。延安剪纸历史悠久,群众基础深厚。1942年延安鲁迅艺术文学院的美术家力群、陈叔亮、张仃、古元、夏风等,深入群众学习民间剪纸,并且创作出一大批反映解放区人民生产、战斗、生活的新窗花,它推动了群众性剪纸的创作和发展,使传统民间剪纸发生了革命性的变化,新剪纸艺术也在延安诞生了。

新中国成立后,剪纸的艺术价值更受到重视,剪纸的艺术劳动得到尊重,剪纸创作空前繁荣,中国剪纸也赢得了颇多国际声誉。

古代漆器

我国是世界上最早发现漆料和制作漆器的国家。古代的兖州和豫州,都是著名的产漆地区。彩绘漆器是我国工艺美术品的重要品种。目前发现最早的漆器是距今7000年左右的木胎漆碗和漆筒,商代漆器的生产水平相当高,商代出现的青铜器镶嵌绿松石,所嵌的各种形状的绿松石,就是用漆液粘在青铜器上。

唐代漆器中的螺钿漆器,是用贝壳制成人物、鸟兽、花草等形象,嵌在漆器上。这一技术源于商代青铜镶绿松石,发展至隋唐时期已达到了极高水平。这一时期,漆器制造技术开始传入日本等国。宋元时期的漆器,在手工业商品生产中占有重要位置。每件漆器上多写有某年某地某人作,并有"真实上牢"等字样。元代开始出现雕漆。雕漆又名剔红,是用红棕等色的漆,一层一层在胎外涂厚,然后在表面雕刻花纹。明清时期的雕漆、填漆、金漆、螺钿漆器等,有的是宫廷手工作坊生产,专为皇室贵族享用;有的是民间手工生产,作为商品销售。

古钱币鉴定

鉴定古钱(铜或铁质),不可不了解它的某些伪造方法,从伪造方法中也可知道某些古钱的鉴定常识。

旧时,伪造古钱的主要方法有:

一、翻沙法。即用木质或骨质或软石雕成古钱的模型来翻沙,或用原钱做成模型来翻沙。如依据钱币时代的文字制作,揣摩收集古钱人的心理,用木质或其他质料等雕成一种特殊钱的模型翻沙伪造。此类伪钱市上亦多,文制大小粗粗看来与真品无异,但细细分辨,在精神色泽上还是有本质区别的。

二、改刻法。选取较厚的旧铜钱磨去其原有文字,改刻另一种稀见品的文字来伪造。此法费工颇大,并要有高超技术,故所见不多。

三、挖补法。将普通旧钱的文字挖去一半或全部,再取别钱文字或另用铜片打成文字来补贴上,如五铢钱挖去五,补上它钱的铢字,成为"铢铢",挖去铢字,补上它钱的五字,变成"五五";还有一种是照着原有文字的笔画改为罕见文字,将一部分笔画挖去,再用生漆填补。

四、拼合法。将两个旧钱各取一半来拼合的,如两枚相同的五铢钱各取一半拼为"铢铢"或"五五",半两钱亦如此。

五、打制拼合法。是将两块薄铜片,一块打制面文,一块打制背文,制成钱样,拼合而成。

从色泽方面鉴别古钱极有讲究:

一、绿色。因出土古钱皆有绿锈,为显得逼真,伪造绿锈的方法有:1.将伪造的钱埋入土中,经二三年取出,就有满身绿色的锈。2.将伪造的钱浸以盐酸或醋酸,再埋入土中,经过一年半载后取出便有绿锈。浸以盐酸或醋酸的伪钱,若被放到阴暗潮湿处,也能发生绿锈。但此种绿锈浮在表面,不能入骨,比真钱的绿锈松脆,容易脱落,且不能发生硬绿,只能成土化绿,所以硬绿锈是不能伪造的。3.用胶水调以绿色粉末,涂在伪钱上,再加以泥浆水,候干,便成土化绿。这类伪钱若经开水泡煮,绿锈便会完全脱落。4.用松香调以绿色粉末,涂在伪钱上,便成了一种类似硬绿的锈。乍看不易辨别,如以热手摩擦或热水浸之,用鼻嗅觉有松香气味,便能分辨其伪造。5.用绿色瓷漆涂上伪钱,经过一年半载,瓷漆干硬,颇似硬绿,但其色泽终不能如出土硬绿之自然,且易脱落。

二、红色。出土的古钱也有生红锈的,伪造方法大致有:1.将伪钱用火烧煅使透,浸入冷水,便带红色的锈,再浸以盐酸或醋酸,埋入土中,经一年半载取出,便有红绿锈色。但此种方法只能用于水红铜的钱,若明清黄铜钱,虽经火煅也不能发生红色。2.用胶水调以红色粉末,照前述伪造绿锈的方法,也能造成红绿锈色,但它的弱点也与伪造的绿锈相同。3.用松香调以红色与绿色,同涂伪钱上面,便成红绿锈,其弱点亦同前。4.用红色瓷漆与绿色瓷漆调涂伪钱上面,便成红绿锈,弱点亦如上。总之,红色是不能独立的,一定要配以绿或蓝色或传世古。

三、蓝锈。出土古钱的颜色还有红、绿、蓝三色的,作伪的方法也不外上述用胶水、松香、瓷漆三种配合,但造此种三色伪钱的甚少。

四、传世古。有的古钱是历代流传下来并没有埋入土中的,故多数圆钱无红绿锈,仅其表面有一种黑褐色,这色即传世古;也有的虽经埋入土中,但出土后经日久摩擦,红绿锈大半脱落,仅在少数处尚有一些绿色或红色,其余部分都已成了黑褐色的铜质,这种称为半传世古。其伪造方法有二:1.将伪钱用火煅烧,取出后使冷,钱的表面上便发生黑色,再放在衣带裹之,经一年半载,色泽光润,便与真钱相似。此种偶有带红色锈的。2.将伪钱用盐硫酸浸一两日,取出便呈黑色,再裹入衣带一年或半载,色泽即发光润,与传世古真钱相似。

伪造古钱不易,而鉴定古钱更难。即使有长期经验,也仍要处处留心。但伪钱与真钱究竟两样,如真钱的绿色,无论是硬绿或土化绿,都是入土数十数百年,甚至数千年而成的,硬绿的硬度是非常坚硬,土化绿是入骨的,甚至有铜质已化的。伪钱的制造者决不能等待埋入土中数十年或数百年后再取出来售卖,至多埋入土中两三年,不会成为硬绿,土化绿也是不能入骨,仅在钱的表面有一层类似土化绿的绿锈而已,一经洗刷,容易脱落,所以能够辨别。红锈也是如此,真的红锈是活色不容易脱落,伪的红锈是滞色容易脱落。

传世古则不然,伪的传世古经过一两年后外表就能和真的无异,所以一定要从它的文字、制作来辨别。真钱的制作,如边、缘、穿、好,都有自然的姿态,文字也有精神,且有时代的风格,伪钱是模仿的,总不免有些牵强做作,所以辨别古钱的真伪,最重要的是要从制作、文字上来研究。

识别古钱真伪,不仅要辨色,还要辨声、辨味。因为新铸的钱,其声必有转音,而且有火气,不比久经行使的钱或出土的钱,火气已脱而无转音,所以将钱在桌上轻轻敲之,听它的发音便能辨得;长期埋入地下生有锈色的钱带有一种土香,伪造锈色的钱带一种臭味,如松香味、胶水味,用鼻嗅之也能辨得。

未来佛铜像

西藏日喀则扎什伦布寺的未来佛铜像，是世界上现存最大的一尊铜佛像。镏金青铜未来佛坐像位于扎寺西部的未来佛大殿内，净高 22.4 米。未来佛，藏语称为"强巴"，是喇嘛教中最受尊敬的神佛之一。据史料记载，当年为铸造这尊铜像，耗用紫铜 11.5 万公斤，黄金 79 公斤，珍珠 300 余粒，珊瑚、琥珀、松耳石等各种珍贵金石 1400 颗。仅大佛的眉间，就镶嵌有特大钻石 1 颗，蚕豆大的钻石 30 颗。安放铜佛的大殿建于 1914 年至 1916 年，是在先已铸好铜佛并放妥之后，再专门营造的。自远望去，此殿犹如一座高耸的瞭望台，鹤立于众殿之中。

长信宫灯

长信宫灯 1966 年出土于中山靖王刘胜妻窦绾墓。此灯外形是宫女执灯，灯盘可以转动，以改变灯光照射的角度，灯火的烟通过手进入体内。整座灯是一件完美的圆雕，各部分造型比例适当，人物神态安详。

通体鎏金，作宫女跽坐持灯状，中空。整体由头部、身躯、右臂、灯座、灯盘和灯罩六部分组成，各部均可拆卸。宫女着广袖内衣和长袍，左手持灯座，右臂高举与灯顶部相通，形成烟道。灯罩由两片弧形板合拢而成，可活动，以调节光照度和方向。灯盘有一方鎏柄，内尚存朽木。座似豆形。器身共刻有铭文九处 65 字，分别记载了该灯的容量、重量及所属者。因灯上刻有"长信"字样，故名"长信宫灯"。据考证，此灯原为西汉阳信侯刘揭所有。刘揭文帝时受封，景帝时被削爵，家产及此灯被朝廷没收，归皇太后居所长信宫使用。后来皇太后窦氏又将此物赐予本族裔亲窦绾。此灯作为宫廷和王府的专用品、礼品，可见它在当时也是很珍贵的。长久以来，长信宫灯一直被认为是我国工艺美术品中的巅峰之作和民族工艺的重要代表而广受赞誉。这不仅在于其独一无二、稀有珍贵，更在于它精美绝伦的制作工艺和巧妙独特的艺术构思。

长信宫灯一改以往青铜器皿的神秘厚重，整个造型及装饰风格都显得舒展自如、轻巧华丽，是一件既实用、又美观的灯具珍品。堪称"中华第一灯"。采取分别铸造，然后合成一整体的方法。考古学和冶金史的研究专家一致公认,此灯设计之精巧,制作工艺水平之高,在汉代宫灯中首屈一指。

击鼓说唱俑

汉代陶俑题材广泛,工匠们自由发挥塑造技能,创作出许多精美的艺术作品。汉代的陶俑大多以日常生活为表现的对象,各类劳作者、奏乐者、说唱者在陶艺人的手下无不生趣盎然。

四川地区的汉俑独具特色,内容更为丰富,在出土的许多俑雕像中,最著名的就是《击鼓说唱俑》。说唱俑席地而坐,头部硕大,裹着头巾,前额布满皱纹,赤膊跣足,左臂环抱一个圆鼓,右手高扬鼓槌。说唱俑的表演仿佛已经进入了高潮,他得意忘形,神情激动,表情夸张,竟不自觉地手舞足蹈起来……这是多么令人激动的场面!虽然人们并不了解他说唱的具体内容,但一看到这位热情、乐观、充满生命活力和幽默感的艺人,都会发出会心的微笑,甚至可以想象到在这个说唱俑的面前,正有一群兴致勃勃的听众在倾听着他出色的表演!可见,汉代的雕塑家们是多么富有创造力和想像力。他们并非简单地模仿生活中的场景,而是采用了极其大胆夸张的手法,着重表现说唱者那种特殊的神气。作者采用虚拟方式,通过欣赏者的联想作用,创造出一个隐含的充满戏剧性的精彩场面。这种虚拟中的戏剧性场面,本身也体现出汉代艺术所特有的生动活泼的气势。这件作品同时也是研究汉代民俗和陶塑艺术的珍贵史料。

兽面纹

兽面纹是青铜器上的一种纹饰。早在商代就已经出现,这种纹饰实际上是各种幻想动物的集合体。宋代以来,这种纹饰称为饕餮纹。饕餮是传说中的贪暴怪兽,贪财贪食,喜食人,且"日夜相残,以尽其类"。商国青铜器中,兽面纹所占数量最多,表现的是一种神秘狰狞的美。兽面纹基本是公式化的,经历了由抽象走向形象的过程。形象的兽面纹是以鼻梁为中轴线,两边有兽目,还分别有耳、眉、口、角,兽面两侧还各有一段兽身和兽足。

饕餮纹这种纹饰最早出现在五千年前长江下游地区的良渚文化玉器上。《吕氏春秋·先识》篇内云:"周鼎著饕餮,有首无身,食人未咽,害其及身。"饕餮纹在二里头、夏文化中的青铜器上已有了。以鼻梁为中线,两侧对称排列,通常的下唇。饕餮纹出现在青铜器上,尤其是鼎上。商周两代的饕餮纹类型很多,有的像龙、像虎、像牛、像羊、像鹿;还有的像鸟、像凤、像人。饕餮纹这种名称并不是古时就有的,而是金石学兴起时,由宋人命名的,最完美的饕餮纹面具高21.0公分,现藏于美国西雅图图书馆。到西周时代,其神秘色彩逐渐减退。

饕餮纹一般以动物的面目形象出现,具有虫、鱼、鸟、兽等动物的特征,由目纹、鼻纹、眉纹、耳纹、口纹、角纹几个部分组成。面目结构较鲜明,也正是利用这些特征,将人们带到了一个神秘的艺术世界,商代的饕餮纹在吸引人们注意力方面是特别有效的。饕餮纹凶猛庄严,结构严谨,制作精巧,境界神秘,是青铜器图案装饰中最优秀的作品之一,代表了青铜器装饰图案的最高水平。

青田石雕

青田石雕产于浙江省青田县,约始于南宋庆元年间,距今有800年的历史。最初只是磨制石章,到清代品种才增多,光绪三十年后,青田石雕分别参加了比利时赛会、美国巴拿马博览会、意大利都朗赛会和我国的南洋劝业会等,均获得好评,从此蜚声海内外。青田石雕以镂刻见长,在创作上,它的特点是依形布局,取势造型,依色取巧,因巧施艺,尤其对天然俏色、透明白色的利用,使其更具风采。风格上,它构图丰满,富有浓厚的装饰趣味和江南的地方色彩。在技艺上它精雕细刻,不留刀痕,异常光洁。品种上则以花卉、山水风景见长。"葡萄山"、"高粱"、"西游记"都是青田石雕的优秀代表作品。

木雕

木雕,顾名思义,就是在木头上雕刻的工艺美术品。上好的雕刻用木材有檀香木、紫檀木、樟木等。著名的木雕作品有潮州木雕和东阳木雕。

潮州木雕因产于广东潮州地区而得名。它选用优质樟木,经凿出粗坯后进行精雕细刻,再经磨光、上漆,最后贴上金箔才告工完成。所以其作品往往呈现出金碧辉煌、熠熠闪光的艺术效果,故又称"金漆木雕"。它多用于建筑物上,如装饰门窗等,也作日常之用。

东阳木雕产自浙江东阳。这里气候适宜,四面环山,因此盛产木材,号称"木雕之乡"。东阳木雕创作在明清时达到鼎盛。当时的建筑物如厅室、庙宇等的屋架、梁柱、门窗上多用木雕装饰。明宅"肃雍堂",是明代封建官僚的大庄园,建筑物规模宏伟,结构坚固。木雕装饰极其精致,气势巍峨,十分壮观。此外,东阳家具木雕也十分有名。

明代家具

明代家具也被称为"明式家具",常取材于紫檀、花梨、红木、杞梓木(鸡翅木)、铁力、榉木等,也称硬木家具。与其他朝代相比,明代家具的艺术特色相当显著。它设计简练,结构合理,很注重实用性。此外,明代家具做工精巧,造型优美,风格典雅。明代家具多用富贵木材,它们具有坚硬致密、色泽古雅、花纹华美的特性。为充分利用这些木材的天然纹理和美色,往往不上漆而仅用蜡饰,使之光滑如镜,更耐人寻味。这种深沉绚美的色泽与稳健的造型互为映衬,共同构成了明代家具典雅协调的风格特色。

云锦

云锦是中国传统丝织工艺品之一,因其锦纹瑰丽如云彩,故而得名。云锦产地在南京。它的特点是大量用金线,包括捻金、缕金,也包括缕银与银线,是一种善于用金装饰织物花纹的提花丝织物。云锦的主要品种为"妆花"、"欣金"、"织锦"。它们以各种金银线交织于一件彩锦中,使花纹金彩辉映,整件织物具有一种瑰丽灿烂、典雅而高贵的艺术效果。南京云锦是至善至臻的民族传统工艺美术珍品之一。吴村梅有一句诗就是用来描写南京云锦的:"江南好,机杼夺天工,孔雀妆花云锦烂,冰蚕吐凤雾绡空,新样小团龙。"南京云锦是南京传统的提花丝织工艺品,是南京工艺"三宝"之首。南京云锦配色多达十八种,运用"色晕"层层推出主花,富丽典雅、质地坚实、花纹浑厚优美、色彩浓艳庄重,大量使用金线,形成金碧辉煌的独特风格。由于用料考究,织工精细,图案色彩典雅富丽,宛如天上彩云般的瑰丽,故称"云锦"。现代只有南京生产,常称为"南京云锦"。至今已有 1580 年的历史。南京云锦与成都的蜀锦、苏州的宋锦、广西的壮锦并称为"中国四大名锦"(与苏州缂丝并誉为"两大名锦")。

云锦过去专供宫廷御用或赏赐功臣之物。现代云锦继承了明、清时期的传统风格并有所发展，传统品种有妆花、库锦、库缎等几大类（见"妆花"、"库锦"、"库缎"），库金、库锦等以清代织成后输入内务府的"缎匹库"而得名，沿用至今。妆花类织物是代表云锦技艺特色和风格的品种，图案布局严谨庄重，纹样造型简练概括，多为大型饱满花纹作四方连续排列，亦有彻幅通匹为一单独、适合纹样的大型妆花织物（如明、清时龙袍、炕褥毯垫等）用色浓艳对比，常以金线勾边或金、银线装饰花纹，经白色相间或色晕过渡，以纬管小梭挖花装彩，织品典丽浑厚，金彩辉映，是云锦区别于蜀锦、宋锦等其他织锦的重要特点。1949 年后，在传统品种的基础上创造新品种，如雨花锦、敦煌锦、金银妆、菱锦、装饰锦及台毯、靠垫等，供蒙、藏兄弟族服饰和书画装裱、旅游纪念品、外贸等的需要。

蜀锦与宋锦

自三国时期起，四川的织锦业一直非常发达，居全国领先地位，当时成都织造的经线起花的彩锦色泽美丽、花纹新颖，织造技术已达到相当成熟的地步，被誉为"蜀锦"，名扬天下，另外还出现了加金锦等新品种。到了宋代，四川产的蜀锦和苏、湖、杭等地产的宋锦为当时最有名的织锦精品。宋锦采用一种精密细致的"三枚斜纹地"，经线分面经和底经两种，面经用本色生丝，底经用有色熟丝，纬用多种色彩的练丝。以底经作地纹组织，面经作纬线幅长的"结接经"，这种结构继承了唐以来的纬锦织造技术，用彩纬加固结经，形成纬三重起花。宋锦的织造过程完全体现了中华本民族的风格，因而显得严谨规范。

三星堆

三星堆遗址是一个总面积超过 12 平方公里的大型遗址群，包括大型城址、大面积居住区和两个器物坑等重要文化遗迹，位于成都平原北部之沱江冲积扇上，西出广汉市七里许，北临沱江支流湔江。

三星堆的发现，是真正颠覆性的，它使我们不得不重新认识中国的社会发展史、冶金史、畜牧农耕史、艺术史、文化史、军事史和宗教史。许多约定俗成的观念都必须改变，比如：中国的青铜时代，过去一直是从商朝算起，也就是三千多年。河南安阳出土的中国最重的青铜器——司母戊铜方鼎是最典型的代表，然而"三星堆"出土的千多件的青铜文物，其数量、质量(高超铸造工艺)都说明，早在夏朝之前700年，就已进入了高度发达的青铜时代。

三星堆文化的来源目前有如下几种说法：与岷江上游新石器文化有关、与川东鄂西史前文化有关、与山东龙山文化有关等，即人们认为三星堆文化是土著文化与外来文化彼此融合的产物，是多种文化交互影响的结果。

三星堆遗址居民属何种族，目前有氐羌说、濮人说、巴人说、东夷说、越人说等不同看法。多数学者认为岷江上游石棺葬文化与三星堆文化关系密切，其主体居民可能是来氐羌系。

舞蹈彩陶盆

1973年秋，青海省大通县上孙家寨出土一件新石器时代马家窑类型内壁绘有"舞蹈"花纹的彩陶盆。

"舞蹈纹"彩陶内壁有舞蹈形画面三组，每组五人，手拉手，面向一致，头侧各有一斜道，似为发辫，摆向划一，每组外侧两人的一臂画为两道，似反映空着的两臂舞蹈动作较大而频繁之意。人下体三道，接地面的两竖道，为两腿无疑，而下腹体侧的一道，似为饰物。

有许多人认为这是原始鸟兽舞；也有不少人认为这是原始图腾舞，此外，还有人认为是原始祭祀舞或生殖崇拜舞。不过，大家一致认为："舞蹈纹"最可贵之处，不仅在于它真实生动地再现出先民们群舞的热烈场面，还在于它形象地表达出他们生机勃勃的活力。

对于舞蹈的性质，有的认为是"先民们劳动之暇，在大树下、小湖边或草地上，正在欢乐地手拉手集体跳舞和唱歌"；有的从原始歌舞的起源进行考证，认为是图腾活动的表现，具有严重的巫术作用和祈祷功能。

关于画面上的舞蹈者服饰问题，有的认为陶盆上所绘的是裸体舞，因为五个舞人完全是露体的，故缅想当时原始人还未有冠服衣履；也有的认为与陶盆同时出土的，有作为装饰品用的穿孔的贝壳，有从事纺织的骨纺轮，这说明，当时的原始居民已不是完全赤身露体、不知修饰的不开化的人群。

21

不论对哪一个问题,现在意见都很不一致,将来恐怕也难以一致,毕竟离现在太久远了,资料又是这么匮乏,真是"此情可待成追忆,只是当时已惘然"。

长沙楚墓帛画

1949 年春,在湖南长沙市东南郊陈家大山的楚墓,出土了一幅帛画,原画现藏中国历史博物馆。这幅画距今已有两千余年历史,属春秋战国时期楚文化的代表作之一。由于这幅画具有相当高的艺术价值和历史价值,因此,近半个世纪来,许多学者、专家对其画面的表现内容的研究和争论一直在进行着,观点各异、众说纷纭,成为一宗令人感兴趣的疑案。

这幅画不大,高约 28 厘米,宽约 20 厘米。由于长期埋在地下,出土时已经变得很暗,几乎难于辨认,帛画的最初临摹本是在原画出土后难于辨认的情况进行的,后来湖南省博物馆又将帛画重新进行了科学处理,才使帛画的原貌显现出来。

考古证明湖南长沙子弹库墓主为 40 岁左右男性,头骨与画中人物头部特征相似,再联系两汉时期长沙马王堆帛画中主人公与女性墓主的关系,一般认为这两幅帛画中的人物都是墓主肖像。

他们分别被画成驾驭游龙和由龙凤引导飞翔升腾,意在表示死者灵魂不朽,升归天国,这种主题反映了当时楚国流行的引魂升天意识。湖南长沙子弹库帛画位于椁盖板下、隔板之上,表明帛画性质与文献记载的铭旌相似。

有关典籍曾记录先秦肖像画创作的史实,这两幅帛画也提供了例证。画中的人物比例适当,以侧面造型体现相似于人物的头部特征,通过当时具有代表性的人物服饰和动态,体现人物的神情。

《人物龙凤》中的女性体态修长,宽阔的长裙衬映出秀细的腰,略微前倾的姿势使祈愿的心理显得含蓄;《人物御龙》中的男性躯体直立,较为强壮,高冠与长剑点明了男子理想的装束,动态中蕴涵着自信的风貌。

帛画的造型手法主要是单线勾描,仅在局部渲染或施色,如在女性嘴唇与衣袖上施点朱彩,通过细如游丝的墨线传达了物象的整体形貌;也在男性衣袍等部分表现出质地感,更为重要的是所用的线条贴切地表现了创作意图所需的物象运动感。龙、凤鸟、有羽葆的华盖等都因线条飞扬、

22

舒展而呈现出游动、腾踏、漂浮的各种意态。

两幅帛画的功用、主题、造型观念和方式都比较接近,说明它们是当时楚国绘画的一种普遍样式。在中国美术史上,它们也是迄今所见最早最完整的绘画作品。

山西应县木塔

应县木塔位于山西应县城西北角,建于辽清宁二年(公元 1056 年),到现在已近千年,是我国现存最高最古老的一座木结构塔式建筑,也是世界建筑史上的瑰宝,全国重点文物保护单位。

木塔为什么能千年不倒?专家们一致认为,应县木塔本身精巧的结构体系和工匠们对建筑材料的精心选择,以及当地易于木材保存的独特气候,是保证木塔千年不倒的几个主要原因。

两位曾参与上海东方明珠电视塔设计与建筑的中科院院士认为,木塔空间结构体系近似于世界上一些高层建筑。

越王剑

1965 年 12 月,考古人员在湖北江陵县望山挖掘一座战国时期楚国贵族墓时,意外发现了一把沾满泥土的长剑,这是一柄青铜剑,全长55.6厘米,剑身上有一行古篆——"越王勾践自用剑"。

这柄古剑在地下埋藏了 2500 年不但没有生锈,反而仍然光洁如新,锋利无比,能将 20 余层纸一划而破,并且刚柔相济,既锋利,又不会折断。经专家考证,越王剑之所以不生锈是因为剑身上带有进行过硫化处理的黑色菱形暗格花纹,而硫化处理是现代才有的工艺。该剑 1965 年冬出土于湖北江陵望山 1 号楚墓内棺中,位于墓主人的左侧,出土时插在髹漆的木质剑鞘内。这座墓葬深埋在数米的地下,一椁两棺,层层相套,椁室四周用一种质地细密的白色黏土、考古学界称之为白膏泥填塞,其下部采用的还是经过人工淘洗过的白膏泥,致密性更好。加上墓坑上部经过夯实的填土等原因,使该墓的墓室几乎成了一个密闭的空间,这么多的密封层基本上隔绝了墓室与外界之间的空气交换。现代科学告诉我们:在完全隔绝氧气的条件下,即使在中性或微酸性的水中,钢铁都不会生锈的,这是越王勾践剑不锈的原因之二。

此外，剑刃的精磨技术水平也可与现在精密磨床上生产的产品相媲美，剑柄上有 11 圈同心圆，槽壁厚度有 0.2~0.8 毫米，槽宽 0.3~1.2毫米。

令人惊讶的是，春秋时期的工匠是如何造出这样精巧的宝剑的，他们的技术渊源又是什么呢?看来这又是一个难解之谜。

千年铜镜

在我国古代，镜子是用铜制作的，正面用玄粉和白旃摩擦发亮，背面铸有纹饰及钮，铜镜始于何年?它的历史可上溯到距今 4000 年以前。

我国出土的很多铜镜都没有锈蚀的痕迹，这是什么原因呢?现在经研究发现，古铜镜的表层非常特殊，千年不锈的奥秘就在这表层上面。

现在见到的许多古代铜镜表面都有一个特殊表层，它们紧密地贴在铜镜表面。正是这个特殊表层，使得许多古铜镜虽然在地下埋藏了一两千年的时间，却至今依然没有一点儿绿锈，镜上的花饰、铭文清晰可见，有的甚至隐约可见人影。这个特殊表层的耐腐蚀能力非常强，据试验，它能抵御除氢氟酸外所有强酸的腐蚀，在盐酸中浸泡较长时间也不发生变化。

我国古代学者对古镜表层的研究大约开始于宋朝，以后也一直没有停止过。西方和日本的学者大约从 21 世纪初，也开始了这方面的研究，他们多是从金属防腐角度上进行的，并曾经用现代技术手段进行过许多次分析，但是一直没有找到较为令人满意的答案。因此，这个问题成了一个重要学术悬案，长期没有得到合理解决。

今天，千年古铜镜不锈之谜已被我国的科技工作者解开了。中国科学院自然科学史研究所的副研究员何堂坤经过几年的深入研究，得出了结论，我国古铜镜之所以历经千百年而不锈，是由于它们的表层涂了一层锡汞剂。这个结论已经被有关单位的模拟实验所证实。

有关专家认为，这项研究成果，不仅对古代铜镜及古代冶金史的研究是个很有意义的重要贡献，而且它对现代的金属技术的进展也有实际意义上的推进。

现在，磨铜镜的工艺虽早已失传，但古铜镜已成为我国历史文物，有些古铜镜不仅有其历史研究价值，还有它独到的美学品位。

泰山无字碑

"泰山无字碑"是泰山玉皇顶玉皇庙门前的一座高6米,宽1.2米,厚0.9米的石碑。石色黄白,形制古朴浑厚,但奇怪的是碑上没有一个字,因而被人称为"泰山无字碑",正因为如此,此碑究竟是何时、何人所立,便成了一个疑问。

不少人认为它是秦始皇所立,立碑之意在于焚书。清乾隆帝就曾说:"本意欲焚书,立碑故无字;虽云以身先,大是不经事。"不过,对照史实,这种看法颇难成立,据《史记·秦始皇本纪》记载,秦始皇在公元前219年第二次出巡时曾登泰山,立碑记事,可见,秦始皇在泰山上所立之碑并不是无字的。再说,焚书之举是在公元前213年,不可能在6年之前就有焚书的计划,并为此立"无字碑"。

也有人推测,此碑很可能是汉武帝所立。据《史记·封禅书》记载,元封元年(公元前110年),汉武帝前往泰山封禅,立碑于泰山之巅,《史记》上没有说他曾"刻石",因此说"无字碑"为汉武帝所立不无道理。但也有人对此说存在疑问:好大喜功的汉武帝怎么会只立一座无字碑,而不利用这一机会在碑上刻写文辞,为自己歌功颂德呢? 这毕竟与汉武帝的性格不太相符。

看来,在没有找到确凿的证据以前,无字碑之谜亦无法真正解开。

金缕玉衣和银缕玉衣

金缕玉衣是汉代规格最高的丧葬殓服,大致出现在两汉文景时期。据《两京杂志》记载,汉代帝王下葬都用"珠襦玉匣",形如铠甲,用金丝连接,这种玉匣就是人们日常说的金缕玉衣。它们是将许多四角穿有小孔的玉片,用金丝、银丝或铜丝编缀起来的,分别称为"金缕玉衣"、"银缕玉衣"、"缕玉衣"。

金缕玉衣有非常严格的制造工艺要求。在两千多年前的西汉时代,根据当时的生产水平,制作一套金缕玉衣是十分不易的。工匠对大量的玉片进行选料、钻孔、抛光等十多道工序的加工,并把玉片按照人体不同的部分设计成不同的大小和形状,再用金线相连。

以满城汉墓的两件为例。刘胜的玉衣共镶玉片2498片,金丝重1100克;窦绾的玉衣共镶玉片2160片,金丝重700克,其制作所费的人力和物力是十分惊人的。

新中国成立以来,汉墓中所发现的玉衣已在 10 件以上,其中河北省满城西汉中山靖王刘胜及其妻窦绾的两件、定县西汉中山孝王刘兴的一件、江苏省徐州市东汉彭城靖王刘恭的一件、江苏徐州狮子山楚王刘交的一件、安徽省亳州市东汉末年曹操的宗族曹某的一件,共 6 件,已经完全复原。

第二章 中国历史古迹

元谋猿人遗址

元谋猿人遗址在云南省元谋县上那蚌村,是旧石器时代早期的遗址。1965 年在此发现一成年猿人的一左一右的两枚内侧上门齿,经测定距今170 万年左右,是目前发现我国最早的猿人化石。该地点还发现了云南马、犀牛、羚羊等更新世早期化石,以及当时使用石器和用火的痕迹。

蓝田猿人遗址

蓝田猿人遗址发现于 1963 年陕西省蓝田县泄湖公社陈家窝子,是旧石器时代的遗址,1964 年在秦岭北麓坝河左岸的九间房公社王村背后的公主岭上,发现了猿人头盖骨化石。前者距今有 50～60 万万年,后者距今约 100 万年。在化石的地层中,还出土北豹、斑鹿、野猪、鬣狗、野牛、大扁鹿、猕猴等几十种化石,为占脊椎动物和人类进化的研究提供了珍贵的材料。

大汶口遗址

大汶口新石器时代遗址,位于山东大汶河两岸的宁阳堡头和泰安大汶口附近,是新石器时代的遗址。1959 年在汶河南岸堡头村西发掘墓葬133 座,出土遗物包括陶器 1000 多件。其中有红灰、黑、白各色陶器,其间有精美的彩陶;石器、骨器及动物骨骼亦甚丰富。考古学界将大汶口遗址文化及与其相类似的文化遗存命名为"大汶口文化"。大汶口文化从公元前 4000 年前开始,经历了大约 2000 年的发展。1974 年至 1978 年,又连续进行发掘,出土文物甚多,为研究我国原始社会的历史提供了重要资料。

河姆渡遗址

时代：新石器时代。地址：1973年在浙江省余姚县四明山地区一条狭长的河谷平原上发现河姆渡遗址。河姆渡遗址是新石器时代的产物。遗址第四层是这个遗址的主要文化层，出土的陶器有釜、罐、钵、盘、盆，还有碗、杯、盂、陶猪玩具等。出土的生产工具，骨器多，石器较少。发现有稻谷和其他禾本科农作物的堆积，证明河姆渡遗址人们以从事农业经济为主。动物遗骨发现很多，其中猪骨比例很大。还发现了大量的木构建筑遗迹，木构件运用了比较成熟的榫卯结构。有的陶器和骨面上刻画着装饰花纹，具有较高的艺术水平。河姆渡遗址的发现，突破了我国原有新石器时代文化类型和分布的界限，为探索更早年代的新石器时代文化迈出了可喜的一步。

周口店北京猿人遗址

周口店北京猿人遗址，又被称为"北京人之家"，坐落在中国北京城西南约50千米处的周口店龙骨山上。该遗址内有距今四五十万年的中国原始人类的遗骨、使用火的遗迹、使用工具以及其他各种古生物化石，向世人展示了当地原始人的生活状况以及他们所创造的辉煌的远古"北京人"文化，成为世界古人类研究中心之一。1987年，周口店北京猿人遗址被联合国教科文组织作为文化遗产列入《世界遗产名录》。

过去，多以烧石灰为生的周口店附近的人，在山上一个洞穴里发现了不少骨骼，他们以为是中药里面的"龙骨"，于是称山洞所在之山为"龙骨山"。在这片约20万平方米的土地上，化石遗址和文化遗址多达23处，其中第一地点、第十三地点、山顶洞人化石产地和第十四地点最具考古和历史价值，众多具有考古价值的人类化石和文化遗物就出土于此。

山顶洞是北京人居住最高的洞穴，居住地主要集中在洞的东部，葬地则居于西部。洞顶和大部分顶壁被除去，在洞里，三个完整的人头骨和部分骨架被发掘出来，据考古学家鉴定，这三个人头骨一个是老年男性的，而另两个分别是中、青年女性的。经专家测定，山顶洞人大约生活在约18340年前左右。骨针的发现，充分证明当时人类已具备了缝制皮衣御寒的能力。

解放后，国家在这里设立了专门管理机构，新建了展览馆，以供后人参观、游览。

周原遗址

周原遗址位于陕西岐山脚下,南临渭河,是西周时期的遗产。遗址中心区横跨岐山县东北部和扶风县西北部,北起岐山南麓,南至岐山县青代乡的祁家沟、山岔河和扶风县法门乡的张吴、南陈、尧白等村;东起扶风县交阳河,西至岐山县岐阳沟。周原遗址历来是西周青铜器的重要出土地点。有名的大盂鼎、毛公鼎等均出于此。20世纪末在岐山凤雏村和扶风召陈村发掘了西周时期的大型宫室建筑基址;在扶风庄白和岐山董家发现大量有重要历史价值的青铜器,在岐山凤雏和扶风齐家出土一批有刻辞的甲骨。这些重要的考古发现,证实这里是周人的"岐周"所在,终西周之世,都是西周王朝的政治中心,周王室曾在这里多次举行祭祀活动。这是一处探索和研究西周社会政治、经济、文化最重要的遗址。

铜绿山古铜矿遗址

铜绿山古铜矿遗址位于湖北省大冶县。古铜矿遗址的范围包括铜绿山、大岩阴山、小岩阴山、柯锡太村、螺蛳塘、乌鸦扑林塘等处,南北长2公里,东西宽约1公里。在遗址中发现多处面积很大的古矿井和炼炉。古矿井最深距地表达50余米,延伸不规则,其中还存有大量的木构井巷支护及各种采矿工具,如木铲、木槌、铜斧、铜锛、铁斧、铁锄等。许多古矿井都在地下水位下十几米,说明当时已积累了井下支护、排水、通风、提升等丰富的采矿经验。遗址散布大量的陶片,有鬲、豆、罐、盆等,并有饼状铜锭出土,还有大量的炉渣和炼铜遗物。从陶器的器形、纹饰和烧制技术看,应是周至汉的遗物。

丸都山故城

丸都山故城位于吉林省集安县。高句丽丸都山故城,是古代高句丽(公元前37年~668年)前期的都城。位于集安镇西北,构筑在临河的高山断崖和陡峭的山脊上,西北高而东南低,方圆十四里。东部城墙保存完整,高达6米。城门遗址5处,均有瓮城。城内建筑遗迹有蓄水池、瞭望台和规模宏大的宫殿遗址。丸都山故城依山靠水,工程浩大,在我国古代城市建筑中颇具特色,对于研究高句丽的历史文化具有重要的价值。

湖田古瓷窑址

湖田古瓷窑址位于江西省景德镇市。湖田窑兴起于五代,经宋、元至明中叶结束。窑址距离景德镇 4 公里,分布在北起南河、南至狮子山、东起豪者岭、西至龙头山约 40 万平方米的台地上,这里风景优美,交通方便,离原材料产地较近。五代窑在村东,宋、元窑在村南。元、明窑在南河沿岸。五代产品以白釉器为最精,两宋以影青刻印花器物为主,元代以黄黑枢府器为多,举世闻名的元青花亦在这里烧造,明代以民用青花为主。遗址遗物保存相当丰富,反映了景德镇制瓷工艺由低级向高级的发展过程,是研究我国陶瓷业发展史的珍贵实物资料。

金上京会宁府遗址

金上京会宁府遗址位于黑龙江省阿城县的白城,为我国女真族所建金朝(1115 年～1234 年)的早期都城。上京遗址南、北城皆长方,呈“V”形。皇城位于南城内偏西处。遗址除城垣处,环城有堞楼(马面)、堡垒(楼橹),瓮城和护城壕遗迹,皇城有午门和六座宫殿址。整个古城遗址保存比较完整。

明中都皇城及皇睦石刻

明中都皇城及皇睦石刻位于安徽省凤阳县淮河中下游,明洪武二年九月(1369 年)明太祖朱元璋下诏营建。遗址现存部分城门、城墙、门楼等,残存刻工精细、形态优美的石雕和形象生动的各种五彩琉璃脊兽。在中都城南有朱元璋父母的陵墓,始建于洪武二年(1369 年),洪武十一年(1378 年)扩建。陵前尚存 31 对精美的石人、石兽雕像和朱元璋亲自撰写的《大明皇陵碑》。

林则徐销烟池与虎门炮台旧址

林则徐销烟池与虎门炮台旧址位于广东省东莞县。林则徐销烟池在东莞县虎门海滩处,是两个边长各 15 丈余的大池子。1839 年(清道光十九年),清朝钦差大臣林则徐将收缴英、美等国输入的 2376254 斤鸦片,当众销毁在这两个池内。虎门炮台在珠江出口处。1840 年(清道光二十年),英帝国主义在广东发动了侵略中国的鸦片战争。1841 年 2 月 25 日,英军大举进攻虎门,提督关天培率领兵士英勇抗击,但终因主张投降的钦差大臣琦善不发援兵,关天培及将士 400 余人在这里以身殉国,在反帝斗争史上写下了光辉的一页。

太平天国天王府遗址

太平天国天王府遗址位于江苏省南京市长江路 292 号大院,是明清王府官邸,太平天国天王府的遗址,明代时称此园为"煦园",是一座具有江南特色的古典园林。天王府原为朱元璋所建的汉王府,清王朝把这里辟为两江总督署衙门。1853 年 3 月,太平军定都南京,5 月开始在原两江总督衙门的基础上修建天王府, 随即以原两江总督署为中心, 扩建为天王府。至 11 月,不慎失火,夷为平地,1854 年 2 月再次破土动工。1864 年 7 月,湘军曾国荃部攻陷天京,放火烧了天朝宫殿,而中心建筑五间八架的"金龙殿"与西花园内的石舫等保留了下来。1912 年孙中山在南京就任临时大总统,以此作为临时大总统办公处,中华人民共和国成立前夕,天王府又成为国民党的"总统府"。

天王府分为太阳城和金龙城两部分,周围约有 10 里,有"宫垣九重"。公元 1864 年天京陷落,1912 年中华民国成立,此处为临时大总统府所在地。1948 年改为国民政府总统府, 直至 1949 年人民解放军占领南京。1951 年在此建立"太平天国起义一百周年纪念碑"。西花园、石舫、水榭等基本布局依旧,成为国内外游客到南京必游之处。

1982 年国务院公布太平天国天王府遗址为第二批全国重点文物保护单位。

义和团吕祖堂坛口遗址

吕祖堂位于天津市红桥区如意庵大街何家胡同 18 号,原是供奉吕洞宾的道观。1900 年 4 月,义和团乾字团著名首领之一曹福田,由静海来到天津,选定吕祖堂作为基地建立总坛口,并利用这里的场院练团,以后刘呈样、林黑儿和独流镇"天下第一团"首领张德成,也常在这里聚会。吕祖堂坛口是天津义和团的重要活动遗址。

安源路矿工人俱乐部旧址

安源路矿工人俱乐部旧址位于江西省安源市。1922 年 3 月,在中国共产党的领导下,成立了安源路矿工人俱乐部筹备委员会。5 月 1 日,正式成立了安源路矿工人俱乐部,同时,组织了工人纠察队。俱乐部的宗旨为"保护工人的利益,减除工人的压迫与痛苦",得到了工人的一致拥护。当时工人俱乐部设在牛角坡 52 号,这里最初是湖北同乡会会址,由俱乐部租用。安源路矿工人罢工指挥部设在这里。罢工胜利后,矿工集资兴建了一所新俱乐部,这里改为夜校第二校教室。现在基本上保持了原貌。

八七会议会址

八七会议会址在武汉市江岸区鄱阳街 139 号 (原汉口三教街 41 号),是 1927 年 8 月 7 日中共中央举行紧急会议的地方。会议由瞿秋白主持,李维汉为执行主席。会议批判和纠正了陈独秀的"右"倾机会主义错误,总结了大革命失败的经验教训,撤销了陈独秀的总书记职务,选举了临时中央政治局,确定了土地革命和武装反抗国民党反动派的总方针,并把发动农民举行秋收起义作为当前党的最主要的任务。毛泽东在会议上作了重要讲话。

西安事变旧址

西安事变旧址即东北军将领张学良将军的公馆,位于西安市建国路金家巷 17 号。在中国共产党抗日民族统一战线政策的感召和全国抗日民族运动高潮的推动下,1936 年 12 月 12 日,国民党东北军和西北军发动了震惊中外的"西安事变",在陕西临潼骊山脚下,实行兵谏,逮捕了蒋介石。12 月 16 日,以周恩来为首的中共代表团,到西安调停,促成了西安事变的和平解决。这一重大事件的和平解决,推动了全国性的民族抗日战争,从而成为中国革命史上的一大转折点。周恩来在这一时期就住在张学良将军的公馆内。

白求恩模范病室旧址

白求恩模范病室坐落在山西省五台县松岩口村。1938 年 6 月,加拿大著名外科医生白求恩大夫来到晋察冀军区后方医院所在地后,为了改进战伤救治工作,于9月15日利用松岩口的龙王庙旧址,改建成模范医院外科室,内设手术室、医务室、消毒室、洗涤室、病房,当时被称为"八路军最好的医院",后来被晋察冀军区命名为"白求恩模范病室",模范病室对改进晋察冀边区的医疗卫生工作,培养医务人员和救治伤病员,起了积极的示范作用。1974年,山西省文物工作委员会修复了模范病室旧址,作为革命遗址进行管理保护。

西柏坡中共中央旧址

西柏坡中共中央旧址位于河北省平山县。1948年5月,中共中央由陕北东渡黄河,经晋绥解放区,于同年5月26日由河北省阜平县城南庄来到西柏坡村,西柏坡当时成为中国革命的领导中心所在。具有伟大历史意义的中共七届二中全会就在西柏坡召开。毛主席在朱总司令、周副主席的协助下,在这里部署、指挥了举世闻名的辽沈、平津、淮海三大战役。

黄帝陵

黄帝陵位于陕西省黄陵县城郊。陵墓高3.6米,周长48米,周围有砖砌的花墙。附近栽有6万株古柏,最大的一株,高五十八足,下围三十一尺,7人合抱有余,相传为轩辕黄帝亲手所植。陵墓前有黄帝陵碑,高逾4.1米,宽1.1米,厚0.35米,碑帽呈半椭圆形,阳石刻二龙戏珠,底座为大石龟座。黄帝庙现存53块石碑,多为历代"御制祝艾",除汉文外,还有少数民族文字。从明清两代碑文看,当时祭奠黄帝陵并无定期。自民国二十四年以后,才每年于清明节举行扫墓典礼。

少昊陵

少昊陵位于今山东曲阜城郊。少昊是中国传说中的五帝之一,因修太昊之法,故称少昊。考古学界认为,少昊文化和考古学中的太汶口文化有很大关系。少昊陵始建于宋,现存建筑为清代所建。少昊墓前建有宫门,门前石坊上刻有"少昊陵"三字。门内有飞檐斗棋的享殿,两旁各三间配殿,四周围以红垣,院内种满桧柏,殿前、配房内有大量明、清以来皇帝、大臣祭祝少昊陵留下的赞颂碑文,殿后有"万石山",周围各长30米,高约18米,全用立体大石块叠成。

山后的高阜，就是传说中的少昊陵墓。整个环境庄严肃穆、古雅幽静，是一个令人流连忘返的名胜古迹。

大禹陵

大禹陵位于绍兴城南稽山门外，《史记·夏本纪》载："禹会诸侯江南，计功而崩，因葬焉，命曰会稽。"后代因此在会稽山建庙筑陵纪念大禹，最早的禹庙建于梁代大同十一年(545年)，后几经倾圮和修复，现存建筑系清代所建。禹庙藏有"岣嵝碑"，因原碑刻在湖南衡阳岣嵝山而得名。相传碑上的文字，是大禹治水时所刻，有77字，字若鸾飘凤舞，笔法生动。现存碑为明代翻刻。大禹陵有一"窆石亭"，内有一高约2米、状似斧钺的窆石，顶端有一碗口大的圆洞，相传这是大禹的下葬处。大禹陵还有古迹"禹祠遗址"、"禹陵碑亭"、"禹穴碑"、"禹穴辨碑亭"等。

秦始皇陵

秦始皇陵是中国最大的坟墓，营建时间很早，秦统一六国后，进行更大规模的建造。役夫达70万人。墓内建筑灌有铜液，结实坚固，墓中布置有宫殿，丞相等百官塑像，依职位高低排列两旁，活像生前朝见始皇一样，珠玉珍宝，多不可数。又有人、鱼膏做烛，在墓中燃烧，如同白昼。皇陵分内外城，内城为方形，周长2525.4米，东西北三面建置城门；外城为长方形，周长6294米，东墙置城门。

秦始皇陵兵马俑坑，被誉为世界第八大奇迹。秦兵马俑坑位于西安市临潼县东南秦始皇陵的东侧。所发现的三个兵马俑坑，已发掘有与真人真马一般高大的兵马俑共8000余件。

从秦始皇陵兵马俑坑发现的陶俑，可以分为几种：

将军俑：身穿双重长襦，外披彩色鱼鳞甲，形体魁梧，神态雍容。

军吏俑：身穿长襦，外披彩色前胸甲，形体匀称，五官俊秀。

铠甲武士俑：身穿短褐，外披铠甲，腿扎行縢，足登短靴，威严挺立，英姿勃勃。

战袍武士俑：身穿短褐，腰束络带，腿扎行縢，高鼻、高颧骨、络腮大胡，昂首屹立，神情自若。

骑兵俑：身穿褶服，外披齐腰短甲，足登靴，头戴弁冠。

跪射俑：身穿短褐，左腿蹲曲，右膝着地，身微侧转，双手一上一下作用力挽弓状。

立射武士俑：左脚纵，右脚横，双脚成丁字形，左臂伸开若扶枝，右臂曲于胸前若抱儿，似在用心练习弓弩发射动作。

十三陵

明朝16个皇帝，有13个葬在十三陵。明太祖朱元璋建都南京，死后葬于南京钟山，称为孝陵。第二代皇帝朱允炆，下落不明，没有陵墓。到第三代皇帝成祖朱棣，迁都北京，死后葬在北京昌平县天寿山下，从朱棣起，到末帝毅宗朱由检止，共14帝。除景帝朱祁钰因英宗复辟死后葬于京西的金山外，其他皇帝都葬在京郊，共13处，总称十三陵。

十三陵的陵园广袤宽阔，营建时，四周依山势筑围墙，达12公里长。但清入关后，对明陵进行了破坏，十三陵残破不堪。新中国成立后，对长陵、景陵、永陵进行了整修。1959年，又在定陵修建了博物馆。

明孝陵

明孝陵是明太祖朱元璋的陵墓，位于南京钟山(紫金山)南麓独龙阜玩珠峰下。明孝陵自洪武九年(1376年)开始筹建，至洪武十六年(1383年)建成，洪武三十一年(1398年)朱元璋入葬。孝陵由下马坊、大金门、碑亭、石雕群、棂星门、享殿、宝城等部分组成。

下马坊是孝陵的正式入口处，文武官员至此必须下车马步行前谒孝陵，由下马坊向西北步行一里半路，到孝陵的大门——大金门，过大金门，到碑亭，其中矗立着明成祖朱棣为其父歌功颂德的《大明孝陵神功圣德碑》。孝陵的石雕群，是神道两侧自东向西依次排列的六种石兽：狮子、獬豸、骆驼、象、麒麟、马，共12对，24只。神道尽头，便是三道棂星门。享殿是孝陵地面的主要建筑，东西9楹，南北5楹，共45间。殿内有36根金龙宝柱，榜书"孝陵殿"三个大字，殿中供奉明太祖和马皇后的神主。过孝陵殿，便是独龙阜，其中就是明太祖的地下宫殿——宝城。

明孝陵自营建迄今已六百余年了，其地面建筑虽破坏不少，但其古朴雄浑的气势和开阔壮丽的景色仍令人感叹不已。

东京陵

东京陵位于辽宁辽阳东郊的阳鲁山上,始建于1624年,这里埋葬有清太祖努尔哈赤的胞弟庄亲王舒尔哈齐,还有他的庶母弟、从弟、幼弟、大太子等人。这些诸王贝勒,跟随努尔哈赤驰骋疆场,为建立清王朝,都曾立过汗马功劳。

东京陵共有4处陵院,其中以庄亲王的陵院为主体。庄亲王舒尔哈齐,于1611年战死沙场,是后金的开国元勋。他的陵园由朱红山门、壮丽的碑亭和青砖缭墙三部分组成。其他几座墓前,也都立有高大的追封碑,有满、汉两种文字刊刻的碑文。但努尔哈赤的大太子褚英墓前无碑。据说他在辽阳战役中贪酒贻误了战机,故清朝哪个皇帝也不愿意为他树碑立传。

唐昭陵

昭陵是唐太宗李世民的陵墓,在陕西省礼泉县东北约23公里处,周长30公里,面积30万市亩。唐昭陵的墓室因山开凿,据文献记载,从埏道至墓室深七十五丈。自贞观十年(636年)开始营建,至贞观二十三年(649年)李世民入葬,历时13年之久。昭陵陵园内现存陪葬冢167座,葬有当时的功臣贵戚,如魏征、李靖、李勣等,还有一些有功的少数民族将领,如阿史那杜尔、契苾何力等人。现已经发掘的,有赵王李贞、临川公主李孟姜和尉迟敬德、郑仁泰、张士贵、阿史那忠等的坟墓。墓中发现有壁画、墓志和大量陶俑等遗物。同时,昭睦陵园内还保留有不少碑石,其中有许多出自当时名书法家之手,现陵山北面存有祭坛和司马门的遗址,门内有14个少数民族首领的石像。祭坛前东西两庑,原置有著名的"昭陵六骏"石雕,曾遭盗卖破坏,已有2石盗运出国,余4石也被打碎,现存陕西省博物馆。陵山南面有朱雀门和献殿遗址,曾出土有唐代的鸱尾等建筑瓦件。

司马迁墓和祠

司马迁墓和祠位于陕西省韩城县芝川镇。祠院有牌坊、山门、祠门、献殿、寝殿、墓、北偏院、后门等建筑。其中山门、寝殿建筑形式古朴。据碑文和实物对证,祠建于宋代。祠内有碑碣数十通,保存完好。

杨粲墓

　　杨粲墓位于贵州省遵义市。杨粲夫妇合葬墓,建于南宋理宗淳祐年间(1241年~1251年)。清理发掘前已被破坏,出土文物较少,腰坑内获铜鼓两面,铸造精美。墓用白砂岩条石筑成,分南北两室,规模宏大。墓内石刻艺术品多而且精,为西南地区所罕见。后室有仿木构房屋建筑的壁龛6个,横梁影刻2处,墓壁有墓主人、文官、武士、侍女、进贡人等雕像28尊,大量装饰图案以花草动物为题材。

宋陵

　　宋陵位于河南省巩县坞罗河两侧十余里内的黄土丘陵上,包括宋宣祖永安陵、太祖永昌陵、太宗永熙陵、真宗永定陵、仁宗永昭陵、英宗永厚陵、神宗永裕陵、哲宗永泰陵,俗称"八陵",并有各后、妃及包拯、寇准等陪葬墓。每一陵园占地120亩左右,周围筑以土墙,墙有四门,门旁各置石狮,土墙四隅并有角阙。目前围墙、神门、角阙遗迹犹存。围墙正门外排列着成组的石刻群,左右均匀对称,有石马、石羊、石象、石虎、石麒麟、石瑞禽、石华表及文官武吏和番使等,是宋代雕刻中之精品。

李时珍墓

　　李时珍墓位于湖北省蕲春县。墓前有李时珍夫妇合葬墓碑,为明万历癸巳年(1593年)仲秋其子李建元、李建中、李建方立。解放后政府多次拨款修缮,1955年修复了牌坊、纪念塔、六角亭、小型花台、墓墙和药圃。

郑成功墓

　　郑成功墓位于福建省南安县。墓为三合土构筑,分为九室,墓碑、墓道均为石砌,墓前有华表1对、石夹板9对。1962年为纪念郑成功收复台湾300周年,福建省人民政府拨款重建,重立碑记。

清昭陵

　　昭陵又称北陵,是皇太极(清太宗)和博尔济吉特氏(孝端文皇后)的陵墓,位于辽宁省沈阳市。清崇德八年(1643年)兴建,顺治八年(1651年)竣工,康熙、嘉庆年间都曾修建和重修。主要遗存有华表、石狮、石牌楼、石雕像等。方城上建有隆恩门、明楼和四个角楼,城内建隆恩殿、东西配殿和东西配楼,隆恩殿前设有焚帛亭,殿后有石柱门和石五供,明楼后建有月牙城和宝顶。陵园的平面布局和建筑装饰艺术与明清诸陵不同,具有重大建筑艺术价值,现已辟为北陵公园。

成吉思汗陵

成吉思汗陵位于内蒙古自治区伊金霍洛旗。公元12世纪中叶,蒙古地区陷入了混乱的战争状态,人民期望着统一,在这样的历史条件下,成吉思汗以其卓越的政治军事能力,统一了蒙古各部,为发展蒙古的经济和文化起了巨大的作用。成吉思汗陵原设在伊金霍洛旗,抗日战争时迁到榆中兴隆山,后转青海塔尔寺,1954年由内蒙古自治区人民委员会迎回内蒙,并在原来陵寝所在地新建三座亭式相连的大建筑,正中为重檐八角殿堂,后为寝宫,是一座富有蒙古族传统建筑特色的陵园。

白马寺

汉明帝派使臣到现在的阿富汗一带去,取得了佛经、佛像后,传旨修建这座寺院,因为佛经和佛像是用白马驮来的,故取名"白马寺"。这是我国最早的佛寺。白马寺是公元68年建筑的,它在河南洛阳市东12公里处,白马寺坐北朝南,长方形的院落,依次排列着五重殿阁,即天王殿、大佛殿、大雄殿、接引殿和昆卢阁,大佛殿是此寺的主体建筑,殿顶九脊,绿瓦覆盖,飞檐挑角,斗栱华美。

五帝古迹

据有关资料报道,除三皇(天皇氏、地皇氏、人皇氏)的遗迹已荡然无存外,五帝("五帝"有多种说法,本书"五帝"指伏羲、神农、黄帝、尧帝、舜帝)的陵庙遗迹,大部分仍保存完好。

1.伏羲。河南省淮阳县,是五帝时代伏羲都府所在地,伏羲的陵墓在该县县城之北2公里处,又称太昊陵。甘肃天水一带是伏羲部落的最早聚集地,在天水市西关的伏羲庙,至今游人如织。

2.神农。一说神农氏即炎帝,他的陵墓又称天子坟,在湖南省酃县城西约 15 公里处,据考系宋朝初年所建,除"铣药池"完好外,其他建筑均只有遗迹。炎帝庙今已不存。

3.黄帝。其陵在陕西省黄陵县县城之北 1 公里处的桥山上,其庙在黄帝陵脚下。

4.尧帝。即唐尧,其陵在山西省临汾县县城东北约 70 公里处,其墓在当年尧都所在地,距临汾市 4 公里处。

5.舜帝。即虞舜,其墓在湖南省宁远县九嶷山境内,陵庙俱在此处,但舜庙在浙江省绍兴市双溪还有一处,其规模比舜陵要大。

古塔漫话

遍布全国各地数以千计的古塔,遗存下来的约有 3000 座以上,反映了我国悠久的历史和古代建筑技术的高度成就,并以它们自身的经历,诉说着我们文明古国的悠久历史和文化,点缀着祖国的锦绣山河。

塔起源于佛教盛行的印度。相传佛祖释迦牟尼死后,他的弟子们便把他的舍利分成许多处,建塔埋葬起来,加以供奉礼拜,因此,佛塔又称作舍利塔。后来佛教高僧、大法师死后,造塔埋葬灵骨,也具有同样的意义。到后来,除灵骨外还用塔埋藏重要的经卷、袈裟、法器等,作为纪念。塔也可以说是一种纪念性的建筑。

中国的塔,是随着佛教从印度的传入才出现的。我国古塔按构造式样大致分为实心塔和楼阁式塔两种。实心塔是用砖石等材料砌出的实心体,不能登临。楼阁式塔,内有塔室,可以攀登凭眺。我国古塔大部分属于这一类。有密檐楼阁式、楼阁式、砖木混合式、砖石混合式四种。

全国的塔可分为两大系统。一是佛塔,这是由佛教各宗派而产生的塔,佛塔是我国古塔发展的主要方面,从全国古塔的总数来看,可以说佛塔占 80%以上。二是风水塔,实际是文峰塔,这是从公元 14 世纪开始,在我国各地发展起来的一种塔,是受风水学说的影响而产生的。这种风水塔形制多半模仿佛塔的式样,有的在塔身上同样雕刻出佛像。塔的式样变化也很多。此外,还有回教塔、儒教塔等。

塔的建筑材料也各种各样,有砖塔、木塔、砖石混合塔,还有金塔、银塔、铜塔、铁塔、琉璃塔、珍珠塔、瓷塔、泥塔等等。塔的平面形式,有四方形、六角形、八角形、十二角形、圆形等。

嵩岳寺塔

修建于北魏正光元年(公元520年)的嵩岳寺塔在河南登封嵩山南麓,是我国现存最古老的高层砖石建筑,是世界著名建筑之一。塔位于寺内大殿前面,当时连同堂宇千余间的建筑布局,今核当属实,现塔身十二角形,高41米,外部做密檐十五层。第一层特高,除四个券门外,壁面砌有"阿育王塔"作为装饰;二层以上,塔身逐层缩短;十五层以上置塔刹。塔外表涂白粉,外型轮廓具有刚柔结合的线条,给人以秀美的感觉。

隋代塔

隋代塔在山东省历城县古神通寺内。因为塔顶内拱板上雕刻有"隋大业七年"(即公元611年)字样,所以确证是一座隋代之塔。塔全部用青色岩石筑成,平面方形,东、南、西、北四面辟门,亦称"四门塔"。塔高13米,塔室内有一方形塔心柱,四面刻佛像。塔身只有一层。塔外壁面平素无花。塔檐做叠涩式,上覆四坡顶,顶上装有一个塔刹。

大雁塔

大雁塔位于陕西省西安市南郊慈恩寺内,是全国著名的古代建筑,被视为古都西安的象征。大雁塔始建于唐宗永徽三年(公元652年)。塔初建时只有五层,最上层原为唐玄奘藏经之用,故初称"经塔",后武则天时扩建,始改为十层,后因遭兵火,现剩七层。塔平面方形,高64米,各层均用砖砌成,但塔身为模仿木构建筑式样。塔内做"空筒结构",第一层东、南、西、北四面开门,门上做门楣,唯西门门楣雕有反映唐代木构佛殿建筑的线刻佛殿图。塔外型层层收分很大,形成非常稳定的风格。国务院于1961年颁布为第一批全国重点文物保护单位。

崇圣寺三塔

崇圣寺三塔在云南省大理县城西北二里的崇圣寺内。崇圣寺原来规模宏大,号称"崇圣千厦"而闻名于世。寺内有三座塔,合称"大理三塔"。建于五代末宋代初年。中塔名叫"千寻塔",全名"法界通灵明道乘塔"。有十六层,高69.13米,平面方形。塔身均饰白灰,塔为密檐式建筑,十六层中每层正面中央开券龛,置白色大理石佛像一尊。塔身部位开小方井,四个内壁面上下垂直,塔的上部置有铁刹。中塔的西端南北有两实心小塔。八角形,各十层,均高 42.19 米,塔身全白,各层雕以券龛、佛像、莲花、花瓶等。两塔顶各有三只铜葫芦,为大西南之瑰宝。

我国最大的塔林

河南登封县城西北处,为少林寺历代大和尚的墓地。凡死一高僧,便建一塔作为纪念。从唐代德宗贞元七年(791 年)经过宋、元、明、清各代均在此建塔,计有 220 余座。其中砖塔多而石塔少。一般都建有七层,高度在 15 米以下,造型与式样变化丰富。塔林中还有日本僧人邵元撰书塔铭的菊庵塔(建于明洪武二年即 1369 年)以及天竺和尚就公塔(建于明嘉靖四十三年即 1564 年),为中日关系史上重要实物资料。

我国的名山大寺都有塔林建置,该塔林为我国现存规模最大的一处。

开元寺塔

开元寺塔始建于宋咸平四年(公元 1001 年),落成于至和二年(公元 1055 年),在河北省定县城东南角开元寺内。开元寺塔是我国现存最高的一座塔。塔建造在一高台上,平面呈八角形,十一层,高达 84 米。外部均涂白色。各层东、南、西、北面皆辟门。第一层较高,上施腰檐平座,其上各层仅有腰檐而无平座。塔分内外两层,周围有游廊,各层回廊壁上,历代碑刻和名人题咏甚多。塔内部第一层采用"壁内折上式结构"。塔体特别宽大,整体采用回廊式结构与穿心式结构相混合。是北方古塔中唯一的一座穿心式结构塔。登临此塔可至最顶层,攀高眺远,河北大平原尽收眼底。

佛宫寺释迦塔

佛宫寺释迦塔在山西省应县佛宫寺内。建于辽清宁二年 (公元 1056 年)。塔平面八角形,外观五层,实则九层(其中四层系暗层),高 67.13 米,底层直径 30 米。全部用木材造。由于塔的体积庞大,甚至有"塔大应县小"之感。塔下石砌台基高 4 米,内外两槽立柱构成了塔的双层套筒式结构。塔的暗层中用了大量的斜撑,结构上起着圈梁作用。全塔采用了许多柱梁、斗栱(仅斗栱的种类就有 60 多种)。塔的暗层之间使用的柱枋和斜撑,组成许多复梁式的木结构层,大体构成回廊式。此外,塔内各层都有塑画像,释迦佛、六尊如来等像栩栩如生，为壁画、塑像中之罕见作品。

妙应寺白塔

妙应寺白塔在北京阜成门内。建于元至元八年(公元 1271 年)。该塔造型特殊，属于我国佛教建筑中佛塔的类型，塔高 50.9 米，色白，俗称白塔。塔分三部分：第一部分是塔座，有台基三层，折角式须弥座两层；座上为第二部分，即塔身，类似一个圆形球体，俗称塔肚；最上面的第三部分是塔顶，由塔脖与伞盖和宝瓶组成。

该塔塔肚表现出的"窣堵婆"式样，早期由古印度传来，后经我国匠师改造而成。喇嘛塔建造范围较广(西藏、甘肃、黑龙江、河北、宁夏、湖北、广西等地都有)。该塔不仅是我国早期的一座喇嘛塔，也是最大的一座喇嘛塔。

修定寺塔

修定寺塔位于河南安阳县西 35 公里的清凉山上。修定寺创建于北魏太和十八年(公元 494 年)，现寺已废圮，唯塔独存。根据塔门楣上有"邺县令裴口康古，咸通十一年五月(公元 870 年)"的题记和塔的形制判断，此塔应建于盛唐时期。塔身平面呈正方形，塔座为束腰须弥座，其上砌叠涩檐和塔刹，因年久失修，塔刹已不存。塔身用模制的菱形、三角形、矩形、平行四边形等图案的浮雕砖 5000 块嵌砌而成，雕出佛像、菩萨、天王、力士、武士、仕女、飞天、伎乐，以及动物中的龙、虎、大象、猛狮、天马、蟒蛇等，形象生动逼真。该塔在造型艺术上，为唐代亭式塔中的精品。

玉泉寺及铁塔

玉泉寺及铁塔在湖北省当阳市玉泉寺前，据塔身铸铭，此塔原名"佛牙舍利宝塔"，铸于"皇宋嘉祐六年辛丑岁八月十五日"(公元 1061 年)。塔八角十三层，高约 17.9 米，为国内现存最高的铁塔。仿木构楼阁式塔铸造，铸出斗栱、额方、柱子、门窗等形式，并铸有精美的花纹和佛像。铁塔所在之玉泉寺，始建于梁，隋代为智者禅师道场，唐、宋、元、明均曾增建、重修。其中大雄宝殿建筑规模宏伟，高 21 米，七开间，梁架斗棋用材硕大，建筑结构具元代风格。殿前置重 3000 斤的隋代铁镬，亦为珍贵文物。

万部华严经塔

万部华严经塔在呼和浩特市东郊白塔村西南,又名白塔。相传塔建于辽圣宗时(983年~1031年),塔内有金大定二年(公元1162年)的题记,从现存塔的形制和艺术风格上判断,应是辽代遗物。塔为楼阁式砖塔,平面八角形,每边605米,高七层,约43米。每层均设腰檐平座。第一层塔身南北辟门,南门上嵌"万部华严经塔"匾额。第一、二层塔身券门两侧塑力士像二,其他各面设假门假窗,门窗两旁亦塑天王、力士、菩萨等。塑像衣纹流畅,姿态优美,是辽代雕塑艺术中的精品。

华林寺大殿

华林寺位于福建省福州市,创建于北宋乾德二年(公元964年),初名"越山吉祥禅院",明正统年间改称今名。原有建筑布局大部被废毁,现仅存大雄宝殿。大殿原构面阔三间,进深四间,八架椽屋前后乳栿对四椽栿用四柱,平面略呈方形,单檐九脊顶,高15.5米。外檐斗棋为双抄三下昂七铺作,斗栱用材特大,斗底作皿板形。梁、栿、前檐阑额均为月梁造,梭形柱,不施普柏枋,云形驼峰在梁栿上的运用,昂咀砍作曲线形,装饰构件与团窠彩绘的大胆结合,具有独特风格,为国内所罕见,是研究我国宋代古建筑的珍贵实例。

开元寺

开元寺是闽南泉州的佛教大寺院,创建于唐垂拱二年(公元686年),初名"莲花寺"。开元二十六年(公元738年)改今名。现存主要建筑有天王殿、拜亭、大雄宝殿、戒坛、藏经阁、功德堂和东西石塔等。大雄宝殿名曰紫云大殿,系明代重建,面宽九间,进深六间。重檐歇山顶,全高20米。斗栱附饰飞天伎乐,为国内木构建筑所少见,是研究我国明代建筑艺术的重要实例。大殿东西两侧有建于宋代的大石塔一对。东塔名"镇国塔",高48.24米;西塔名"仁寿塔",高44.06米,双塔均为五层八角仿木楼阁式建筑,雕刻精致,雄伟壮丽,为我国现存最大的一对石塔。

灵岩寺

灵岩寺在坐落于山东省长清县东南25公里的(属泰山山脉)之阳。创建于苻秦永兴年间(公元 357~358 年),其后北魏、隋、唐再度重建。现存主要建筑有隋朝积翠证明龛,宋代辟支砖塔及元明时代的木构千佛殿、大雄宝殿、御书阁、钟鼓楼等。千佛殿内保存的四十尊宋代彩绘泥塑罗汉像,神态生动,塑制精美,是我国古代雕塑艺术的杰作。

岩山寺

岩山寺位于山西省繁峙县东南 40 公里的天岩村。创建于金正隆三年(公元 1158 年),现存建筑主要有南殿,名文殊殿,建于金代,重修于元朝,殿内置一大佛坛,坛上塑文殊、胁侍、天王等像,均为金代作品。其中最有价值的是四周的壁画,这些壁画中除表现大量的佛经故事和古建筑外,还表现各种人物、衣冠服饰、仪仗执事、车辂鞍辔、街市生活,是当时社会的缩影,对研究金代的建筑、文化、美术、历史、宗教社会面貌等均有很高的史料价值。

显通寺

显通寺为五台山上著名的大寺院,始建于东汉明帝时期(公元 58~75 年),称"大孚灵鹫寺";唐代称"大华严寺";明太祖时重修,改称"大显通寺"。现存建筑大部分为明代所建,总面积 8 万平方米,各种建筑 400 余间,中轴线殿宇 7 座,两厢有配殿禅院,铜殿一座,面宽三间。铜塔原有 7 座,现存有 2 座,高 8 米。寺中的无量殿全部用砖仿木构形式砌筑,又因为该殿全部用青砖砌垒雕刻而成,俗称"无梁殿",非常精美。

哲蚌寺

哲蚌寺在拉萨市西北 5 公里外,为黄教始祖宗喀巴的弟子绛央却杰于明永乐十四年(公元 1416 年)所创建。寺占地面积约 25 万平方米,喇嘛(僧侣)最多时曾达万人,为西藏地区规模最大的寺庙。殿宇毗连,楼阁重叠,现寺内主要建筑有措钦大殿、洛色林札仓、德扬札仓、甘丹颇章、甲央拉康等,为明清以来陆续修建,均保存较好。殿堂内有精美的织绣经幢、挂幢、唐卡(卷轴画)以及佛像、壁画等。寺内藏有用金汁丹朱手抄经典及朝廷赐给西藏地方的佛像文物等,对研究西藏的建筑艺术及宗教历史、宗教艺术,均有较高的价值。

色拉寺

色拉寺位于拉萨市北郊的色拉乌孜山麓,是著名的黄教六大寺之一。明永乐十七年(公元1419年)黄教祖师宗喀巴弟子降青曲结所创建。现在寺内主要建筑有措钦大殿、麦扎仓、吉扎仓、阿巴扎仓等,为明清两代陆续修建,建筑宏伟,雕刻精美古朴。各殿佛像、壁画、经典、唐卡及内地织绣的经幡、挂幛等收藏丰富,并藏有明朝廷赐给西藏地方的经典、佛像、法器等珍贵文物。

悬空寺

悬空寺在山西省浑源县东南5公里的恒山之麓,创建于北魏晚期,明代重修,其后又增加修葺。寺的建筑方式,是沿着悬崖安梁架屋,钉椽铺瓦,殿宇之间以栈道相通,使其层楼连接,相互依傍,远望似仙山楼阁。在我国古代木构建筑中这种形式是少有的。寺内尚有金大定年间和明代碑刻,以及明清的匾额、佛龛、佛像等珍贵文物,是国内仅存的佛、道、儒之教合一的独特寺。

瞿昙寺

瞿昙寺位于青海省乐都县南20公里。创建于明洪武年间,永乐十六年(公元1418年)、宣德二年(公元1427年)陆续扩建,清代曾加以修葺,是青海唯一的明代早期宫式群组建筑。寺由前、中、后三进院落组成。主要建筑有天王(亦叫金刚)殿、瞿昙殿、宝光殿、小钟鼓楼、四经堂、喇嘛塔、后院隆国殿、大钟鼓楼等。瞿昙寺以古朴的建筑、精美的石雕和具有很高艺术价值的壁画而著称。殿堂内的大理石佛座、器物座、佛像、铜钟、碑亭内高达5米多的巨大石碑,都是明代永乐、宣德年间的珍贵文物。

拉卜楞寺

时代:清。地址:甘肃省夏河县。拉卜楞寺在夏河县两大夏河畔,创建于清康熙四十八年(1709年)。寺的规模宏大,是黄教六大宗寺之一。寺院占地约1300亩,内设六大学院、十八佛寺、辩经坛、藏经楼、印经院、金塔以及宗教上层府邸等约50座大型古建筑,附设僧房数量可观,转经廊"嘛尼古拉"长达3里,最盛时僧众达3000多人。"文革"中该寺遭到破坏,剩余大型古建筑23座。寺中保存大量佛像、壁画,另存金银、玉石、丝织品等各类宗教文物、艺术品、法具、证件10000余件。还有藏文古籍几万部,具有重要的历史、科学、艺术价值。

巩县石窟寺

石窟寺位于河南洛阳巩县城东北7.5公里洛水北岸的大力山下。北魏孝文帝时(公元471~499年)开凿,其后东魏、西魏、北齐、唐继续开凿。现存大窟5个,大佛3尊。窟内的帝后礼佛图浮雕是大陆所存规模较大而又完整的古代艺术品。

皇史宬

皇史宬在北京城内南池子南口。建于明嘉靖十三年(1534年)。皇史宬又名表章库,是明清两朝保存皇室史册的档案库,主要建筑有皇史宬门、皇史宬大殿、东西配殿、碑亭等,四周有高墙围成独立的院落。皇史宬大殿9间,庑殿顶覆以琉璃瓦,殿宇全部用砖砌筑,内部发券,外表仿木构形式,这种砖石结构的无梁殿,其作用在于防火。殿内设置一高大的石制台座,置放铜皮镀金樟木大柜152个,皇室的圣训、玉牒、实录等文献档案即存于柜内。

玄妙观三清殿

玄妙观在江苏苏州城内观前街,相传始建于西晋,名真庆道院,元代始名玄妙观。观内三清殿系宋代淳熙六年(1179年)所建,是江南现存最大的一座古代木构建筑。殿面宽九间,计46.1米,进深25.55米。殿内斗棋用上昂结构,是研究宋代木构建筑造法的重要实物。

北岳庙

坐落于河北曲阳县城的北岳庙为祭祀我国古代五岳名山北岳恒山的神庙。中轴线上有御香亭、凌霄门、三山门、飞石殿(遗址)、德宁殿,两侧为韩琦碑楼、洪武碑楼等。庙内德宁殿重建于元至正七年(1347年),是元代木建筑中最大的建筑物。殿内东西两壁壁画异常精美,闻名全国,曾讹传为吴道子所绘,实际上应与建筑同为元代作品,是我国绘画史上重要的作品。此外,庙内所存北魏以来碑刻百余通,亦是重要的历史文物资料。

紫霄宫

紫霄宫坐落在湖北省武当山的主峰——天柱峰的展旗峰下。紫霄宫是我国历史上有名的道教圣地武当山的"八大宫"之一,规模宏大,建筑保存比较完整。进宫门后有左右碑亭、龙虎殿、十方堂、紫霄大殿和崇台等建筑。在中轴线的两旁建有东宫、西宫,四周砌以高大的红墙,构成一个完美的整体。据《太和山志》和宫内碑刻记载,紫霄宫建成于明永乐十一年(1413年)。以紫霄大殿最雄伟,建筑形式与结构全是明代建筑宫式作法。除建筑外,紫霄宫内保存很多碑碣,以及铸造和雕塑艺术品,如八大帅(铜铸)和铁画等,均为珍贵的文物。

中国斜塔知多少

上海市松江县马山有一座护珠塔,又名松江斜塔,砖木结构,七层八角,建于北宋元丰二年。清乾隆年间遭到火焚,后又有人拆砖觅宝,损坏严重,致使塔身倾斜6.5度,超过比萨斜塔1度多。看上去岌岌可危,随时都有倒塌的危险,但数百年来它仍岿然屹立,堪称江南奇景。

辽宁省绥中县前卫镇的斜塔,塔身为砖石结构,虽只有三层10米多高,但它建于辽代,历史悠久。由于基地下沉而发生倾斜,1965年经过实测,塔身的倾斜度已达12度,看上去真有摇摇欲坠的样子。近千年来,任凭风吹雨打,雷击电闪,它都稳扎稳坐,也是奇观。

湖北省当阳县的玉泉寺铁塔为生铁铸造,八角十三层高17.9米,重53000公斤。工匠们在第一节塔身安装好后,就从四面往塔身壅土,堆成斜坡,将第二节塔身从斜坡上拖上去,安装在第一个塔身上,就逐层壅土,依次往上安装。全部安装完成,就扒去壅土,一座雄伟挺拔的铁塔便凌空矗立起来了。由于这种施工办法很难测准垂直水平,故出现了上半部歪斜了1.5度的状况。

广西崇左县的左江斜塔,又名归龙塔,建造在该县左江江心的石岛上。青砖砌就,六角五层,高达25米,塔身一直是倾斜的,倾斜度1度左右。据有关部门考证,在建筑这座塔时,工匠们利用重心的原理,又考虑到江心的风力及地质基础等原因,而故意建成倾斜的。数百年来仍完好无损。

苏州虎丘塔,由青砖造就,八面七级,仿楼阁式,历经一千余年,塔身上下已偏移 2.32 米,被外国的建筑学家称誉为"中国的比萨斜塔"。

在云南省芒市第一小学的校园内,有一座奇特的树抱塔。这座塔为石砌,六角形,8 米高,被一棵 20 米左右高的菩提树抱着,树根把塔身挤得倾斜了,菩提树那些粗壮的树根将石塔紧紧地抱住。

庙·寺·观

在古代,庙、寺、观三个字的意思有很大区别。庙是祭祀的地方,有的庙是奉祀祖先的处所,即祖庙。有些供神的地方也称庙,如龙王庙、土地庙。到了封建社会,所谓有才德的人也可立庙奉祀,如关帝庙、岳庙。此外,帝王处理政事的地方称为庙堂。

寺,原意是官署,《汉书》注:"凡府廷所在,皆谓之寺。"如汉代御史府,也称御史大夫寺。寺也指中央机构,如太常寺、大理寺。西汉末年,佛教传入我国。此后,寺又指寺院,即僧徒居住的地方。

观,音 guàn。本来指台观,即宫廷大门外两旁的华丽高大的建筑,与"阙"意同。后来也指道观,即道士们居住的地方。

孔庙·孔府·孔林

孔庙、孔府和孔林,均在孔子的家乡山东省曲阜县城。

孔庙是历代祭祀孔子的地方。它南接曲阜旧城垣,东与孔府毗邻,为一处规模宏大的古建筑群。孔子死后,鲁哀公将其故宅改建为庙。以后,历代帝王对孔庙不断进行重修和扩建。全庙总面积为 327 亩,共有殿堂阁庑466 间。周围垣墙,配以角楼。殿宇金碧辉煌;庭院古柏苍松。庙内碑刻众多,是我国罕见的大型碑林之一。

孔府为历代衍圣公的官署和私邸,院落九进,有楼房厅堂 463 间,占地 240 余亩。自汉代起,历代帝王一直尊孔子为圣人,对其嫡系后裔眷顾备至,优渥有加。宋代宝元年间将其故宅另建新第,改称衍圣公府。

孔林亦称至圣林,为孔子及其后裔的墓地。在曲阜县城北近郊,占地3000 余亩。这里墓冢累累,碑碣林立,参天古树四时不凋。

楼·亭·台·榭

楼与阁常连称,均为高层建筑,形式非常相似。阁的特点是通常四周设桶扇或栏杆回廊,阁在古代为贮藏性建筑,常常用来收藏书、经及功臣像。古代的楼阁,大都为木质结构,有的甚至里里外外不用一根铁钉。文渊阁、文溯阁、蓬莱阁、滕王阁、岳阳楼、黄鹤楼、鹳雀楼、太白楼、光狱楼、甲秀楼、大观楼、镇海楼、烟雨楼,都是著称于世的楼阁。

秦汉时十里设一亭,成为行人停留宿食的处所。边疆也设有岗亭。后来亭成为一种供休息眺望和观赏游览的小型建筑物,有顶无墙,或有楼。有六角、八角、扇面、梅花亭等等,最为常见的还是方亭。亭子有设在山上的,如长沙岳麓书院山腰的爱晚亭、北京景山巅的万春亭等;有设在湖中心的,如济南大明湖中的历下亭、杭州西湖中的湖心亭等;有设在桥面上的,如扬州的五亭桥等。此外,设在松荫、竹丛、花间的亭子也是人们常见的。

台,是一种高而上平的建筑物,一般供望远或游观之用。是我国古代宫苑和园林中一项具有独特风格的建筑。我国有记载的名台很多。如北京城东南的黄金台,为春秋时燕昭王所建,因台上放置黄金,以招揽天下贤士,故得此名。如广州越秀山的越王台,为秦汉时的南越王所筑。南京的凤凰台,相传南朝时有凤凰至此,因而得名。

榭,是建在高台上的敞屋,木构建筑,其特点是只有楹柱而无墙壁。在很多情况下常将台榭通称。积土高起者为台,台上所盖之屋为榭。台榭后来也泛指高地所建供游观的建筑物。

经略台真武阁

经略台真武阁在广西壮族自治区容县东门外。经略台因唐代诗人元吉于乾元大历年间(公元 758~779 年)任容管经略使而得名。现在的真武阁是万历元年(公元 1573 年)修建的,其后虽经过多次重修,但整体建筑结构和形式仍保存明代的样式。阁高三层,矗立在经略台之上。真武阁结构特点在于中层金柱以檐柱、角柱作为支点,利用出檐、翼角的重量,形成杠杆作用,加之其他构件的力学作用,使四根金柱悬空,结构巧妙,稳固美观,有很高的科学研究和艺术观赏价值。

蓬莱水城及蓬莱阁

蓬莱水城又名"备倭城",在山东省蓬莱市城北丹崖山东麓,原为宋代刀鱼寨旧址。明洪武九年(公元1376年)始建,依山麓地形构筑城墙,疏浚小海,引海水入内,用以停泊船舰,操练水师,抵御倭寇侵扰。抗倭名将戚继光曾镇守于此。主要建筑有水门水闸、防波堤、平浪台、码头、敌台(炮楼)、灯楼、护城河等,是明、清两代的海防要塞。水城在港址的选择、港湾的设计及工程技术等方面都有独到之处,在我国海港建筑史上占有重要地位。蓬莱阁在丹崖山上,初建于宋嘉祐年间(公元1057~1064年),明扩建,清重修。阁上存有历代碑刻200多块,著名的有苏轼《海市诗》碑及石刻楹联等。

江南三大楼阁

"江南三大楼阁"又称"南三楼",约自宋以来即沿用此称。

1.岳阳楼位于湖南省北端的岳阳市洞庭湖西岸,据说是当年鲁肃在洞庭湖训练水师时所筑的阅兵台,已有近1800年的历史。唐代开元四年(公元1716年),张说驻守岳城,正式定名为岳阳楼。到了宋朝庆历四年(公元1044年),岳阳楼重修,范仲淹为之写下脍炙人口的《岳阳楼记》。

2.黄鹤楼原址在湖北武昌长江边蛇山西端的黄鹄矶上。始建于三国时,南朝时即成游览胜地。对于此楼有各种传说:一说是古代仙人子安曾骑黄鹤过此楼;一说是费祎得道登仙,常骑黄鹤到此楼休息;一说是辛氏卖酒,有一道士饮酒临别,取橘皮在墙上画鹤,告之客至而拍手引之,鹤当飞舞辛遂致富。一天,道士复来,吹起笛子,须臾白云自空飞来,鹤也飞下,道士乘鹤飘然而去。于是辛氏就在此地建楼。《元和志》记载:"因矶名楼,名黄鹤楼。"此说较为可靠。又《辞海》"黄鹤楼"条云,"解放后兴建长江大桥时已拆除",不确。原清朝所修黄鹤楼在1884年毁于大火已不复存在,修建长江大桥时拆除的是奥略楼(1907年张之洞赴京任职后其僚属捐款建此楼)。在清黄鹤楼火烧100年后的1984年,黄鹤楼重建落成,楼址东移,地势略高。

3.滕王阁故址在今江西省南昌市赣江之滨,唐高祖子滕王元婴任洪州刺史时所建,其后阎伯屿为洪州牧,宴群臣于阁上,王勃省父过此,即席作《滕王阁序》,阁历经修建,后焚毁,现已修复。

古代的摩天楼

我国最早的"摩天楼"是汉武帝修造的。公元前115年,汉武帝在长安的建章宫中建造了高五十余丈的神明台,台上还有一个高二十丈,周长一丈七尺的铜质"承露盘",盘上铸有手捧玉杯的"仙人"。公元前109年,汉武帝又在甘泉宫内建造通天台,高一百多丈。

公元6世纪初,后魏孝明帝兴造的永宁寺有九层宝塔,塔高九十丈,宝塔每一层檐下的四角各垂有一口金铎(一种大铃),上下九层,共装有一百二十口,《洛阳伽蓝记》载:"高风水夜,宝铎和鸣,铿锵之声,闻及十余里。"

阿房宫

阿房宫距始皇帝近百年前的秦惠文王时就已经草创,秦始皇为了建造一个体现圣治的朝宫,在原有的基础上加以改建、扩充,尽管他动员了几十万劳动力,但正式营建不过三年。前殿工程"室堂未就"便因秦始皇驾崩而停工,后来秦二世"复作阿房宫"。阿房宫规模极其宏大,"东西五里,南北千步",前殿"东西五百步,南北五十丈,上可以坐万人,下可以建五丈旗"。秦亡时,被项羽所焚毁。现尚存高大的夯土台基,高约7米,长约1000米,为全国重点文物保护单位之一。

弄唐与胡同

南方人称沿马路旁的小巷为"弄(Nòng)堂",北方人称之为"胡同",是指前后两排房屋之间的过道,但在古代并无这个名称,只称"弄",一般是指宫中的路,如东弄、西弄,对宗庙中的路又不称"弄",而称作"唐"。所以"弄"与"唐"的称法是有区别的。清朝梁绍壬在《两般秋雨庵随笔》中说:"宫中路曰弄,庙中路曰唐,字盖本此。"后人,逐渐把弄与唐合起来,泛指小巷为"弄唐",然后又传讹成"弄堂"。不过,在北方就不叫"弄堂",如元朝人称这种小巷为"胡同",一直沿用至今,成为北方对街巷的通称。

园林小史

我国最早兴建园林始于商殷。其最初形式曰"囿",西周时,文王建灵囷，方圆七十里，其间草木丰茂，鸟兽繁衍，可谓我国最早的狩猎园。商周不仅建园囷，而且筑台掘沼。如商纣王的鹿台、周的灵台，既是观天文、察四时的建筑，也是登高瞭望风景的地方。有的台上还营造台榭。距今两千余年的河北省邯郸市内的武灵台上，便有"天桥雪洞"、"花苑庄阁"诸景，是赵武灵王阅兵享乐的古丛台。《诗经》曰："王在灵沼，于牣鱼跃。"灵沼实际上是我国囷苑中最古朴的"观鱼池"。

从囷苑发展到秦汉时代的官苑，到明清以风景为骨干的山水园——我国园林艺术达到了最高峰。特别是自雍正、乾隆至咸丰，经一千五百余年的经营，出现了世界上第一座规模最大、造园艺术最高的"万园之园"——圆明园。我国便以"世界园林之母"的盛誉，蜚声于世界园林之中。

古代园林

中国园林艺术，是中国古代文化中的一朵奇葩。现在散存于全国各地的古典园林尚不在少，因而引起专家、学者们的研究兴趣。依据园林所处的不同地理位置、园林的艺术风格等等，有不同的分类法。下面略述三种分类：

第一种分类：

    1.皇家园林：这是帝王们为了享乐，集中各地建筑中的精华和优秀设计师、优质材料专为自己营建的园林。特点是开阔广大、富丽堂皇，且往往利用真山真水。现存著名的有北京颐和园、北海公园等。

    2.私家园林：由于权贵、地主、富商们的富有，他们兼并土地，为了享乐，也兴起了建造苑囷的风气。私家园林在北方以北京为中心，如恭王府、可园等，南方以苏州、南京、杭州、扬州一带为多，如苏州的拙政园、留园等。私家园林一般面积不大，小的仅一亩半亩，中等的十来亩，大的几十亩，尽管面积不大，但园林建筑家们却在这有限的空间内安排得有山有水、曲折迂回、景物多变、以小见大。

第二种分类：

    1.南方类型：又称扬子江类型，多集中于南京、无锡、苏州、扬州、杭州，以苏州为代表，以私家为主。

    2.北方类型：又称黄河类型，主要集中于长安(西安)、洛阳、汴梁(开封)、北京等，以北京为代表，多是皇家建造。

3.岭南类型:又称珠江类型,集中于潮汕、广州。其特点是兼有北方、南方类型的特色,如顺德的清晖园、东莞的可园等,有的还吸收了外国造园的手法。

第三种分类是寺院园林、风景名胜区的园林、官僚地主的宅园、皇家血统的园林。

园林园艺

北京是皇家宫苑最多的地方。北京在历史上曾是金、元、明、清等朝代的国都,各代帝王都兴建过宫苑,而明、清两代建造的宫苑遗留下来的也最多。今天的北海、中海和南海就是明代的"西苑",今天的颐和园、香山公园、圆明园、畅春园都是清代建造的皇家宫苑。

苏州是私家园林最有名气的地方。私家园林荟萃于江南,而苏州则有"江南园林甲天下,苏州园林甲江南"之称。苏州在历史上有大小园林400余处,其中沧浪亭、狮子林、拙政园、留园四大名园,是风景极佳的旅游胜地。

承德避暑山庄是最大的皇家园林。河北省承德的避暑山庄,是我国规模最大的皇家园林,总面积比颐和园大1倍,比北海公园大8倍,园内原有楼台廊庭、桥亭轩树、寺观塔碣等各类建筑120余组(座)。整个山庄是我国地貌环境的缩影,真是"山庄咫尺间,直作万里观"。

最古老的皇家园林是首都北海公园。北京的北海公园是我国现存的历史最悠久、建筑最精美的一处古园林,整个公园占地1071亩,其中水域面积883亩,琼华岛位于水面南部,楼、殿、亭、阁,依山傍水,参差错落,游廊曲折,风景秀丽,建成至今已有800余年。

最大的假山是景山。北京景山公园中的景山是一座聚土叠石、五峰连缀的园林土山,中峰高43米,四周有路可以登升。五座山峰,峰峰有亭,都是乾隆十六年(1751年)所建。其中以中峰的万春亭最大,站在亭中,可以俯视北京全城的壮丽景色。

最长的彩画长廊是颐和园长廊。北京颐和园里傍依昆明湖的长廊,始建于清乾隆十五年1750年,这座长廊总长为728米,中间每隔10米便有一座亭、阁、轩、舫。长廊每根梁枋都绘有彩画,总数近2万幅,内容有西湖风景、山水人物、花卉翎毛等。

苏州园林

苏州园林历史悠久延续时间长。春秋时代的吴王馆娃宫，东晋时的顾辟疆园，五代时广陵王的金谷同，宋时苏子美的沧浪亭，明、清以来的狮子林、拙政园及近世的藕园、曲园、怡园等都是苏州园林的具体体现。

苏州有山有水，气候温和，四季分明，土地肥腴，给创造园林提供了非常有利的物质条件。苏州园林的艺术非常高超与独特，园林是园艺、建筑、绘画的综合艺术。其风格的形成，除创造者的艺术才思和传统文化的影响外，还与自然地理有着密切的关系。有水易于引水营造池沼；有山易于取石，且有名贵的太湖石；土地、气候易于花木生长；四季易于选景、易于莳花，春夏秋冬都有变化不同的景可看，花可赏。

拙政园

拙政园是苏州四大名园之一，位于娄齐二门间的东北街，面积 60 余亩。明嘉靖年间(1522—1566 年)王献臣用大宏寺废址开始营建，同名的由来，系取自晋潘岳"拙者之为政"的句意。利用原来的地形，其布局主题以水为中心，池水面积占总面积的 3/5，主要建筑多临水修筑。此园后来几经易主，屡经修建，现分中、西、东三部分，中部是主体部分，目前较多地保留着原来的面貌。西园过去曾被分隔出去，现在的建筑是清末补建的。

中部的主体建筑是"远香堂"，为独具风格的四面厅，以其为中心，临水分布着倚玉轩、小飞虹桥、香洲、见山楼、待霜亭、梧竹幽居等风景建筑，陪衬着竹木花石，再以游廊、小桥等相连，别具情趣。通过西半亭的"别有洞天"圆月门，即达西园，西园的主要建筑有"十八曼陀罗花馆"和"三十六鸳鸯馆"，为两厅结合的建筑形式。综观全园，显得密处有疏，小处见大，细致曲折，清幽秀雅，代表了南方园林建筑艺术的特色。

圆明园

圆明园原是明朝的一个故园。清朝建立以后，康熙皇帝把它赐给了其子胤禛(即后来的雍正皇帝)。乾隆帝在位期间，他六下江南，将所访名胜在圆明园内一一仿造。他在位 60 年，修建圆明园的工程一直未辍。经康、雍、乾、嘉、道、咸六朝，一百五十多年的经营，终于建成了世界园林史上堪称奇迹的御苑。圆明园内有玉泉山水流入，水陆各半，山水之间，建

有许多楼台殿阁廊榭馆轩,千姿百态,美不胜收。清代帝王还广收中外古今珍贵文物藏于园中,使这所景色宜人的园林,同时还成为宏伟壮观的博物院和艺术馆。

1860 年 10 月 18 日清晨,英国密克尔骑兵团 3500 人进园纵火,全园顿成火海,火势三日不息,集中国人民无数血汗的杰作,遂化为瓦砾之地。

中南海

中南海位于北京故宫博物院西侧,与北海统称"三海",又称"太液池"。"三海"一带原是一片天然湖泊,辽金时代建造皇宫,开挖"西华潭"。建"金鳌玉虫象桥"(今名北海大石桥),隔成"中海",并把两者命名为"太液池"。明代初年,开凿太液池南端的小湖,形成自北而南的三部分湖面,"三海"始成。从此,后人正式以"北海"、"中海"、"南海"名之。

中海主要建筑是"冰中榭",为水中凉亭,亭中有"太液秋风"碑,是燕京八景之一。南海主体景物为瀛台(也称南台),上有涵元殿、翔鸾阁、近薰亭等建筑。山石花草,楼阁亭台,拥水而居,秀美宜人。

过去,中南海是历代帝王显贵宴游之地。清圣祖(康熙皇帝)曾在此听政。1899 年戊戌变法失败后,清德宗(光绪皇帝)被慈禧太后幽囚于此。民国初年,袁世凯曾把总统府设在中南海,演出"帝制"丑剧;以后,黎元洪、徐世昌、曹锟、段祺瑞曾轮番在此亮相。

中华人民共和国成立后,成了党中央和国务院的所在地。20 世纪 80 年代中南海曾于节假日对外开放供游人参观游览。

龙门石窟

龙门石窟,也称做"伊阙石窟",位于河南洛阳城南 13 公里处,分布在伊河入口处两岸的"龙门山(西山)和香山(东山)",是我国著名的石窟寺之一。

北魏孝文帝太和十八年(494 年)迁都洛阳前后,开始在龙门开凿石窟,雕造佛像。历经东魏和西魏、北齐和北周、隋、唐和北京各代,开窟造像延续不断,历时达四百余年。唐朝以后,仅偶有零星雕造。据 1962 年统计,现存窟龛约 2100 多个(内开窟 1352 个,龛 750 多个),共计造像 97300 多躯,碑刻题记 3600 多块。其中主要的龛窟造像,多是唐代开元

(713—741 年)以前的作品。重要的大型洞窟，多开凿在西山，有潜溪寺、宾阳中洞、万佛洞、莲花洞、古阳洞和奉先寺等。在东山分布的多是唐代开凿的小型窟龛。

北魏时期的雕刻，最重要的是宾阳中洞，窟内正面和左右两侧雕三佛立像，主尊高 8.4 米。窟顶中心刻莲花，周绕 10 个供养飞天，形象生动。前壁窟门两侧，有著名的浮雕"帝后礼佛图"，但已遭盗凿，运往国外。古阳洞则是北魏王室、贵族发愿造像最集中的一处洞窟，两壁布满小龛，并多有造像记。著名的"龙门二十品"中，除一品外，其余全凿于古阳洞中。

唐代的造像中，以奉先寺规模最大，是在武则天的资助下于上元二年(675 年)完成的。主尊卢舍那大佛，通高达 17.14 米，刀法圆润精致，面相丰腴秀丽。两侧各侍有二弟子、二菩萨和一天王，都刻画得形神兼备，外形生动，显示着唐代雕刻艺术的高度成就。

龙门石窟除了是我国古代石刻艺术的宝库外，现存的大量造像题记和碑刻，也是研究我国古代书法艺术的珍贵资料。

唐代著名诗人白居易晚年在洛阳居住 18 年，常住在香山寺里，自号"香山居士"，死后就葬在西山。现在香山北端的琵琶岭上，存有清康熙四十八年(1709 年)重建的白居易墓冢。

安济桥

安济桥又名"大石桥"，在河北省赵县城南 2 公里，跨于渡河之上。因赵县古称赵州，故又名"赵州桥"。建于隋代开皇后期至大业年间(605—617 年)，据唐张嘉贞《石桥铭序》中记载，系工匠李春设计和建造。

安济桥全部用石料建成，只用一孔石拱，跨度为 37.7 米，连南北桥堍，共长 50.82 米。桥拱为平，拱桥宽约 9 米，共有拱圈 28 道。每道拱圈宽1.03 米。由 43 块重约 1 吨的大石券成，并自成一独立拱。桥面铺石板，分为三股，中间走车，两旁行人。拱肩采用"敞肩拱"，即在两边拱肩里各砌两个圆弧形小拱，这既可增加洪水到来时的排水面积，又节省石材，从而减轻了桥身的净重。

由于它时代久远、工程宏伟、结构独创，在中外桥梁史上占有重要的地位。

安济桥除科学技术方面的高度成就外，弧形平拱和敞肩小拱的造型，线条柔和,构造空灵,也具有建筑艺术特色。桥面两旁的扶栏台柱,雕饰精美,有各种花饰、兽面、狮首、蛟龙等,刀法苍劲,造型生动,也是隋唐时期石刻艺术的精品。为了长期保存这座有一千四百多年的古代石桥,在1955—1958年,曾对安济桥进行彻底整修。

观星台

观星台是元初兴建的,是我国现存最早的天文台,位于河南省登封市告成镇。

观星台高9.46米,是一座砖石结构的建筑。台体平面近于正方形,四壁有明显的收分,台基每边长16余米,台顶每边仅长8米余。在台顶北部,现存有明嘉靖七年(公元1528年)增建的小室,连同小室使全台通高达12.62米。台的北壁中部有一凹槽,槽底连接向北伸展的石圭,二者之间有0.36米长的间距。

石圭,俗称"量天尺",圭座用砖砌筑,上铺设青石圭面,共铺青石36方,全长共计31.19米,宽0.53米。北高南低,北端高0.62米,南端仅高0.56米。圭石的厚度一般在0.20米左右,石面上刻有平行双股流水渠。

观星台的主要作用在于测量太阳的影长,即所谓"测景"(影),但历代记载都称之为观星台,可见我国古代,观星和测影常常是互相配合的。

在近代,登封观星台屡遭破坏,石圭面上的青石也只剩下35方。抗日战争时,观星台建筑又遭日本侵略军炮火轰击,残损严重。现在这座古天文台已经修复,石圭面上散失的一方青石也找回复原。

山海关

山海关在明长城的东端,今属河北省秦皇岛市。明初徐达因原榆关无险可守,另选险要地形构筑新城,背山面海,故名"山海关"。山海关正扼守由东北进入河北的咽喉要道,战略地位十分重要。

关城建筑至今保存尚好,全城平面方形,城周约4公里。城墙土筑夯实,外面用砖包砌,极为坚固,墙高14米,墙厚7米。关城四壁各开有城门,门上建有城楼,高2层,三面设有箭窗。由于东门面对东北,是防御的重点,所以外面修筑有外凸的罗城,罗城外面还设有烟墩、土堡等防御工事。在东城楼上还悬有一横匾,上书"天下第一关"五字,字体雄浑遒劲,在关山天险中起到了画龙点睛的作用,艺术风格和自然环境浑为一体。山海关附近还有一些文物古迹,如朝阳洞、角山、三清观、卧牛山、徐达庙和伸入海中的老龙头等。曹操破乌桓后。临碣石山以观沧海,写《步出夏门行》。碣石山即在山海关附近,但具体地点现已不清楚了。

北京故宫

北京故宫是明、清两代的皇家宫殿,旧称"紫禁城",于明永乐四年(1406 年)开始修建,用了 15 年时间基本建成。故宫占地 72 万多平方米,有宫殿楼阁 9999 间半,建筑面积约 15 万平方米。四周围有高 10 多米的城墙,墙外一周是 52 米宽的护城河(俗称筒子河)。南北长约 960 米,东西宽约 760 米。城上四角各有一座结构奇异、和谐美观的角楼。城有四门:南面的正门是午门,北门叫神武门,东门叫东华门,西门叫西华门。

故宫建筑布局分为"外朝"与"宫廷"两大部分。由午门到乾清门之间部分为"外朝",以太和、中和、保和三大殿为中心,东西两侧有文华、武英二组宫殿,左右对称,形成"外朝"的雄伟壮观格局。三大殿前后排列在同一个庞大的"工"字型汉白玉石殿基上,殿基高 8 米,分为三层。每层有汉白玉石刻栏杆围绕。三台当中有三层雕"御路"。太和殿(俗称金銮殿)是故宫最高大的一座建筑物,面阔 11 间,深 5 间,通高 35 米多,用 72 根大木柱支撑梁架构成四面坡的屋面。这是国内最大的古代木构建筑。乾清门以内为"内廷",建筑布局也是左右对称。中部为乾清宫、交泰殿、坤宁宫,是封建皇帝居住和进行日常治理的地方。两侧的东、西六宫是嫔妃的住所,东、西五所是皇子的住所。"内廷"还有为皇室游玩的三处花园:御花园、慈宁花园、寿宁(乾隆)花园。内金河,沿"内廷"西边蜿蜒绕过武英殿、太和门、文华殿流出宫外,河上有白玉石桥,沿河两岸有曲折多姿的白玉雕栏杆,形似玉带。故宫建筑绝大部分以黄琉璃瓦为顶,在阳光下金碧辉煌,庄严美观。

故宫原先是明、清两代的皇宫。1911 年,辛亥革命推翻了清朝的统治,但是,清朝末代皇帝溥仪根据退位时袁世凯所订的《清室优待条件》,仍然居住在紫禁城(故宫)中,保持着皇帝的"尊号"。1924 年 10 月 23 日,冯玉祥发动北京政变,软禁了当时的总统曹锟,由黄郛组织摄政内阁,代行大总统职务,他还废除了皇帝的"尊号",并将溥仪驱逐出故宫,于 1925

年 10 月 10 日在故宫的乾清门内,举行了故宫博物院的开幕典礼。这就是故宫博物院的来历。

布达拉宫

布达拉宫坐落在西藏自治区拉萨市西隅, 是一处依山营建的宏伟建筑群。唐太宗时,文成公主与吐蕃松赞干布结亲,松赞干布为她别建宫室,宫址就在今天的布达拉宫。后来因松赞干布时建的宫殿屡遭兵火,现在只有观音堂和松赞干布、文成公主的塑像,传说是当年的遗物。

清顺治九年(1652 年),五世达赖到北京朝见顺治皇帝,受到清朝中央政府的册封, 正式承认其为西藏地方政府政教合一的领袖。他返回西藏后,就开始修建布达拉宫。其后,经历代达赖陆续扩建,形成今天的规模。

布达拉宫高 13 层,178 米,东西长达 400 余米,整个建筑系砖、木、石结构,用大块方石砌造的宫墙,厚达 1 米以上。全宫共有佛堂、经堂、灵塔殿、习经堂等 15000 多间,殿堂墙壁上多有色彩鲜艳的壁画。整个建筑具有独特风格,表现出藏族建筑艺术的特色。宫内陈设有大量雕铸精美的佛教造像,质料有金、银、铜、玉和檀香木等,总数达几十万件之多;还藏有大量古代经卷、法器、幡幛等文物;也存有反映着当时西藏地方政府和中央政府之间关系的文书、碑刻等文物。

高昌故城

高昌故城在新疆维吾尔自治区吐鲁番市东约 40 余公里,维吾尔语称为"亦都护城",历史上曾是麴氏高昌政权(500—640 年)的首府。

高昌故城的夯土城垣残存至今,最高处尚达 115 米,墙基厚约 1.5 米左右。全城平面略呈方形,城周约 5 公里,原分为内城、外城和宫城三部分。城内建筑遗址保存尚好,还可以看出当时的街道遗迹,所有建筑物都是夯筑或用土坯垒砌,门窗顶多作穹窿形。故城西南隅有一座较大的寺庙建筑,门窗、佛龛均保存较好。

在城外北部的阿斯塔那和哈拉和卓,有自西晋到唐代的墓群,多按家族分区埋葬,有的墓地的围墙遗迹还很清楚。墓中发掘出土有各种丝织品、陶器、木器、钱币、装饰品和随葬俑群,还有墓志、文书和书籍等文物。特别是墓中出土的古代官私文书,现已获得 2400 多件。时间上起前凉,下迄唐代中叶,其中以唐代文书为最多,内容广泛,包括政治、经济、军事、法律等各个方面,是研究吐鲁番地区社会历史的珍贵资料。

长城

秦始皇统一六国后,为了防御外敌入侵,派大将蒙恬动用了近30万的人力,在原来秦、燕、赵部分长城的基础上,进行了大规模的增修扩建,这就是中国历史上的第一道万里长城。此后共有20多个诸侯国和封建帝王修筑过长城,全长共计5万多千米。

现在人们见到的长城大都是明朝修筑的。绵延万里的长城有数百座雄关、隘口,成千上万的敌楼、烽火台,构成了一道完备的防御工程体系,加之丰富的绘画、雕饰等艺术,使这座雄奇险峻的建筑更具魅力,成为一个巨大的露天博物馆,一座伟大的历史丰碑。其中以中国古代"丝绸之路"的必经地嘉峪关、"北门锁钥"八达岭等最为著名。

1987年,长城被联合国教科文组织作为文化遗产列入《世界遗产名录》。

敦煌莫高窟

莫高窟,又称千佛洞,坐落在中国甘肃省敦煌市东南、鸣沙山东麓的崖壁之上。洞窟由上下两层构成,南北长1600米,于前秦苻坚建元二年(公元366年)创建。现存492个洞窟,内有总面积达4.5万平方米的壁画,2400多尊从数十米到不足0.1米的大小不一的彩塑。壁画的内容形式多种多样,有本生、佛传、经变、供养人、姻缘故事和图案等;彩塑描绘的是佛、菩萨、弟子、天王、力士和耕田、旅行、宴会、乐舞、出巡、商贾等。

1987年,联合国教科文组织将莫高窟作为文化遗产列入《世界遗产名录》。

宋庆龄故居

北京宋庆龄故居在后海北河沿46号,是一所古朴而秀丽的宅院。1949年9月宋庆龄受中共中央邀请,从上海到北平参加中国人民政治协商会议,从此定居北京。1963年迁居于此,直至逝世。

须弥山石窟

须弥山石窟位于宁夏回族自治区固原县。石窟位于固原县西北 45 公里的须弥山东麓。石窟沿着山崖开凿，长约 2 公里，共有北魏和隋唐时代的窟 20 个，此外有些窟内还有宋、金时代加刻的小龛。两个北魏窟为支提式作法，风格与云冈第四期相似，雕像清秀刚劲。隋唐窟窟型有马蹄形、塔柱和方形平顶三种，与一般隋唐窟一致。内以唐代雕刻为最多，佛像面型方颐丰满，衣饰有复杂的花饰璎珞，都是典型的隋唐时代作品。

乐山大佛

乐山大佛位于四川省乐山市南岷江东岸凌云寺侧，濒大渡河、青衣江、岷江三江汇流处。大佛为弥勒佛坐像，通高 71 米，是我国现存最大的一尊摩崖石刻造像。大佛开凿于唐代开元元年(713 年)，完成于贞元十九年(803 年)，历时约 90 年。大佛两侧断崖和登山道上，有许多石龛造像，多是盛唐作品。凌云寺右灵宝峰上，现存一座砖塔，塔高十三层，造型与西安小雁塔相似。寺左江中一孤峰卓立，名乌尤，即秦李冰所凿乐山离堆，上有唐创建乌尤寺，以及相传汉郭舍人注《尔雅》处。

柏孜克里克千佛洞

柏孜克里克千佛洞位于新疆维吾尔自治区吐鲁番县。柏孜克里克千佛洞，位于新疆吐鲁番县城东 40 多公里的胜金乡木头沟西岸断崖上，是吐鲁番地区保存洞窟最多、壁画较好、建筑形式多样的一处石窟群。编号洞窟 64 个，七种类型。壁画内容有佛教故事，各种菩萨和佛的形象，也有与音乐、舞蹈、服饰、建筑有关的图案花纹，以及回鹘文、梵文、吐火罗文、婆罗迷文的壁画题记等。后来又新发现 10 余个洞窟，其中 5 个有壁画，还出土大量汉、回鹘文文书等，为研究佛教史、美术史等提供了大量的珍贵实物资料。

飞来峰造像

杭州飞来峰位于西湖北山区灵隐寺的对面。在石窟内和岩壁上，分布着 380 多尊造像，始凿于五代后周广顺元年(951 年)，其后宋、元均有开凿，而以元代居多。飞来峰石窟利用天然岩洞或山崖开凿，主要洞窟有青林洞、玉乳洞、龙泓洞等。造像有佛像、菩萨、天王、弥勒、飞天等。许多北宋和元代的题记,可作确切年代的考证。造像风格柔和、圆润,雕造精美,保存完整,是南方晚期造像中具有代表性的作品。

天一阁

天一阁位于浙江省宁渡市,创建于明嘉靖四十年(1561 年)前后,为明代兵部右侍郎范钦的藏书楼。清康熙四年(1665 年),范钦的曾孙范光文在书楼前后堆筑假山,环植竹木。1933 年,地方人士筹款修天一阁,把原在孔庙内的尊经阁,连同当地保存下来的一批历代碑刻,迁建天一阁后院,命名"明州碑林"。阁内原藏书 13000 多卷,其中大部分是明代刻本和抄本,有不少是海内孤本。

古观象台

观象台位于北京市建国门的南城墙上,为元代所设,原名司天台。明初攻克北京的战火中司天台被毁,残存的天文仪器运至南京保存。明正统七年(1442 年)重建此台,名观星台,并复制了一套仪器,其中有浑仪、简仪等,并修缮了台下的紫微殿、漏房等建筑。崇祯年间(1629—1638 年)由徐光启、李天经等人先后制造了极限大仪、平悬浑仪、平面目晷、候时钟、望远镜、交食仪、列宿经纬天球、万国经纬地球、沙漏等。到清代又增添了一些仪器,改名古观象台。这个台曾遭八国联军侵略者的破坏盗窃(后运回)。古观象台现保存着紫微殿、漏房、晷影堂、司天台等建筑和清代制造的天体仪、象限仪、地平经仪、地平纬仪、赤道经纬仪、黄道经纬仪、纪限仪、玑衡抚辰仪等八种天文仪器,是现在世界上保存有天文仪器的最早的一座天文台。

太和宫金殿

金殿在昆明市东 7 公里的鸣凤山上,太和宫道观内。金殿铸造于清康熙九年(1670 年),全部用铜仿木结构铸成。平面方形,面宽进深各三间,重檐歇山顶。斗棋、梁架、藻井以及外檐装修等均仿木建形式;门窗格扇用镂空及浮雕方法,刻铸出龙凤花草及锦绣图案,极为精美,是我国古代建筑和金属铸造工艺上重要的遗物。

第二章　中国历史古迹

豫园

豫园在上海市内,明嘉靖三十八年(1559年)创建,万历五年(1577年)扩充至70余亩。该园原是明四川布政使潘允端的私人花园,园林布局设计和堆叠假山都出于当时名匠张南阳之手。园内主要有点春堂、大假山、三穗堂、玉玲珑、快楼和湖心亭、九曲桥等30余处古代建筑,具有明、清两代南方园林建筑艺术风格。点春堂是1853年上海小刀会起义军的指挥所,为上海人民革命斗争的遗址之一。园内的萃秀堂、万花楼均曾为起义军所使用。

恭王府

恭王府原是清乾隆时满族大学士和珅的住宅,清嘉庆四年(1719年)和珅被抄家,府第入官,以后又辗转落入恭亲王奕訢之手,因称恭王府。府内分府邸和花园两部分。府邸西路为"天香庭院",中路为"嘉乐堂"。花园在王府之后,曲廊、亭榭、山石、水池、树木布置得体,是北京现存王府园林中艺术价值较高的一处。

网师园

网师园在苏州友谊路阔头街巷,原为南宋侍郎史正志"万卷堂"故址,清乾隆三十五年(1770年)始名网师园。园以幽深、曲折见胜。中部为一池塘,环池以亭台轩榭贯通联系,西部院落布置紧凑幽静,西南角开一泉,南墙下罗列山峰。此园所占面积仅约9市亩,其中建筑为园地30%以上,但结构精致,是我国江南中型古典园林的代表作品。

程阳永济桥

程阳永济桥位于广西壮族自治区三江侗族自治县。桥身为廊屋式木结构。河床上立石墩5个,石墩上挑出木梁,上建廊屋;每个石墩上又建5层楼阁,两端为歇山顶,中央为八角攒尖顶,两旁为四角攒尖顶,外观十分玲珑秀丽,达到了实用与美观相结合的效果。这是侗族建筑艺术的创造性作品。

你应该具备的

常德铁幢

常德铁幢位于湖南省常德市。铁幢原在常德市德山乾明寺大殿前,坐落在高为 1.42 米的石幢座上,为宋朝初年遗物。1979 年 1 月迁至常德市滨湖公园内。幢高 4.33 米,底部直径为 0.9 米,重 1520.8 公斤。作圆柱形,上大下小,用白口生铁铸成。铁幢基座部分铸有佛像、金刚力士及龙虎、莲花瓣等纹饰,质朴有力。幢身铸《般若波罗密多心经》及捐献造幢人姓名、官职。我国现存的经幢大多为石制,此种铁铸经幢很少见。

地藏寺经幢

地藏寺经幢在云南省昆明市。经幢在昆明市拓东路古幢公园内,原名地藏寺古幢。按云南通志,地藏寺宋末蜀僧永照云悟建,经幢是大理国中期(相当于宋),高氏臣僚袁豆光所立。幢高 6.5 米,八角七层。第一层刻四金刚及梵文,以上各层刻佛像雕工极为精美,为研究云南少数民族历史文化和雕刻艺术的重要文物。

泰山

泰山,古称岱山、东岳或岱宗,为中国五岳之首,它位于中国山东省中部地区,横跨济南、泰山、长清诸县市,主峰玉皇顶坐落在泰安市北,海拔 1545 米。泰山以其奇丽壮观的自然景观、富含古老文化神韵的石碑而著称于世,成为中国一座美丽的山岳公园和天然的历史、艺术博物馆。1987 年,联合国教科文组织把泰山作为自然遗产和文化遗产列入《世界遗产名录》。

登泰山可以观赏 "旭日东升"、"晚霞夕照"、"黄河金带"、"云海玉盘" 这四大奇观。

泰山要从岱宗坊开始攀登。山脚至中天门的路上排列着 3000 多级石阶。登山盘道的起点是在清代修建的一天门坊。登泰山需要经过一天门、二天门和三天门。其中,二天门和三天门又被称为中天门和南天门。

孔子登临处是一处在明代建造的石坊。相传是因孔子登泰山时指点弟子的地方而得名。

万仙楼是在明代万历四十八年(公元 1620 年)建造的,里面原来供奉着王母列仙。有 60 余块明清碑刻散布在楼的四周。楼北面盘路西侧石壁上刻着"虫二"二字字谜,是取了风月两字的字心,意思是"风月无边"。这里景色的美妙由此便可见一斑了。

　　位于泰山山腰的五松亭又名五大夫松,松旁有5间亭子。从中天门需途经"快活三里"、"斩云剑"、"云步桥"等几处景点才能到达五松亭。在沿途崖壁留下了许多历代文人墨客的刻石。

黄山

　　黄山自然风景区位于中国安徽省南部的黄山市境内,北临长江,景区面积约154平方千米。黄山风景区有自然景点400处,82座山峰。光明顶是黄山的主峰,海拔1841米;莲花峰是最高峰,海拔1873米。黄山共有名峰72座。黄山景色雄奇,将华山之峭拔、泰山之雄伟、匡庐之飞瀑、衡岳之烟云、峨眉之清秀、雁荡之巧石等诸名山的优点集于一身。"黄山四绝"是指奇松、怪石、云海、温泉。

　　黄山的主要景点有:始信峰、玉屏楼、天都峰、半山寺、慈光阁、温泉、排云亭等。站在与玉屏峰紧挨的玉屏楼(文殊院旧址)前面可观赏前海云雾,从后则可眺望白鹅岭竞秀;站在右边,则可见莲花、莲蕊两峰直插云霄,从左侧可望天都峰。楼旁有迎客和送客两松,楼下有蓬莱三岛奇石。全山气象万千,瑰丽奇特,珍禽异兽随处可见。

　　莲花峰高约为1860米,走完百步天梯,再穿过莲花沟和莲花蕊,就是莲花峰顶。山上还有许多珍奇花木,像飞龙松、黄山杜鹃、倒挂松等。相传天都峰海拔1810米,有名景点有"童子拜观音"石景、鲫鱼背、仙桃石等。其中"鲫鱼背"长约10米,宽却只有1米,通往天都峰必须经过此处。路的两边就是万丈深渊,在上黄山的地方中,它是最危险的,故有"不上天都峰,黄山一场空"的说法。光明顶的顶部开阔平展,游人经常云聚于此看云海、观日出。

　　1990年,黄山作为文化和自然遗产,被联合国教科文组织列入《世界遗产名录》。

张家界

　　位于张家界市西北约30千米的张家界,古时有青岩山或马鬃岭的称呼,是一个有名的自然风景区。山的最高处海拔1300余米。山上的名胜古迹主要有 1 个瀑布、2 座天桥、3 座古庙、4 条碧溪、5 个天门、6 个山寨等，2000 多座形态各异的山峰，包括劈山救母、秦桧跪灵、黛玉葬花、济公活佛等。

天子山位于桑植县城东 40 千米处。风景区面积约 14 万亩，连接着张家界索溪峪，也是武陵源区的一部分。其主要游览区有黄龙泉、茶盘塔、老屋场、凤栖山、石家檐等，其中风景较为迷人的有将军崖、茶盘塔、天梯等景点。

索溪峪位于慈利县城西北。索溪曲折流淌，溪水两岸有奇特的山石，其中最具特色的有猛虎啸天、雄狮回头、寿星迎宾、老人岩、三女峰、金龟出水、神堂湾、宝凤湖、转阁楼、天子坟、观音立像、龙虾出洞、熊猫观天等。

九寨沟

九寨沟，位于中国四川省阿坝藏族自治州南坪县境内，东距南坪县城 38 千米。九寨沟面积约为 720 平方千米，总长约 50 多千米，属世界高寒喀斯特地貌、温带季风气候。它里面有盘信寨、彭布寨、尖盘寨、故洼寨、盘亚那寨、荷叶寨、树正寨、黑果坎寨、查洼寨这 9 个藏族寨子。还有大小 108 个湖泊和众多的大小瀑布分布在河谷地带。九寨沟在 1978 年被国务院定为自然保护区。1992 年，九寨沟被联合国教科文组织作为自然遗产列入《世界遗产名录》。

宝镜岩高 800 米，是岩面似镜的巨岩。九寨沟风景区的最高点是海拔 3100 米的长海，也是九寨沟里面积最大的一个海。卧龙海由碳酸钙结成是中较大的一个，水下有一座乳黄堤埂，宛如一条卧在湖中的黄龙。卧龙在山风吹动水面的时候仿佛要腾飞起来，卧龙海便由此而得名。

黄龙

黄龙，位于中国四川省北部阿坝藏族、羌族自治州松潘县境内，坐落在岷山南段山脉之上，是西北高原上一颗瑰丽耀眼的明珠。黄龙风景区面积约 700 平方千米，由黄龙景区和牟泥沟景区两部分组成，地表钙华规模之大、形态之多是其最大特色，为世所罕见。同时，它也为景区塑造了奇、雄、峻、野的特异景色。其主景区为黄龙沟，位于岷山主峰雪宝顶下，呈宽谷形,长 36 千米,宽 30～170 米。其地表上是一层厚厚的浅黄色钙华,犹如一条蜿蜒奔腾于林海之中的金黄色巨龙,故名。沟内有各种各样的钙华景观,如钙华洞、钙华滩、钙华堤、钙华彩池以及钙华瀑布等等。其中以钙华彩池最为出色,大小不一,形态各异,五光十色。它们那精美的造型、绚丽的色彩,如天工雕琢一般,令人称奇。1992 年,黄龙作为自然遗产,被联合国教科文组织列入《世界遗产名录》。

承德避暑山庄与外八庙

承德避暑山庄,位于河北省承德市北近郊,是清帝王避暑和处理朝政的离宫,它由正宫、松鹤斋、万壑松风和东宫四组建筑组成。始建于康熙四十二年(公元 1703 年),历时 87 年,到乾隆五十五年(公元 1790 年)才宣告竣工。避暑山庄占地面积约为 564 万平方米,为颐和园的两倍,是中国现存最大的皇家园林。1994 年,承德避暑山庄与外八庙被联合国教科文组织作为文化遗产列入《世界遗产名录》。

武当山

武当山,坐落在中国湖北省十堰市丹江口境内,前面是丹江水库,背后是神农架原始森林。武当山是著名的道教圣地。道观之内的宗教文物更是精美珍贵的无价之宝。1994 年,联合国教科文组织将武当山作为文化遗产列入《世界遗产名录》。

武当山上的紫霄宫,于明永乐十一年至二十一年 (公元 1413～1423年)修建。在宫前石阶两旁,各有一座两层碑亭,周围有石柱环绕。正殿面阔七间,进深五间,有许多铜、铁、木、瓷等神像供奉在殿内,此外还有千余件经卷经书等文物。

庐山

庐山风景名胜区位于中国江西省九江市南部地区,东南与鄱阳湖相接,北濒长江,不仅有河流、湖泊、坡地、山峰等多种地貌类型,还有独特的第四季冰川遗迹。1996 年 12 月,被联合国教科文组织作为文化景观列入《世界遗产名录》。

庐山风景名胜区因殷周间有一对匡氏兄弟结庐隐居在此而得名。景区面积 302 平方千米,大汉阳峰是最高峰,海拔 1474 米,共有 37 处景点,230 个景物、景观。由于山上峰峦雄峻,翠谷幽深,变幻莫测,故被誉为"难识庐山真面目"。其瀑布与雁荡龙湫、黄山石笋同样有名,因此有"天下三奇"之称。其美丽的自然景色为它赢得了"匡庐奇秀甲天下"的美誉。山上最主要的景点有:仙人洞、花径、五老峰、含鄱口、三叠泉、秀峰、白鹿洞书院、东林寺等。

平遥古城

平遥古城,又称龟城,坐落在中国山西省太原市西南约 90 千米处。平遥原名平陶,是在四千多年前的尧帝时期建造的。后改名为平遥,因与北魏太武帝拓跋焘的名字同音,为了避讳而改。明代洪武三年 (公元 1370 年),平遥城进行了扩建,始建我们现在看到的平遥城墙,后来在清代修补过几次。

丽江古城

丽江古城,古称大研,坐落在中国丽江纳西族自治县县城之中。丽江古城是中国为数不多保持完好的古城镇之一,是中国博大精深建筑艺术的一个杰出代表。城以"四方街"为中心,城内街道分布密集,多如蛛网。以主要干道为脉络,城内道路向四周辐射和延伸,瓦屋依势而建,参差不齐。整个城市皆是傍水而建,水随街转,小巷临水,楼筑水上,别具水乡风情。有一座明建木式土司府在官院巷里,忠义石牌坊、议事厅、万巷楼、护法殿、光碧楼、玉音楼、三清殿等建筑就在其不远处。1997 年,丽江古城作为文化遗产被联合国教科文组织收入《世界遗产名录》。

都江堰

都江堰位于四川省都江堰市。都江堰由秦昭襄王时代蜀郡守李冰父子于公元前 300 年修建。整个工程由鱼嘴、飞沙堰、宝瓶口三个部分组成。为了变水害为水利,蜀郡守李冰根据川西西北高、东南低的地理条件,充分利用人力、物力,凿开玉垒山,引水灌良田,在岷江江心筑堤分水。堤的前端是"分水鱼嘴",它把岷江分为内外二江。外江是经都江堰、乐山至宜宾入长江的岷江正流,全长 700 多千米;而内江是人工渠道,在"宝瓶口"

的节制下,流入成都平原。同时,李冰父子在分水堤中段修建了"飞沙堰",以防止更多的洪水及泥沙流入内江,从而让洪水、泥沙自动泻归外江,有效地控制了内江的流量,从而使变水害为水利的目标得以实现。后人在附近建造了二王庙、伏龙观以纪念李冰父子。观内有塑造于东汉建宁元年(公元168年)的李冰父子大型石像,以及制于唐代的飞龙鼎等。

你应该具备的

69

第三章　世界古迹

卢浮宫

卢浮宫又译罗浮宫,是世界上最古老、最大、最著名的博物馆之一。卢浮宫始建于 1190 年,当时只是菲利普·奥古斯特二世皇宫的城堡。查理五世时期,卢浮宫被作为皇宫。在以后的 350 年中,不断增建了华丽的楼塔和别致的房间。但是在其后的整整 150 年间,卢浮宫却并无国王居住。卢浮宫占地面积(含草坪)约为 45 公顷,建筑物占地面积为 4.8 公顷。全长 680 米。它的整体建筑呈"U"形,分为新老两部分:老的建于路易十四时期,新的建于拿破仑时代。宫前的金字塔形玻璃入口,是 20 世纪 80 年代美籍华人建筑大师贝聿铭设计的。

1793 年 8 月 10 日,卢浮宫艺术馆正式对外开放,成为一个博物馆。卢浮宫的陈列分为七个部门:古东方文物伊斯兰艺术、古埃及文物、古希腊与古罗马文物、工艺品、绘画、雕刻以及负责筹划短期和长期展览的平面艺术部门,分布在黎希留馆、绪利馆和德农馆三个馆区从地下来层到三层中。卢浮宫的藏品中有被誉为世界三宝的《维纳斯》雕像、《蒙娜丽莎》油画和《胜利女神》石雕像,更有大量希腊、罗马、埃及及东方的古董,还有法国、意大利的远古遗物。陈列面积 5.5 万平方米,藏品 2.5 万件。

泰姬陵

泰姬陵是莫卧儿第五代皇后阿柔曼·巴纽的陵墓,这也是皇帝沙·贾汗为纪念他的妻子而建造的。被列为世界七大建筑奇迹之一的泰姬陵坐落在亚格拉近郊亚穆纳河畔南岸。

陵墓占地 17 万平方米,陵墓的基座为一座高 7 米、长宽各 95 米的正方形大理石,陵的四方各有一座尖塔,高达 40 米,内有 50 层阶梯,是专供穆斯林阿訇拾级登高而上的。大门与陵墓由一条用红石铺成的甬道相连接,在甬道两边是人行道,人行道中间修建了一个"十"字形喷泉水池。寝宫居于陵墓正中,四角各有一座塔身稍外倾的圆塔,以防止塔倾倒后压坏陵体。寝宫的上部为一高耸饱满的穹顶,下部为八角形陵壁,上下总高 74 米,用黑色大理石镶嵌的半部古兰经的经文置于四扇拱门的门框上。寝宫内有一扇由中国巧匠雕刻得极为精美的门扉窗棂。

1983 年,联合国教科文组织将泰姬陵作为文化遗产列入《世界遗产名录》。

雅典卫城

雅典卫城,位于希腊首都雅典。雅典娜女神庙全由蓬泰利克大理石建成,其产地就在雅典附近。一条饰以高凸浮雕、宽 18 英寸的中楣饰带,围绕在建筑物外部。

这里海拔虽然只有 1.52 米,面积有 4000 平方米。但东面、南面和北面都是悬崖绝壁,地形十分险峻。雅典卫城有一座山门,正高 18 米,侧高 13 米。雅典娜女神庙在山门右前方。18 英尺长、12 英尺宽的神庙内有一个爱奥尼亚式门厅和一个约呈方形的内殿组成。在神庙东面有一个执盾的雅典娜神像浮雕。雅典卫城的帕特农神庙代表了古希腊建筑艺术的最高成就,又称做"神庙中的神庙"。基座长 69.5 米、宽 30.88 米的神庙,建筑材料为石灰岩,神庙有 23 根高 18.5 米的圆柱。

1987 年雅典卫城被联合国教科文组织作为文化遗产列入《世界遗产名录》。

克里姆林宫

克里姆林宫位于俄罗斯的莫斯科市中心,是俄罗斯的标志之一。它们由克里姆林宫、红场和教堂广场建筑组成。

多棱宫是克里姆林宫最古老的宫殿之一,是在 1487～1491 年修建的,得名于它用多棱白石砌成的外墙。多棱宫的二楼呈正方形,主体大厅占地约 500 平方米,有一根石柱立在正中央,在巨柱上方伸出四棱柱,支撑着大厅的圆顶,圆顶上的壁画绘于 16 世纪末,由于历代重绘,色彩显得十分鲜艳。

伊凡大钟楼有 81 米高,是克里姆林宫中最高的建筑物。钟楼高五层,顶为金色,塔身为外部装有拱形窗口的八面棱体。钟楼底部的台阶直通楼顶,站在钟楼顶上,莫斯科的全景便一览无余了。在钟楼的不远处陈列着

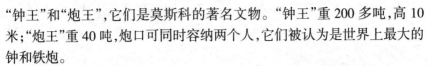

"钟王"和"炮王",它们是莫斯科的著名文物。"钟王"重200多吨,高10米;"炮王"重40吨,炮口可同时容纳两个人,它们被认为是世界上最大的钟和铁炮。

位于莫斯科市中心的红场紧邻克里姆林宫,是莫斯科的中央广场。红场占地9万余平方米,长700米,宽130米。15世纪90年代莫斯科发生了一场大火,人们在空旷的废墟上建造了这个广场,它的名称则起源于17世纪中叶。

位于红场西南方的列宁墓,是红场上最为重要的建筑之一。列宁逝世于1924年1月26日,最初的墓是木结构,1930年改用石建。陵墓一半在地面,一半在地下。陵墓的外层是阶梯状的三个立方体,是由黑色和深红色的大理石和花岗岩建成的,主体颜色为深红色。1990年,联合国教科文组织把克里姆林宫和红场作为文化遗产列入《世界遗产名录》。

英格兰巨石阵

在17世纪初期,一位名叫约翰·奥布里的考古学家在英格兰南部平原发现了一些独特的巨石建筑。由于是他初次发现这些巨石建筑,所以将其命名为"奥布里坑群"。坑群内圈竖着两排蓝砂岩石柱,现已面目全非,有的只留下原来的痕迹。巨石阵最壮观的部分是石阵中心的砂岩圈。它是由30根石柱架着两架横梁组成,横梁间彼此用榫头、榫根相连接,构成一个封闭的圆圈。这些石柱高4米、宽2米,厚1米,重达25吨。砂岩圈的内部是5组砂岩三石塔,排列成马蹄形,也称为拱门,两根巨大的石柱,每根约重50吨,另有一根约10吨重的横梁嵌合在石柱顶上。这个由巨石排列成的马蹄形坐落于整个巨石阵的中心线上,马蹄形的开口正对着仲夏日出的方向。巨石圈的东北侧有一条通道,在通道的中轴线上矗立着一块完整的砂岩巨石,高4.9米,重约35吨,被称为"踵石"。每年冬至和夏至,如果人们从巨石阵的中心远眺踵石,就会发现太阳隐没在踵石的背后,这种奇特现象也给孤独荒凉的巨石阵增添了神秘莫测的气氛。

依据科学家实地考证,巨石阵最初建于新石器时代后期,约公元前2800年,那时巨石阵已初见规模——圆沟、土岗、巨大的踵石和"奥布里坑群"。约公元前2000年是巨石阵建筑的第二阶段,在此期间整个巨石阵已基本完成。这个阶段的主要建筑是蓝砂岩石柱群和长长的通道。巨石阵的第三期建筑尤为重要,约在公元前 1500 年,这时建成了沙石圈和拱门,巨石阵也全部完工,这就是我们现在看到的雄伟壮丽的巨石阵遗址的整个面貌。

除了英伦诸岛,巨石建筑还广泛存在于爱尔兰、西班牙、法国一部分地区、斯堪的纳维亚地区、地中海诸岛等等。产生这些巨石结构的文化被称为巨石文化。巨石结构有可能是新石器时代的重要遗物,其种类很多,形状、结构、性质也不尽相同。

埃及金字塔

金字塔是埃及法老们的陵墓。最早的金字塔是由天才建筑师伊姆荷太普主持建造的乔塞尔金字塔,它开创了一种新的建筑风格,从此马斯塔巴成为贵族的坟墓,而金字塔则是法老所特有的陵寝。在现在已经挖掘出来的 80 座金字塔中,最著名的莫过于吉萨的大金字塔了。

吉萨位于尼罗河西岸,在都城孟斐斯宫殿北边大约 32 千米处。这里有 3 座第四王朝时期的金字塔,分别是胡夫、哈夫拉和门考拉的陵墓。后人称其为"大金字塔"。大金字塔是精确地按照几何原理建造的,塔高 146.5 米,底面是一个近乎标准的正方形,边长 230 米,各边之间的误差不到 20 厘米,总占地面积大约为 52900 多平方米,总周长为 1000 米。各面以 51° 的角度倾斜向上,最后到达顶端。塔身是用大约 230 万块巨石垒成的,每块平均重达 2.5 吨,其中有许多则重达 150 吨,巨大的石灰石块的表面被磨得非常精细,石块之间没有任何粘合剂,完全靠石块本身的重量紧紧结合在一起,其紧密程度令人叹为观止,许多地方甚至连刀片都插不进去。

塔的北壁上有一个离地 13 米、由 4 块巨石支撑的三角形拱门,这是通向塔内的唯一的入口。进入拱门,是一条长约 100 米的下坡甬道,一直通向墓室,墓室位于塔底,离地面约有 30 米。在下坡甬道上有一分支,可以通向王后的墓室;继续沿上坡甬道走,就可以看见一条高达 8 米的大走廊,大走廊的尽头就是距离地面约有 40 多米的胡夫的墓室。

胡夫的墓室是整个金字塔的中心。墓室高约 6 米,门口是用一块重达 550 吨的石头做成的门,顶部是用 9 块巨大的石块盖成的。墓室里有一口石棺。墓室上面有 5 层"缓冲室",最上一层的顶盖是三角形的,以减轻墓室所承受的压力。墓室的南北墙上,还有两条直通塔外的通风管道,保持空气流通。紧邻大金字塔的是胡夫的儿子哈夫拉为自己建造的同样宏大的金字塔,称为哈夫拉金字塔。塔高 143.5 米,与大金字塔的结构大致相同。塔的东侧是一座修建得比较精细的祭庙,旁边还有一座谜一般的巨大的雕像——狮身人面像。哈夫拉的继承人门考拉也在此建了一座金字塔,但规模要小得多,塔高仅 66.4 米,结构也没什么太大的变化。三座金字塔互相毗连,相隔不到 500 米,每座都是正方向排列,四个面正对东南西北。淡黄色的石灰石外表在阳光的照射下闪闪发光。四周还群集着一些较小的安葬王室成员和高级贵族用的金字塔和马斯塔巴,更衬托了金字塔的庞大身躯和宏大的气势。三座金字塔以简单而庞大的形体矗立在一望无际的利比亚沙漠边缘,犹如三座巍峨的山峰,与壮观的自然景色结合成一幅宏伟的图画。

狮身人面像

据史料记载,公元前 2240 年,哈夫拉金字塔刚刚竣工,为了巡视金字塔建造后的情况,哈夫拉亲临建造工地,巡视过程中,他发现工地采石场上还有一块巨石被丢弃一旁未被使用,颇感可惜,马上下令在场的工匠按照他的脸型,雕刻成一座狮身人面像,并置于金字塔的一侧。在尼罗河沿岸遍布的 80 多座大大小小的金字塔中,哈夫拉金字塔非常引人注目。哈夫拉金字塔的出名完全是因为狮身人面像。

这座巨大的狮身人面像位于哈夫拉金字塔祭庙的西北方,坐东向西,古希腊人把它叫做"斯芬克斯"。它是埃及最大最古老的室外雕刻巨像,这座雕像是由整块天然岩石雕凿而成的,长 57 米,高 20 多米,面部为 5 米,仅耳朵就有两米多长,像一个守护神,巍然屹立于哈夫拉金字塔的旁边。19 世纪以前,狮身人面像的身躯一直被埋在沙子底下,只有头部露在外面,当时谁也不知道它到底有多深。后来,随着考古技术的发展,人们才终于搞清了它的真实面目。

复活节岛

1722 年荷兰航海家雅可布·洛吉文登岛复活节那天蹬上位于太平洋东南角的一个小岛,于是将该岛命名为复活节岛。复活节岛距智利海岸

3900 千米, 面积 117 平方千米。该岛 1888 年归属智利, 当地波利尼西亚语称"拉帕·努伊", 意为"地球的肚脐", 表示自己是地球的中心。最具神秘色彩的是岛上的历史古迹, 在岛上上万件古文物中, 有 25 块上面刻着有人、兽、鱼、鸟等图形符号的木板, 大的长 2 米, 岛民称之为"会说话的木板", 但至今无人能读懂它们。全岛发现大约雕凿在公元前 1680 ~ 前 1100 年的一千多尊巨大的半身人面石像, 其中 600 尊整齐地排列在海边的石岛上。石像大小不等, 高 6 ~ 23 米, 重约 30 ~ 90 吨, 它们形象诙谐, 面对大海, 若有所思。

巴黎圣母院

　　巴黎圣母院坐落于巴黎市中心塞纳河中的西岱岛上, 始建于 1163 年, 历时一百八十多年整座教堂才在 1345 年全部建成。

　　圣母院的正外立面被壁柱纵向分隔为三大块: 三条装饰带又将它横向划分为三部分, 其中, 最下面有三个内凹的门洞。门洞上方是所谓的"国王廊"上有分别代表以色列和犹太国历代国王的 28 尊雕塑。"长廊"上面为中央部分, 两侧为两个巨大的石质中棂窗子, 中间一个玫瑰花形的大圆窗。中央供奉着圣母圣婴, 两边立着天使的塑像, 两侧立的是亚当和夏娃的塑像。大厅可容纳 9000 人, 其中 1500 人可坐在讲台上。厅内有适合奏圣歌的大管风琴, 共有 6000 根音管, 音色浑厚响亮。

比萨的大教堂广场

　　比萨的大教堂广场, 是世界文化遗产之一, 坐落在意大利的中部托斯卡纳省的省会比萨。广场上的主要建筑群是建于 11 ~ 14 世纪的比萨主教堂、浸礼会教堂和比萨斜塔等。这些建筑群是罗马建筑的典范, 尤其是比萨斜塔, 更被誉为世界建筑史上的奇迹。1987 年, 联合国教科文组织将比萨的大教堂广场列入《世界遗产名录》。

　　建于 11 ~ 12 世纪的比萨大教堂, 分为 5 个殿。半圆形的正殿上面覆盖的穹顶呈橄榄状。18 根大理石柱作为教堂的支撑, 正殿正面有 3 扇大铜门, 还有 4 层凉廊。教堂的小窗户采光不好, 因此内部比较阴暗。教堂内保存有精美的油画、木雕等艺术品。

　　1174 年开始修建, 直到 1350 年才完工的比萨斜塔实际上是比萨大教堂的一座钟楼,外观呈圆柱形,共有 8 层。54.5 米高的塔身墙壁底部厚约 4 米,顶部厚 2 米多,从下而上,共有 213 个拱形券门,底层有 15 根圆柱,中间 6 层各 31 根圆柱,顶层则有 12 根圆柱,它们共同构成这数量众多的券门。斜塔全部用大理石建成,总重 1.42 万吨。造形古拙而又秀巧,称得上罗马式建筑的典范。顶层为钟塔,塔有 294 级螺旋状楼梯,站在塔顶眺望,比萨城全景就可以尽收眼底。

由于地基较浅,土质松软,当第三层完工时,塔身就开始倾斜,工程被迫停止。94 年后,施工得以继续,因为这次人们采取了一系到防倾斜的措施。但全塔建成后,塔顶中心点仍偏离垂线 2.1 米。六百多年来,塔身倾斜越来越严重,顶端中心偏离垂线 5.2 米,但 1972 年 10 月的一次大地震竟然未令此塔倾倒。这种"斜而不倒"的现象,使比萨斜塔从此名声更盛。

比萨斜塔

比萨斜塔位于意大利比萨古城,该塔 1173 年奠基,分三段施工,历经 178 年,至 1350 年建成。它通高 56.7 米,为 8 层圆柱形建筑,总重量达 14553 吨。

比萨斜塔在动工五六年后,建好的 3 层塔就开始倾斜。建筑师曾采用多种方法进行控制,均没有奏效。比萨塔建成后,塔身仍在继续倾斜。

根据有关资料统计,1829~1910 年,它平均每年倾斜 3.8 毫米;1918~1958 年间,年均倾斜 1.1 毫米;1959~1969 年间,年均倾斜 1.26 毫米;20 世纪 70 年代后期至 1982 年间,年均倾斜 1.2 毫米。这以后,年均倾斜则为 1.19 毫米。现在,塔顶中心点偏离塔基中心垂直线已有 5 米多。1990 年,意大利政府宣布比萨斜塔停止开放,以免发生意外。

比萨斜塔为什么斜而不倒呢?

有学者指出,建筑该塔时,意大利建筑师运用建筑上预应力结构的原理,已预先考虑到当时地形和风向等自然环境的特点,有意使塔的重心向南倾斜,从而建成了一座斜塔。

此外,在对塔的建筑材料、结构、地质、水源等方面进行研究后,史学家皮罗迪教授认为,建造塔身的每一块石砖都是石雕佳品,石砖与石砖间的黏合极为巧妙,有效地防止了因塔身倾斜而引起的断裂,成为斜塔倾而不倒的一个重要因素。

古都底比斯

　　底比斯横跨尼罗河两岸，地处今天埃及首都开罗南面700多千米的地方。底比斯的右岸，也叫东岸，曾经是古埃及的宗教、政治中心；底比斯的左岸，也叫两岸，是法老们死后的安息之地。

　　底比斯是一座充满神奇色彩的古城，它的兴衰是整个古埃及兴衰的一个缩影。底比斯在公元前14世纪中叶的古埃及新王国时期，曾经是一座当时世界上无与伦比的都城。希腊大诗人荷马称其为"百门之都"。

　　公元前2134年左右，埃及第十一王朝法老孟苏好代布兴建底比斯，并将其作为都城。法老孟苏好代布定都底比斯后，又将阿蒙神奉为"诸神之王"，成了全埃及地位最高的神，从此开始在底比斯为阿蒙神大兴土木。由此奠定了底比斯在古埃及历史上的重要地位。

　　到了公元前2000年左右，虽然第十二王朝的开创者门内姆哈特一世曾把首都从底比斯迁到孟斐斯附近的李斯特，但在底比斯仍然为阿蒙神继续兴建纪念性建造物。

　　从公元前1790年到公元前1600年左右，底比斯遭到了外族喜克索斯人的入侵。喜克索斯人征服了大半个埃及，最后定都阿瓦利斯，建立了第十五王朝和第十六王朝。底比斯由此经历了第一次衰落。

　　埃及人在阿赫摩斯一世的率领下，又在底比斯建立了第十七王朝，并在公元前1580年左右攻占了阿瓦利斯城，把喜克索斯人赶出了埃及，开创了古埃及新王国时代。新王国发动了一系列侵略战争，掠取了大量财富和战俘，并把底比斯建成为当时世界上最显赫宏伟的都城。他们在东底比斯为阿蒙神和他们自己建起了一座座壮观的神庙和宫殿。

　　在西底比斯一个不显眼却又盛产建筑材料石灰岩的山谷里，法老和权贵们为自己修造了一座座陵墓，这个山谷被后人称为"国王之谷"。著名的图坦卡蒙墓就位于"围王之谷"内，在图坦卡蒙的三间墓室里发现了数不胜数的金银财宝，如果把这些财宝折合成现在的货币至少也有数百亿美元！

　　第二十一王朝以后，随着底比斯统治集团内部矛盾的不断加剧，加上爱琴海和小亚细亚一带的"海上民族"的不断入侵，新王国日益衰落，底比斯也开始了自己的厄运。公元前663年左右,入侵埃及的亚述军队再次火烧、洗劫了底比斯。公元前27年,一场地震又使底比斯城里仅存的一些纪念性建筑物瞬息之间倾塌无遗。

到公元19世纪,只留下一堆废墟的底比斯,成了古墓盗劫者的乐园。在现今埃及的卢克索和卡纳克一带,人们还能见到底比斯遗址的一些断壁残垣。

马丘比丘

1911年7月,美国探险家海伦·宾加姆在秘鲁乌鲁班巴河岸海拔2430米的悬崖上,发现了一座荒废已久、不为人知的古城——马丘比丘。

马丘比丘建筑在三面临水、一面连山的花岗岩平台上,除了一座悬空吊桥外,无路可通。印加人就在这块陡峭得几乎无法攀登的地方,建起了一道石块围墙,宛如一道屏障。

从入口处往里看去,马丘比丘的宏伟景色迭次展开,就像一组系列照片一样。在马丘比丘和汇纳比丘两座山峰之下,一座座石质建筑和绿草如茵的院子依次排列。城市的农业区里密布着层层石头垒成的花园平台,其间有蜿蜒陡峭的小道穿过,通向传统的门楼。购物区里的道路则没有那么陡峭,分布着许多神庙和茅草覆顶的屋子。

所有的建筑物都用巨大的石块垒成,其中最大的一块多边形巨石大约长3.6米,宽5米,厚1.5米,其重量绝不少于200吨!石块与石块全都以各种不同的角度拼合在一起,没有使用任何黏合剂,但仍然拼接得错落有致。

建筑用的所有石料都不是取自自身山头。当时的印加人没有文字,没有车辆,不会使用铁器,不会使用牛马之类的畜力,仅凭着肩扛手拽,怎么可能把这成千上万的巨大的石块,特别是那块重约200吨的巨石搬过索桥,运到这险峻的高山上的呢?

同样,这座古城高居在悬崖之上,到底是做什么用的,也是一个悬而未绝的谜。

有人认为,它是西班牙殖民者到来之后,印加人最后的避难所,随着印加人的逐渐去世和转移,该城最终也遭到废弃。还有人认为,马丘比丘是一个宗教中心,是印加人祭祀太阳神的地方,这里山高地僻,可以更好的与神亲近。

但是，不管哪一种说法，到目前为止，都只是猜测，没有确切的答案。

南马特尔遗迹

在南太平洋的密克罗尼西亚群岛中波纳佩岛的东南侧，有一个叫"泰蒙"的小岛，人们也把它叫做"墓岛"。

在这个岛延伸出去的珊瑚礁浅滩上，矗立着89座用巨大的玄武岩石柱纵横交错垒起的建筑物，高达4米，远远望去怪石嶙峋，如果走近看，它们又好像是一座座神庙。有人称这些建筑是远古时代人们的坟墓，因此，墓岛之名由此而来。

这些像神庙又像坟墓的建筑就是南马特尔遗迹，按波纳佩语有两个意思，一个是"集中着众多的家"，另一个是"环绕群岛的宇宙"。

据考证，南马特尔遗迹是在公元1200年左右建造的，人们建造那些建筑物用的石头都是从波纳佩岛运过来的。据调查，整个建筑用了大约100万根玄武岩石柱，在波纳佩岛加工成石柱后用筏子运到这里。

专家们估计，如果每天有1000名壮劳力从事开凿，那么光是采石就需要655年，加之还要用人力加工成五角形或六角形棱柱需要二三百年，最终要完成这项建筑的话，需要1550年的时间。

现在，波纳佩岛上有人口2 5万人，而南马特尔遗迹建造的古代，人口还不到现在的1/10。据此，1000名劳动力差不多是动员了当时全岛所有的劳动力。因此，专家们设想这项工程是很难凭借人力完成的。

有学者指出，在太平洋中，曾经有一个高度发达的文明——太平洲文明。整个密克罗尼西亚群岛和复活节岛都处在太平洲中。这样要建成南马特尔遗迹、复活节岛巨石人像群的人力、物力、技术力量都是具备的。

后来，太平洲因大地震而沉陷海底，许多地方都成了孤岛，太平洲人由于人力分散、剧减，而不得不停下他们的巨大建设工程，所以复活节岛还躺着300多个规模更大的未完工的巨石像，波纳佩岛采石场留下了很多刚开采准备使用的石块。

南马特尔遗迹的那些古代坟墓，从来没有任何文字记载。据当地人说，这些古代坟墓的来历，完全是靠口述，从酋长的世系中一代一代地传下来的，只有酋长自己和可以继承酋长的人才知道。而且，他们绝不能向外人,哪怕是自己的亲属泄露出去,不然的话,就会遭到诅咒,死神就会降临到他们的头上。

亚历山大灯塔

亚历山大灯塔约建于公元前 270 年,位于埃及亚历山大港。当亚历山大灯塔建成后, 它以 400 英尺的高度当之无愧地成为当时世界上最高的建筑物。灯塔的设计者是希腊的建筑师索斯查图斯。2000 年来,亚历山大灯塔一直在暗夜中为水手们指引进港的路线,可惜 14 世纪的大地震彻底摧毁了它。

婆罗浮屠

约建于 8 世纪末 9 世纪初的婆罗浮屠又称千佛塔, 位于印度尼西亚爪哇岛中部马吉冷婆罗浮屠村。婆罗浮屠是实心的佛塔,没有门窗,也没有梁柱,完全用附近河流中的安山岩和玄武岩砌成,约用 200 万块石头,底层石头每块重约 1 吨。塔基为正方形,边长约 123 米。原塔高度为 40 多米,现为 35 米。佛塔共 10 层,呈阶梯状的锥体。下面 6 层为方形,上面 3 层为圆形,有"天圆地方"之意。

婆罗浮屠的 10 个层次在佛理上有一定的含义,依次升高的 10 层象征着修炼成佛的十地,即欢喜地、离垢地、发光地、焰圣地、难圣地、现前地、远行地、不动地、善慧地、法云地。每一层又代表一界,即地狱、饿鬼、畜生、阿修罗、人、天、声闻、缘觉、菩萨、佛。佛底代表"欲界",四周的石刻浮雕表现了人们的种种贪婪的私欲。2～6 层是塔身,代表"色界"。四周的浮雕主要描写了佛陀的生平及四处游历、传道讲经的过程。

婆罗浮屠是印尼人民艺术创造的结晶,是佛教文明的艺术体现。随着伊斯兰教的传入, 婆罗浮屠旺盛的香火日渐消失。后又遭火山爆发的破坏,直到 19 世纪初才被重新发现,成为举世闻名的东方四大奇迹之一。

阿尔塔米拉石窟

在托雷拉维加附近的桑蒂利亚那石灰岩高原上, 坐落着阿尔塔米拉石窟。它由几个相互连接的石灰岩洞组成,而其中最大的岩洞面积达 100 多平方米。该洞还遗存有石斧、石针及雕凿平坦的巨大石榻等物,体现了久远的石器时代的面貌。此外,岩洞内的壁画是代表史前艺术的珍品,具有极高的艺术和历史价值。

阿尔塔米拉石窟是于 1879 年,考古学家马塞利诺—德桑图奥拉和他的次女玛丽亚在无意中发现的。洞窟长约 270 米,高度和宽度则不等。

形成于 1.3 万年前的阿尔塔米拉石窟的壁画先后经历了欧洲旧石器时代晚期奥瑞纳、梭鲁特和马格德林三个文化时期。其中制于奥瑞纳时期的壁画比较粗糙,这些壁画是用手指在岩壁上绘制而成,内容由简单的几何图形和人物轮廓构成。马格德林时期的绘画采用黄、红、黑等几种颜色,刻画的对象以野牛、野猪和鹿、马等动物为主。在一些岩石表面绘有一些来自热带草原的动物的图案,这些图案大约绘于公元前 12000 多年。图案上有一些长着圆形头部,很难分清性别的当时地中海地区人的画像,以及一些绘有牛的图饰。这些图案是用黄色、绿色、红色以及黑色的染料绘成的,这表明人类发明使用碳——14 的历史可以追溯到公元前 8000 多年。图像上绘于公元前 1500 年的马及马车,可能就是历史之父希罗多德所描绘的古加达梅斯部落的生活场景。

由于壁画颜料是将矿物质、炭灰、动物血和土壤并掺和动物油脂而制成,因而这些壁画的色彩至今仍鲜艳夺目。壁画多使用写实、粗犷和重彩的手法,线条清晰,内容大多是原始人所熟悉的动物形象,这些画富有表现力和浮雕感,神态逼真,栩栩如生。

现在,这里已被辟成阿尔塔米拉洞窟艺术博物馆、洞窟壁画馆和考古陈列馆。附近出土的动物和植物化石、各种陶器、石器、青铜器和铁器等文物在馆里陈列展出。

从 1955 年起,在法布里西奥·莫里和保罗·格拉西奥西等专家主持下,意大利—利比亚联合科学考察团清点了百余个石洞,发现了数百幅雕刻画和数千幅绘画,以及许多石制和陶制物品。这些不同时期的绘画和文物以不同的风格向人们展示了由于气候的演变而使当地物种和居民生活方式发生巨大变迁的情况。

1985 年,阿尔塔米拉石窟被联合国教科文组织作为文化遗产列入《世界遗产名录》。

克里特岛

　　位于爱琴海南部的克里特岛，是地中海交通要冲，东西长约260千米，南北最宽处约有55千米，最窄处约12千米，总面积为8331平方千米，在爱琴海所有的岛屿中是面积最大的一个。这里拥有适宜的气候，充足的阳光、丰富的雨水和虽然多石但却肥沃的土壤。在永久性的村庄里居民们相互通婚，繁衍生息，各自从家乡带来的独特技艺和农耕技术被大家共同分享着，岛屿对他们赠赐了许多宝贵的东西。几百年前，它经常风和日丽，居民可以安定富足地生活于其中。

　　公元前2500年后，克里特岛出现了铜器、青铜器。冶金术大概由小亚和基克拉迪斯群岛传来。石瓶、印章、黄金饰物的制作也引人注目。约公元前3000年代末，私有制和贫富分化已相当发展。约公元前2000年，克里特出现了最初的国家。克里特文明的最大特征是宫殿的修筑，每个城市国家多围绕王宫而形成，宫廷是国家的经济、政治和文化的中心。

　　约从公元前2600年至公元前1125年，岛上涌现了著名的米诺斯文化、艺术、建筑和工程技术空前繁荣，并建立了统一的米诺斯王朝。20世纪初，还在该岛北部发掘出克诺索斯王宫遗址，规模宏大，与传说中的迷宫隐隐相符，集中代表了米诺斯文化的成就。它依山而建，中央为长方形庭院，四周有国王宫殿、王后寝殿，有宗教意义的双斧宫以及贮藏室、仓库等相环抱，各建筑物之间有长廊、门厅、复道、阶梯等相连接，千门百户、曲折通达。素有"迷宫"之称。各个宫室和长廊，都画有瑰丽多姿的壁画，尤以《戴百合花的国王》最著名。宫外西北角有剧场，附近还有皇家别墅和陵寝的遗址。克里特岛上还有其他众多古迹，为该岛增添了无穷的魅力。

　　从大约公元前1900年开始，克里特岛就成为欧洲早期文明中最活跃的那一支的活动舞台。最早定居于此的人很可能是来自地中海东岸或土耳其、埃及、利比亚的水手。

　　克里特岛山岭纵横交错，石灰岩峰嶙峋险峻，峡谷扭结纠缠，难以耕种。与尼罗河或幼发拉底河相比，克里特的河流只不过是一条不适合用来灌溉的小溪，也没有可以让农夫轻松耕作的冲积平原。

　　克里特岛林木茂密，东部平原适于农耕，农业以种植谷物、橄榄、葡萄为主，粮食而外，橄榄油和葡萄酒也是出产的大宗，王宫皆特置贮藏室以巨瓮存储油和酒，往往库房连接成行，瓮缸数以千百计，可见油、酒在农业生产和日常生活中的重要。克里特在经济发展方面的主要成就还有工商业和航海贸易。它的手工产品以精巧秀丽著称,铜器和金银制作的日用品和工艺品皆相当精美。陶器尤为杰出,古王宫时期生产的一种称为卡马雷斯的彩陶,秀巧可爱,彩绘优雅,被公认为古代世界最精美的彩陶。它的造船业也很发达,商船来往地中海各地。克里特的城市和王宫都不设置厚墙高垒,与其他古代文明之重视城防建筑完全异趣。克里特以其农工产品和地中海各地广做贸易,和埃及的联系尤为密切。克里特一开始便以王宫为政治中心,王权较强,这是它和日后希腊奉行共和政治的城邦制度的一个最大的差别。

阿耳忒弥斯神庙

有关这座神殿名称的由来,我想有必要在这里做一下简要的介绍。阿耳忒弥斯是古希腊神话中主掌狩猎与野兽的女神,后来被视为月神,在罗马神话中她又被称为戴安娜,她是宙斯和利托的女儿。除了掌管狩猎,她还照顾女人分娩,保护少男少女,更是一位贞洁的处女,人们对她崇拜有加。但阿耳忒弥斯神殿并非用以祭祀这位女神,而是以弗所人为祭祀一位安那托利亚(小亚细亚)古老的女神而修建的,而安那托利亚的女神被以弗所人比作心目中的阿耳忒弥斯,因此神殿以阿耳忒弥斯的名字命名。

阿耳忒弥斯神庙约建于公元前550年,阿耳忒弥斯神殿是古希腊最大的神殿之一,其规模超过了雅典卫城的帕台农神庙,也是最早的完全用大理石兴建的建筑之一。它以建筑风格的壮丽辉煌和规模巨大而跻身于"古代世界七大奇迹"之列。它还一度享有对逃亡者的"庇护权",其地位之显赫,由此可见一斑。在建成后的近200年时间里,它巍然屹立在以弗所东北郊的一座高山之上,迎接着摩肩接踵前来朝觐的人们,它很快成为爱琴海诸岛和小亚细亚西海岸希腊移民城邦的香客们向往的圣殿。

阿耳忒弥斯神庙位于希腊城邦埃斐索斯,即现在的土耳其西海岸。整个建筑设计最大的特色是内部有两排至少106根立柱,每根大约12~18米高。神庙的底座约为60×120米。原庙毁于公元前356年的一场大火,这座神殿在人们心中的地位实在太重要了,没有了它,人们的灵魂也仿佛无所归属。后来,人们又在神殿的原址上按原样重新建起了一座神殿,比原来的神殿更加富丽堂皇,成为当时世界上最大的大理石建筑,其占地面积达到了6050平方米,比一个足球场还要大。神殿内外都用铜、银、黄金和象牙制成的精美浮雕加以装饰,而神殿中央则设有一个呈"U"字形的祭坛,供奉着阿耳忒弥斯女神的雕像。这座重建的神殿在此后连绵不断的战火中傲然挺立,直到公元262年哥特人入侵时遭逢了厄运,那帮强盗将神殿内的财宝悉数劫走,神殿也在这次劫掠中惨遭破坏。

重建之前的阿耳忒弥斯神殿其规模已是相当宏大,底部最上层台阶长约100米,宽约55米,神殿三面环绕着两排共计127根巨大的圆柱,每根高达18米,它们支撑着上面巨大的屋顶。神殿重建的时候,其高度还略有增加,同时在底座平台的四周还增建了数级阶梯。神殿中心的神龛上部没有加盖屋顶,这样人们在神殿内也可以仰望蓝天,他们的心愿和灵魂也可以从这里直达天堂,与神同在。神殿正门入口处立着36根刻有装饰性浮雕的柱子,这些柱子上刻有40~48道浅凹槽。神殿四周的柱子上也环绕着一条装饰雕刻的中楣,同时还有狮头形状的喷水器。屋顶的三角楣饰也相当精美,具有很高的艺术价值。两根柱子之间的跨距通常超过了6.5米,而神殿中长于8米的石块也随处可见。所有这些,无论从建筑的设计还是工程技术上讲都具有相当大的难度,这座神殿称得上是当时最高水准的建筑精品。

重建这座巨大神殿所耗用的时间现在我们已经无可稽考,但它遭逢厄运的时间我们却大抵清楚。公元262年,哥特人的悍然入侵使神殿遭到了严重的破坏。后来,以弗所人曾试图再次重建神殿,但由于耗资巨大而难以实施,重建计划无奈搁浅。但这个愿望一直深埋在一代又一代以弗所人的心中,从未改变。

帕特农神庙

帕特农神庙是在公元前447~前432年为歌颂雅典战胜波斯侵略者的胜利而建,建筑师为伊克蒂诺和卡利克拉特,主要雕塑师为菲迪亚斯,是古希腊多立亚式建筑的最高成就,古代建筑艺术杰作,也是世界上著名的古建筑之一。

帕特农神庙的设计代表了全希腊建筑艺术的最高水平。从外貌看,它气宇非凡,光彩照人,细部加工也精细无比。它在继承传统的基础上又做了许多创新,事无巨细皆精益求精,由此成为古代建筑最伟大的典范之作。它采取八柱的多立克式,东西两面是 8 根柱子,南北两侧则是 17 根,东西宽 31 米,南北长 70 米。东西两立面(全庙的门面)山墙顶部距离地面19 米,也就是说,其立面高与宽的比例为 19 比 31,接近希腊人喜爱的"黄金分割比",难怪它让人觉得优美无比。柱高 10.5 米,柱底直径近 2 米,即其高宽比超过了 5,比古风时期多利亚柱式(三种希腊古典建筑柱式中最简单的一种)通常采用的 4 比 1 的高宽比大了不少,柱身也相应颀长秀挺了一些。这反映了多利亚柱式走向古代规范的总趋势。

神庙浮雕的精美和丰富毫不亚于其雕像。那条长达 160 米的浮雕带一气呵成,气韵生动,人物动作完美,历来被认为是希腊浮雕的杰作。它以表现大雅典娜节游行庆祝活动为主题,第一次把普通公民的形象堂而皇之地列于庙堂之上。这种每隔 4 年举行一次的大游行从雅典西边的狄甫隆城区开始,然后经过陶区,穿过市场,最后登上卫城。游行的核心内容就是把雅典少年精心编织的一件新袍献给雅典娜。艺术家把 160 米长的浮雕正好用来表现从游行开始到献袍的全过程。起点在庙西南角上,这儿表现公民群众准备跨鞍上马,然后在长长的南墙和北墙上表现公民游行队伍,其中以骑在马上的青年公民为主。在南北两墙东端转角处,游行队伍开始接近神庙入口,意味着人们已经到达了终点,神圣的卫城,浮雕的内容也由欢呼雀跃而转变为庄重肃静,迈着轻缓步伐的少年们逐渐走向卫城中心。浮雕的终点直接位于神庙的大门,此处特别安排了坐在椅子上观看游行的诸位天神,意味着众神都应邀前来与雅典人同庆佳节。

帕特农神庙是供奉雅典娜女神的最大神殿,帕特农原意为贞女,是雅典娜的别名。此庙不仅规模最宏伟,坐落在卫城中央最高处,庙内曾存放了一尊黄金象牙镶嵌的全希腊最高大的雅典娜女神像。帕特农神庙是希腊全盛时期建筑与雕刻的主要代表,有"希腊国宝"之称。5 世纪中叶,神庙被改为基督教堂,雅典娜神像被移去。1458 年土耳其人占领雅典后将神庙改为清真寺。

圣彼得大教堂

罗马基督教的中心教堂,欧洲天主教徒的朝圣地与梵蒂冈罗马教皇的教廷,位于梵蒂冈,是世界第二大教堂。

教堂最初是由君士坦丁大帝于公元 326～333 年在圣彼得墓地上修

建的,称老圣彼得大教堂,于公元 326 年落成。16 世纪,教皇朱利奥二世决定重建圣彼得教堂,并于 1506 年破土动工。在长达 120 年的重建过程中,意大利最优秀的建筑师布拉曼特、米开朗基罗、德拉·波尔塔和卡洛·马泰尔相继主持过设计和施工,直到 1626 年 11 月 18 日才正式宣告落成,称新圣彼得大教堂。1870 年以来的重要宗教仪式均在此举行。教皇属罗马式和巴洛克式建筑风格。登教堂正中的圆穹顶部可眺望罗马全城;在圆穹内的环形平台上,可俯视教堂内部,欣赏圆穹内壁的大型镶嵌画,米开朗基罗、拉斐尔等大师的壁画、雕塑艺术。圣彼得大教堂是现在世界上最大的教堂,总面积 2.2 万平方米,主体建筑高 45.4 米,长约 211 米,最多可容纳近 6 万人同时祈祷。

圣保罗大教堂

英国圣保罗大教堂坐落于英国伦敦,位于伦敦泰晤士河北岸纽盖特街与纽钱吉街交角处,是巴洛克风格建筑的代表,以其壮观的圆形屋顶而闻名,是世界第二大圆顶教堂。它模仿罗马的圣彼得大教堂,也是英国古典主义建筑的代表。

大教堂最早在 604 年建立,后经多次毁坏、重建,由英国著名设计大师和建筑家克托弗·雷恩爵士在 17 世纪末完成这伦敦最伟大的教堂设计。圣保罗教堂另一个建筑特色是,少数设计、建筑分别由一人完成,而非历经多位设计、建筑师。

圣保罗大教堂令人印象最深刻的就是 1981 年黛安娜与查尔斯的婚礼大典,到现在仍然不减圣保罗大教堂对旅客的吸引力,因其整体建筑设计优雅、完美,内部静谧、安详。

1666 年一场大火将原有的一座哥特式大教堂毁于一旦。现存建筑是英国著名设计大师和建筑家克托弗·雷恩爵士营建的。工程从 1675 年开始,直到 1710 年才告完工,共花费了 75 万英镑。为了这一伟大的建筑艺术杰作,雷恩整整花了 45 年的心血。

圣保罗大教堂是英国人民的精神支柱,被视为火焰中飞舞的凤凰再度升起的地方。

夏特尔大教堂

夏特尔大教堂是法国著名的哥特式教堂，位于巴黎西南约90千米处。现存夏特尔大教堂的主体建筑重建于公元1194年,夏特尔大教堂保存着圣母的"束腰外衣",它被认为是圣母在基督降生时所穿的衣服。从此,夏特尔主教堂就一直是基督教徒朝圣的重要目标。从建筑艺术的角度来看,这也是一座最有特色的哥特式教堂。这主要表现在:西立面(大门的一面)拱门上的三层拱廊的形式,是夏特尔教堂的首创。法国以后的一些著名哥特式教堂,如兰斯教堂和亚眠教堂都仿效这种形式。西大门的装饰雕刻和室内的彩色玻璃窗,也是哥特式教堂中有代表性的地方。西立面两端有两座形式各异的塔楼,南塔建于12世纪初,北塔到16世纪才竣工。

夏特尔大教堂是哥特式建筑和中世纪基督文明的辉煌成就。基督教传入前,在夏特尔的代表就建起了这座教堂。它与兰斯大教堂、亚眠大教堂和博韦大教堂并列为法国四大哥特式教堂。

教堂除了拥有古老的圣母木雕像外,还拥有圣·安妮·玛丽的母亲的头颅和一件据称为圣母生耶稣时所穿的衣服,现保存在一个圣盒内。教堂有超过2000多平方米的170多个彩色玻璃窗,瑰丽奇巧,以蓝色和紫色为主调,被公认为12世纪至13世纪玻璃艺术最完美的典型。

法国南部地区是洞穴艺术比较集中的地区,也是欧洲史前美术最重要的发源地。洞穴艺术的主要表现形式是绘在岩洞深处的壁画,以动物形象和狩猎场面为题材。同时还包括一种人体浮雕,这种浮雕常被雕凿在露天的石窟中。栩栩如生和丰富多彩的岩洞壁画,反映了史前艺术的卓越成就。

瓜拉尼耶稣会传教区

瓜拉尼耶稣会传教区是一个跨越两国的教区,它位于巴西南部的圣米格尔·德拉斯米希奥内斯和阿根廷东北部的米希奥内斯。这一教区主要包括分布在两国内的五个村落。教区内的遗迹对于研究天主教的发展具有非常重要的价值。1984年,瓜拉尼耶稣会传教区被联合国教科文组织作为文化遗产列入《世界遗产名录》。

1632年,耶稣会传教士克里斯托巴尔·德门多萨和巴勃罗·贝纳维德斯原在圣佩德罗山麓的伊比奎河右岸建立了传教区,由于教区经常受到圣保罗派的袭击，教区被迫迁往皮拉蒂尼河畔，教徒们甚至还在圣米格尔·德拉斯米希奥内斯地区建立了教堂。

后来，在教堂的遗址上，意大利米兰建筑师吉安·巴蒂斯塔教士重新建造了一座新教堂，这座新教堂具有 18 世纪意大利巴洛克风格，从地基到屋顶，教堂全部用石头砌成。

瓜拉尼耶稣会传教区包括位于巴西的圣米格尔·德拉斯米希奥内斯，以及阿根廷境内的圣伊格纳西奥·米尼村、罗雷托圣母村、圣安朔娜十、圣母玛利亚埃尔马约尔村等五个村落，直到现在，在这些村落中仍可见到一些学校、住宅、作坊等古建筑遗迹。

瓜拉尼耶稣会传教区见证了 17～18 世纪时耶稣教团在南美的传播，因此，这一教区不管是在南美天主教史上，还是在天主教传播史上，都具有重要的意义。

马丘比丘历史圣地

马丘比丘历史圣地，位于古印加帝国首都库斯科城西北 112 千米的高原上，四周为崇山峻岭所环抱。海拔 2280 米的古城，两侧是 600 米的悬崖峭壁，下临湍急的乌鲁班巴河，地势极为险要。而在古印加语中，"马丘比丘"意即"古老的山巅"，这座历史圣地年代久远，但却在近代才被发现。圣地里保存着大量的文明遗迹。1983 年，马丘比丘历史圣地被联合国教科文组织作为自然遗产和文化遗产列入《世界遗产名录》。

马丘比丘古城建于印加帝国后期 (1440～1500 年)，占地 13 平方千米，由于古城周围山高路陡，丛林密盖，1531～1831 年统治秘鲁的西班牙殖民者一直未发现这个城市，直到 1911 年，美国耶鲁大学南美历史学教授海勒姆·宾加曼才发现了这个古城。

马丘比丘历史圣地建于 15 世纪，古城墙、平台、在岩石上凿出的巨大斜梯等是遗址内的主要建筑，这些建筑都是为了方便印加帝国的扩张活动而建的。

古城街道狭窄而整齐有序。寺院、宫殿、作坊、平台、堡垒等建筑均由巨石砌成，宏伟壮观。这些建筑物的大小石块完全不用灰浆等黏合物，但其对缝严密得连一片刀片都插不进去。由处女管理的太阳神庙建在巍峨的金字塔之上。这里还遗留有不少贵族住宅，住宅的墙壁上有呈长方形或三角形的窗户,住宅的台阶倚山铺砌,整齐、高广;此外,还有以石砌成的蓄水池,用以引入山泉供饮用。这里还发掘出一块日晷:在一块刻有度数的大圆石盘上,石盘中心的小棒会随太阳的升落投下阴影,指明一天的时间,这块石晷反映了古印加帝国文明的发达。

马丘比丘气候温和湿润,周围分布有热带雨林,是众多动植物理想的栖息地。

你应该具备的

库特纳霍拉的朝拜教堂

建于18世纪初的库特纳霍拉的朝拜教堂,距首捷克的都布拉格东南约120千米。这是一座融合了哥特式和巴洛克式建筑风格的教堂,是波西米亚地区最重要的建筑之一,它建筑技艺高超,堪称宗教建筑的珍品。

库特纳霍拉的朝拜教堂。1720年,在尚未完工前,这个教堂就被指定为圣地。

库特纳霍拉的朝拜教堂包括5个椭圆形的空间,而中部的两段呈尖圆顶形。5个天使和3个小天使各拿着一张帷幕和一个天球仪就位于主祭坛上,在天球仪上有大主教涅波姆茨基的身像。

1995年,联合国教科文组织将库特纳霍拉的朝拜教堂作为文化遗产,收进了《世界遗产名录》。

布尔戈斯的大教堂

建于1221年7月的布尔戈斯的大教堂坐落在西班牙北部的布尔戈斯。这项工程在14世纪初基本结束。这座教堂宏大的规模和雄伟的气势在西班牙诸多的教堂建筑中,显得出类拔萃。教堂内还设置有许多艺术作品,极具价值。

矗立在河北岸的圣玛利亚广场上的大教堂是一座白色石灰石建筑,气势雄伟的教堂高84米,在其正面,有两座直插云霄的尖塔。11世纪同摩尔人作战并屡建奇功的英雄罗德里戈·迪亚斯·德比瓦尔骑士和他的妻子的坟墓也都在这里。在教堂东面的格拉尔广场上,还立着他身披盔甲、跃马挥剑的塑像。

在大教堂的顶棚有呈八角形的元帅礼拜室,还镶嵌着彩画玻璃,墙壁上面有上下两排哥特式高窗。礼拜堂内保存着16世纪制作的雕像群和祭坛屏风等艺术品。

大教堂的圣安娜礼拜室是教堂内历史最悠久的建筑。该间礼拜室内有一用哥特式雕刻装饰的墓，还有一个用蜡雕成的主教仰卧像。

大教堂主廊上唱诗班的席位包括两层，下层有 44 个座位，上层则有 59 个。用胡桃木制作的席位都装饰着精美的雕刻。

1984 年,联合国教科文组织将布尔戈斯的大教堂作为文化遗产列入《世界遗产名录》。

古奈良历史遗迹

公元 710～784 年,奈良是日本的首都,时名"平城京"。古奈良历史遗迹,坐落于日本奈良。奈良是日本的三大古都之一,也是日本古文化的重要发祥地之一,是最能反映日本圣武天皇统治下的太平时代特点的"历史博物馆"。

由于藤原氏和朝廷关系非常密切,所以天皇、天后兴建了大部分的堂塔。寺内被定为国宝的有北圆堂、东金堂、三重塔、五重塔等四处,其他两处被定为国家"重要文化财产",其中,作为奈良景观代表的五重塔远近闻名。

平城宫遗址,地处平城京中央北端,东西长 1300 米,南北长 1000 米,大部分保存得非常完好。

兴元寺,是在兴建平城宫时从别处迁移来的寺院。15 世纪中期,兴元寺主佛毁于一场火灾。寺中有被定为国家"重要文化财产"的建筑一处,另外被指定为"国宝"的有极乐坊正坊、禅室等。

药师寺,是奈良时代以前的古典建筑样式的代表。药师寺是由圣武天皇兴建的。各屋都建有裙檐,三屋东塔被定为"国宝"。

春日大社，是藤原氏家族的神社，其建筑和周围的自然环境相互映衬,浑然一体。

1998 年，古奈良历史遗迹被联合国教科文组织作为文化遗产列入《世界遗产名录》。

塔克西拉考古遗址

塔克西拉考古遗址,位于巴基斯坦旁遮普省境内,东距其首都伊斯兰堡约 20 千米。拉考古遗址作为文化遗产列入《世界遗产名录》。

公元 405 年，中国高僧法显曾到达这里，先后在这里及帕塔利桑特拉研究了 6 年佛学。除他之外，到过这里的中国高僧还有唐代的玄奘，至今城里还保存着玄奘的讲经台和他居住过的房屋遗址。当时的塔克西拉被玄奘描述为"地称沃壤，稼穑殷盛，泉流多，花果茂，气序和畅，风俗轻勇，崇敬三宝"。

在塔克西拉城中保存的众多古老的佛教建筑中，有一座巨大的佛塔，极具特色。在塔的四周，建有 4 座寺庙，庙宇和佛塔上遍布着大量的人物浮雕，附近还保存着一座有 3 个穹顶的清真寺和中世纪的碉堡等建筑。

班清考古遗址

班清考古遗址，坐落于距离泰国首都曼谷东北约 490 千米的乌隆府境内。在班清考古遗址内发掘出大量极具历史价值和艺术价值，造型独特、做工精细的青铜器和彩纹陶器。这些极其珍贵的文物表明，在公元前 3500 年，班清的青铜文化已经产生，并在此后的历史发展中取得了辉煌的成就。班清考古遗址的这一重大发现推翻了史学界关于东南亚地区早期文明的界定。1992 年，班清考古遗址作为文化遗产，被联合国教科文组织列入《世界遗产名录》。

据考证，班清的青铜器文化开始于公元前 3500 年。

这里的彩纹陶器被考古学家划分为三个时期。前期的陶器有黑色、灰色的壶以及各种形状的盆，陶器底部呈圆形，宽边上绘有花、蛇、蜥蜴、昆虫、鱼、鹿等图形；中期的陶器装饰和形状多种多样，腹部明显凸出；后期的陶器，装饰着几何图形、螺旋状、条纹状图样，形态各异，线条灵活多变，制作技艺精湛。

在班清考古遗址被发现之前，史学界认为东南亚地区的早期文明主要是受古代印度和中国的影响。这一重大发现使史学界对东南亚文明的起源进行了重新界定。

瓦哈卡历史区和阿尔万山的考古遗址

瓦哈卡历史区和阿尔万山的考古遗址，位于墨西哥南部的瓦哈卡州，坐落在墨西哥首都墨西哥城东南约 360 千米处。瓦哈卡城，始称安特克拉,被誉为墨西哥最美的城市,城内以装饰华丽的天主教教堂最为著名。阿尔万山的考古遗址,则是奥尔梅克文化、萨波特文化和米斯特克文化的象征和代表。1987年,瓦哈卡历史区和阿尔万山的考古遗址被联合国教科文组织作为文化遗产列入《世界遗产名录》。

1521年,西班牙殖民者占领瓦哈卡城,他们对此城进行了改建,把它设计成棋盘状。城市中心坐落着索卡洛广场,在广场之上,有一个音乐台,台下有小广场,广场北面有一个17世纪的天主教教堂。以建筑极为豪华而闻名的圣托多明各大教堂,其祭台用金叶贴饰,其顶棚及四周拱廊以彩色浮雕及图案作装饰,极其华丽。城内还有两座博物馆和华雷斯大学。其民间住宅也大多风格独特,一般包括阳台,宽大的窗户和粉红色的、以石雕作装饰的拱廊。

阿尔万山坐落在瓦哈卡城西部约10千米的瓦哈卡溪谷中,是一座风景秀丽的城市。公元前650~公元1400年,几个印第安民族一直把这里作为其宗教中心。现今还在这里发现了奥尔梅克文化、萨波特文化和米斯特克文化的遗迹。古城当时的中心地带是一个长约300米、宽约200米的大广场,胶球赛场、城堡、神庙、宫殿等建筑物建在广场四周。奥尔梅克文化时期的舞蹈者大厦是最古老的建筑,其名称来源于大厦底部立着的一排刻有舞蹈者形象浮雕的石碑。

乌斯马尔古城遗址

乌斯马尔古城遗址位于尤卡坦半岛北部的圆形平原上,坐落在被群山包围的一片谷地之中,距离尤卡坦州首府梅里达城约74千米。

据考证,该城约建于公元987~1007年间,11~13世纪是乌斯马尔古城最繁盛的时期,1441年古城被遗弃。乌斯马尔古城是著名的世界古代文明——玛雅文化鼎盛时期最具代表性的城市,是玛雅文化三大中心之一。1996年,作为文化遗产,乌斯马尔古城遗址被联合国教科文组织列入《世界遗产名录》。

雄伟的乌斯马尔古城南北长约1000米,东西长约600米,与玛雅文化的建筑风格一脉相承,雄伟壮丽又变化多端,城市中最重要的建筑设置在一条南北方向的中轴线上,从南向北,南神殿、鸽子宫,以及一个由4座建筑围成的广场等建筑依次排开,一个大金字塔修建在鸽子宫东面,其东北面则修建了一座总督宫。在两层高大基台上建造的总督宫四面的墙面上有蒲克式的石雕饰带围绕着,3米多高的饰带总面积达627平方米,刻在饰带上的羽蛇神面具共计有150个图案。

乌龟宫建在总督宫基台上的西北角,宫的北面有球场、祭司住所和魔术师金字塔。魔术师金字塔底面呈椭圆形,包括有5座神殿。这个金字塔长径70米,宽径50米,高达26米,其边缘是圆弧形状。金字塔的建设工程浩大,始建于公元6世纪,花费了几百年时间,到11世纪才完工。在建设过程中,完美地融合了各个时期不同风格的建筑艺术。

卡霍基亚遗址

地处伊利诺斯州西部的卡霍基亚考古遗址,曾经一度是古印第安城市的中心部分。公元700年印第安人来此进行狩猎、采集、捕鱼和耕种活动。公元900年以后,卡霍基亚发展为密西西比文化中心,许多村庄、部落和卫星城镇都出现在其周围。卡霍基亚以土丘著称,尤以最大的平台土丘"僧侣土丘"闻名。在卡霍基亚的120多座土丘中,有68座被保存下来。

这里有三种土丘。最常见的一种是平台类土丘,在顶部平台上建造着一些纪念性的建筑,有时部落中地位比较高的人也居住在这些平台上。另外两种是顶部为山脊形或圆锥形的土丘,是用来表明某个重要位置或埋葬部落中的重要人物的标志。

修建于约公元900~1200年的僧侣土丘是卡霍基亚最大的平台土丘,因是19世纪初法国的特拉普派来的僧侣的居住地而得名。在僧侣土丘的顶部有一座30米长、15米宽、15米高的巨大建筑物,原先此建筑物是供部落要人居住的,在这里他们必须主持纪念仪式,管理城市。僧侣土丘的底部面积为5.6万平方米,由4级高达30米的梯形平台组成。

1982年,卡霍基亚遗址被联合国教科文组织作为文化遗产列入《世界遗产名录》。

圣胡安的堡垒与历史遗址

波多黎各岛位于大安的列斯群岛的东端,而圣胡安的堡垒与历史遗址就位于波多黎各岛的圣胡安城。波多黎各岛可谓历经沧桑,它曾是多个国家的殖民地。各国统治者为了确保各国利益,构筑堡垒,这就成为后来著名的圣胡安堡垒与历史遗址。1983 年,圣胡安堡垒与历史遗址被联合国教科文组织作为文化遗产列入《世界遗产名录》。

西班牙殖民者从 l509 年开始统治波多黎各岛,美国在 1898 年爆发的美西战争中从西班牙手中夺得了波多黎各岛。1952 年它成为美国的一个自由联邦。首府圣胡安坐落在波多黎各岛东北部的圣胡安湾,是加勒比海与大西洋之间的战略据点,具有重要的地理位置。为了抵抗荷兰、英国等殖民者的争夺,西班牙殖民者不断改建、扩建、加固埃尔莫洛、拉福塔莱萨、圣科里斯托巴尔等要塞。创建于 16 世纪初的这些军事要塞是当时美洲最重要的防御工事群之一。

1631 年创建的圣科里斯托巴尔要塞,有五个独立院落,这些院落是当时的军事要地,由壕沟和隧道连成一体,圣胡安城墙将埃尔莫洛和圣科里斯托巴尔连在一起,还将整个城区围住了。

1533 年创建的拉福塔莱萨宫,是现在的总统府。埃尔莫洛要塞的堡垒高出海平面 40 米,4 座斜堤上安放着几门主要起防御作用的大炮,还有起到极好配合作用的武器库和碉堡等建筑。足以容纳三四千人的地道像迷宫一般,此要塞在当时十分著名。

查文考古遗址

查文考古遗址,地处秘鲁西部的安卡什省境内,坐落在安第斯山脉的一个高山谷地中,海拔为 3177 米。查文考古遗址是古代美洲印第安文化的发祥地之一,公元前 1500 年～前 300 年,这里曾出现过查文·德胡安塔尔文化,它也是美洲在哥伦布到来之前最著名的地区之一,其建筑风格时刻体现其曾经作为宗教和文化中心的大家风范。1985 年,查文考古遗址被联合国教科文组织作为文化遗产列入《世界遗产名录》。

查文文化出现于公元前 1500 年～前 300 年,并逐渐发展成为当时的宗教和文化中心。16 世纪哥伦布发现美洲新大陆后查文城开始衰落。1919 年一群雄伟的古庙群遗迹被秘鲁考古学家在海拔 4178 米处发现。经考证,这里被断定为公元前 1500 年～前 1000 年的建筑遗迹。主庙的正前方是一个方形广场。广场四周有多层台阶。台阶的一块大石板上有圆坑 7 个,考古学家认为这是天上织女星座图。一道门在台阶上面一层的墙壁正中,两根刻有翱翔巨鹰的圆柱竖立在门西侧,其刻工精细,非常逼真。古庙左边的一个圆形小广场嗣围有各种石雕,上面雕刻着凶恶的美洲虎、手持兵刃的勇猛武士、美丽的小岛和可怕的魔鬼。从小广场旁的台阶走上最高层,可以看见两组交织在一起的地下通道,距地面约 2 米,十分宽敞,里面存放着被发掘出来的石雕人像和公元前 8 世纪的方尖形巨大石碑。一根刻有人物的石柱竖在地道的交叉口,高达 4 米。

澳大利亚哺乳动物化石遗址

位于澳大利亚里弗斯利的和纳拉库特的化石遗址向人们揭示了古澳大利亚的气候与环境,揭示了澳大利亚近 2500 万年里有袋动物的进化史,从而受到世界的瞩目。澳大利亚哺乳动物化石遗址,位于澳大利亚的利伯兹里和纳腊库特里,两地分别占地约 100 平方千米和 3 平方千米。纳拉库特山洞洪积世的化石于公元 1859 年被一个叫泰内森的人首次披露,他相信在澳大利亚找到了圣经里"大洪水"的证据。1969 年 8 月,考古学家在纳腊库特里附近的维克特利亚溶洞中发现了袋狮骨骼化石,这是块保存得相当完整的化石。后来,考古学家又先后在这里发现了几万块袋狮的下颚骨和头骨化石,同时还发现了针鼹、鸭嘴兽以及鸟类、爬行类的骨骼化石。其中有的骨骼化石居然长达 2 米,至今仍保存在洞穴中。在纳腊库特里的维克特利亚溶洞发现了大量的动物化石,其中以袋狮化石最多。在利伯兹里,考古学家则发现了完整的袋狼化石,还有许多其他动物的化石。这些化石对于研究几千年前此地的自然生态环境有着极大的价值。目前已发掘了 5200 件馆藏品,相对于庞大的资源来说,这只是其中的一小部分。若非一小部分沉积物被从表层移走,岩洞会依旧保持着其特有的古朴风貌。维克多丽亚岩洞的更新世脊椎动物的化石无论含化石的沉积物上来说,还是从动物区系的多样化程度上来说,都称得是澳大利亚最大、保存最为完好的化石遗址。

址群可追溯到公元前 28 万年以前,提供了澳大利亚前欧洲时代和更新世晚期无与伦比的有关环境和生态方面的记录,其中包括保存完好的澳大利亚冰河纪巨型动物(巨大的、已灭绝的哺乳动物、鸟类和爬行动物)的化石,也包括一些近代生物的化石,如蝙蝠、蛇、鹦鹉、龟、老鼠、蜥蜴和青蛙等。化石包括一些完好无缺的头盖骨,最纤细处也没有遭到损坏。专家认为岩洞经过千百万年的积累,最终沉积物挡住了它的入口。另外两处化石遗址自冰河期就没有人动过。实际上所有已知岩洞化石遗址都经历了类似的形成过程,并含有脊椎动物的化石或亚化石。正在进行的发掘和研究表明一些岩洞之间有着密切联系,另外一些也可能有某些联系。研究取得进一步突破的可能性极大。

1994年,联合国教科文组织将澳大利亚哺乳动物化石遗址作为自然遗产,列入《世界遗产名录》。

韦尔吉纳的古都遗迹

韦尔吉纳的古都遗迹,位于希腊马其顿区。据史书记载,韦尔吉纳曾是建国于公元前7世纪中期的马其顿王国的首都。此外,它也曾经作为马斯顿的文化、宗教中心而盛极一时。在这里,有宫殿、神殿、陵墓、石椁等建筑,它们使韦尔吉纳的宗教习惯及文化艺术遍布世界各地。

公元前7~前4世纪,是希腊文化由古代过渡到古典的时期。与此同时,韦尔吉纳与希腊的爱奥尼亚、雅典和科林斯等城市保持着商业上和文化上的密切联系。

建于公元前3世纪的安提珂王朝宫殿遗址,在韦尔吉纳南部的丘陵地带被发现。后来,建于公元前4世纪的大剧场和刻有铭文的神殿基座遗址也在宫殿遗址的北侧被发掘出来。

此外,在韦尔吉纳还发掘出公元前4世纪马其顿王腓力二世的陵墓。古墓由前室与主室两部分构成,一扇铜饰的大理石门将其隔开。主室面积约4.46平方米,室内有石椁,椁旁有死者的生前用品和其他殉葬品,达70件之多。它们多为盔甲、鞋履、护胫、王笏、刀、王冕以及金、银、铜、铁等器物。其中以盔甲和盾牌最为出色。盔甲上雕刻有雅典女神和8个狮头浮雕,其金带和金环到现在仍很有光泽。大理石椁内有一只金盒,长40厘米,宽33.5厘米,高17厘米,重24.2磅。一颗光芒四射的星刻于盒上,象征着马其顿帝国的国运。棕榈叶、玫瑰花和藤蔓等花纹图案则刻在金盒的四周。

1996年,韦尔吉纳的古都遗迹被联合国教科文组织作为文化遗产列入《世界遗产名录》。

博因遗迹群

位于爱尔兰首都都柏林西北约 45 千米处的博因遗迹群,以三座大型石墓著称。该石展示欧洲最重要、最大的史前巨石艺术地,展现了当时的社会经济状况,同时也显示了当时的墓葬情况。

爱尔兰的新农庄发现于几十年前。当时,人们在满布荒草的大石堆下发现了这座巨石坟墓。坟墓本身的外形设计,与晚得多的希腊迈锡尼时代城市那种蜂房形坟墓相似。墓口前有一条 70 英尺长的通道,两侧及顶部都用比人略微矮一点的大石板嵌合。坟墓堆下的葬礼室是拱形的悬臂屋顶,高约 20 英尺。所有的石块都是平放的,层层叠叠如覆瓦状,一块压着一块,以保证每一块都绝对不会坠落。

此处的石墓建于 300 多年前,周围环绕着石墙。而从中央墓室摆放着的祭品盘和巨石上刻着的装饰图案来看, 那时候就已经有了为死者举行葬礼的风俗。

墓室入口设计得非常独特,它在北半球白昼最短的 12 月 22 日这一天, 能使太阳光照射到中央墓室, 这表明当时已经掌握了精确的天文知识。

令人不可思议的是,这些几千年来昂然屹立的庞然大物,在当地的编年史或者古老的传说中,却从来没有人讲述过它们的来由和用途。多少个世纪以来,人们站在这些巨石面前,好像永远面对的是一个巨大的问号。敬畏、神秘、不解和好奇之下,人们给这些巨石起了好多不同的名称:石龛、石台、石柱、石碑、石墓等。

欧洲西部沿海地区,北起瑞典及谢特兰群岛,南至西班牙、葡萄牙及马耳他,是一个大弧形。在这个大弧形里,有一种世界上最为独特的景色:不论在山边、荒野以及林间的空地上,到处可见巨石林立,于雾色茫茫中时隐时现。这些巨石色泽灰暗,造型粗糙,满布蚀痕,雄伟动人,薄雾笼罩之中又显得尤为神秘莫测。

这些巨石形状不一、形态各异。有的只是单独一块天然大圆石头;有的是一块大石头的上面还支撑着另一块更大的石头,形成屋顶,这些形成屋顶的大石头又排列在一起,形成了一个长方形、或者是一条狭窄通道的大石屋;有的是许多块大石头砌成的雄伟壮观的某种建筑结构。其中有的巨石遗迹其建筑结构还很复杂,不但需要精心的设计, 还要动用几万劳工,费时几百年才能完成。对于这些巨石遗迹,尽管考古学家没有做过精确的统计,但是据估计其总数至少有 5 万块。

近代以来,历史学家们普遍认为,从公元前 5000 年左右起,欧洲新石器时代的古人,结束了那种以采集为生、四处流浪的生活状态,定居在一个固定的地方,这就是欧洲的第一代农民。那时的欧洲地广人稀,遍地都是猎物,人们只要干两个小时的农活,就足以解决食住问题。所以,他们可以挤出时间来建造这些巨石建筑,而新农庄的巨石遗迹就是这些农民建造的。

1993 年,博因遗迹群被联合国教科文组织作为文化遗产列入《世界遗产名录》。

卡拉城遗址

卡拉城始建于 1008 年,位于阿尔及利亚北部姆西拉省的玛迪德山附近。卡拉城位于丘陵地带中,这里山势较为平缓,平均海拔 1000 多米。古栈道位于城南,它是外界进入卡拉城的唯一通道,是在弗雷吉河谷中开凿出来的。加莱因山峰位于城的西部,城东是弗雷吉河的峡口。

历史上曾经是哈玛德王朝第一个首都的卡拉城,1152 年时, 它不幸被毁,它是 11 世纪的一座典型的穆斯林城市。

很多古建筑都聚集在卡拉城城内,其中有呈方形的玛纳尔纪念塔,其边长约为 20 米。此外,还有著名的玛纳尔宫,它是由几栋楼阁组成的,每个楼阁朝向不同。千只雄狮装饰着西楼院的石砌水池,这些雄狮形态迥异,惟妙惟肖。大清真寺是阿尔及利亚的第二大清真寺,它坐北朝南,呈长方形,63.3 米长,53.2 米宽。

1980 年, 联合国教科文组织把贝尼·哈玛德的卡拉城作为文化遗产列入《世界遗产名录》。

姆扎卜谷地古城遗址

姆扎卜谷地古城遗址,位于阿尔及利亚的艾格瓦特境内。这座古城中的建筑、生长的植物、它的灌溉系统都充分表现人类智慧高超。

姆扎卜谷地中散布着五座要塞城市,它们的建造者均为伊巴德教派。五座城市总面积近 400 平方千米,每座城市正好占领着一座小山头。山城上修建了居民住房及其他建筑物,从山下往上望,正好呈金字塔形。各种建筑外形美观,极具艺术色彩。因为没有高楼大厦,每座城市都显得异常和谐安宁,至今还保持着古朴的风韵。山坡上的建筑物的颜色多为黄、白、蓝三色。黄色代表沙漠,蓝色能避免害虫的侵袭,白色能反光避热。

五座城市均有大面积的人工栽培的棕榈园。棕榈树阴下生长着种类繁多的观光性植物。其灌溉系统相当完善,足以让今天的人刮目相看。为防止洪水泛滥,在姆扎卜河及其支流上,人们修建了许多水坝。这里的修水设施巧夺天工,水井星罗棋布,很好地满足了人们对灌溉的需要。

1982年,联合国教科文组织把姆扎卜谷地古城遗址作为文化遗产列入《世界遗产名录》。

阿布辛拜勒至菲莱的努比亚遗址

阿布辛拜勒至菲莱的努比亚遗址,位于埃及的东南部。这一古代建筑群继承和体现了古埃及数千年宗教建筑艺术的特点,但是直到20世纪五六十年代,当努比亚古建筑群面对阿斯旺高坝破土动工的威胁,即将遭到永沉湖底的厄运时,人们才发现它的巨大价值。在联合国教科文组织的紧急呼吁下,从1960年起及其以后的20多年里,全世界的专家联合起来,共进行了40多次大规模的拯救努比亚古迹的活动。由24个国家的考古专家组成的实地考察团,经过周密测量、测定和计算后,该建筑群中的22座庙宇被拆散后完整转移,并在安全地带依其旧貌重建。联合国教科文组织于1979年决定:把阿布辛拜勒至菲莱的努比亚遗址划为文化遗产,并列入《世界遗产名录》。

在努比亚地区,阿布辛拜勒的大庙和王后寺庙是这里最雄伟的建筑。神庙在设计和建筑时,把当时最先进的地理、天文、数学等知识巧妙地吸收和运用了进来,创造了独特的"日出奇观"。整个寺院都是在尼罗河西岸的悬崖峭壁上凿出土的,长约37米、宽约33米、纵深61米左右。4尊拉美西斯二世的雕像位于正面,每一尊都有20米高。拉美西斯二世为他的皇后妮菲泰丽修建的庙宇——小阿布辛贝勒庙,离神庙不远。这座庙的规模略小点,它也是在悬崖上凿出的,庙里有许多妮菲泰丽的塑像。这些塑像美艳无比,非常逼真,虽历经三千多年历史的洗礼,色彩依然非常鲜艳。

阿布米那的基督教遗址

阿布米那的基督教遗址，坐落于埃及亚历山大城西南的马里尤特沙漠中。公元3世纪，这里曾经是埃及殉教者水神圣·美纳斯的墓地，此地因此成为埃及最初的基督教徒朝拜的一处圣地。公元395～450年，在阿卡丢和狄奥多斯二世当政期间，为满足日益增多的基督教信徒的需要，修建了一座规模宏大的新教堂。阿布米那圣地达到其历史上最辉煌的时期。在此后的阿拉伯人和法米特统治埃及的时代，圣地逐渐无人问津。1905年，该遗址的挖掘工作开始进行，圣城遗址重见天日。1979年，阿布米那的基督教遗址被联合国教科文组织作为文化遗产列入《世界遗产名录》。

阿布米那的中部是大教堂，与大教堂相呼应的是一座八角形圣洗堂它们的前面是中庭；信徒居室、修道院、浴室和工场位于主体建筑的后部；在北面和东面，各有一座教堂耸立着。建筑物主体用小石块建成，建筑物的柱子和祭台的内壁都是用大理石砌成的，每块大理石都雕有精美的图案。大理石石料取自亚历山大采石场。

阿布米那遗址是亚历山大时代留下来的唯一历史古迹，而亚历山大城则是古代埃及的文化艺术中心，其重大价值不言而喻。它既是拜占庭艺术和埃及法老时代传统文化在建筑上的反映，也是研究基督教文化的珍贵历史资料。

沃吕比利斯的考古遗址

坐落在摩洛哥梅克内斯以北30千米处的沃吕比利斯考古遗址，曾被称为"法老的宫殿"，相传这座城市的兴建者是摩西时代的埃及法老。1874年，沃吕比利斯遗址被发现，而大规模的发掘则始于1915年，大批大理石人头像和青铜人像被源源不断地挖掘出来，它们制作精致，值得珍藏。此外，沃吕比利斯遗址的建筑风格十分奇特，在学术上具有宝贵的价值。1997年，沃吕比利斯考古遗址被联合国教科文组织作为文化遗产列入《世界遗产名录》。

沃吕比利斯的凯旋门是在公元217年建造的。与此城的中心广场连接在一起的是"巴西利卡"，那里是法庭开庭和召开商业会议的地方。人们还常常在那里避雨。值得一提的是，此建筑带有柱廊。沃吕比利斯的建筑举不胜举，诸如俄耳甫斯的房子、艾弗伯斯带柱廊的房子、维纳斯随从的房子、高利尔那斯的浴室等,跟意大利庞贝城中的建筑有异曲同工之妙。

摩洛哥是第一个阿拉伯王朝——摩洛哥伊德里斯王朝的发源地就是沃吕比利斯附近的伊德里斯,后来那里成为了伊斯兰教的第一圣城。伊德里斯王朝开国君主的遗体就埋葬在那里。圣墓和清真寺有不同于其他地方的建筑风格。

迦太基古城遗址

迦太基古城遗址位于突尼斯北部多丘陵地带的三角半岛上。该半岛北临艾尔·亚奈盐沼小湾,南接艾尔·巴厘拉盐沼小湾。迦太基古城遗址距离突尼斯首都突尼斯约 17 千米。历史上,迦太基最繁华、最风光的时期是作为迦太基帝国首都的那个时代。可惜随着历史的变迁,迦太基最终成为一片历史遗迹。1979 年,迦太基古城遗址被联合国教科文组织作为文化遗产列入《世界遗产名录》。

从迦太基遗址中可以隐约看出当时的主要建筑,包括高 13 米、长 34 千米、厚 8 米的城墙以及宫殿、别墅、神庙、公共浴室、住房、竞技场、剧场、跑马场、墓地和港口等。修建于公元 2 世纪罗马皇帝安东尼时期的规模宏大的安东尼浴池是其中最有名的,其总面积达 3.5 公顷。浴池地处地中海海滨,其用水是用高约 10 米的渡槽从 60 千米外的地方引来的。浴池由更衣室、热水游泳池、蒸汽浴室、按摩室、逐渐升温的热水室、温水室、健身操室、冷水室等组成,各种设施一应俱全。

津巴布韦遗址

撒哈拉以南非洲工艺水平最高、规模最大、保存最完整的石头城建筑群——津巴布韦遗址,地处津巴布韦的马斯温戈市东南,与古维多利亚城堡马斯温戈城相距约 30 千米。这里的建筑布局合理、工艺精湛、别具一格,是 11 ~ 14 世纪间班图文明的历史见证。

津巴布韦的意思是"石头城"。它是 11 世纪居住在班图的梭纳人建造的,曾经被非洲中南部好几个王国定为都城。

津巴布韦遗址是由大围场、"卫城"以及中间谷地三部分构成的。大围场气势恢弘,四周围绕着用花岗岩石块垒成的围墙,顶宽 2.5 米,底宽 5 米,最大直径 115 米,高约 10 米。有内外两层围墙,位于内墙的石塔紧挨着外墙。石塔是底部直径为 6 米、顶约 2 米、高 11 米的圆锥形实心建筑。土台就在不远处,围墙里面曾经是石门、石屋、石碑和弯弯曲曲的石头通道,现在已经成为一片废墟。

　　站在高 100 米的小石山顶上,地势险要的遗址的"卫城"便尽收眼底了,"卫城"内有狭窄的石门, 层层的围墙和上上下下的通道构成一座迷宫。在围场与"卫城"之间有一个占地很大的谷地。在那里先后挖掘出了古代建筑的梯田、水井和水渠等遗址以及古代铸钱泥模、斧、箭头、锄等铁制工具、冶金器皿。其中,雕刻在皂石柱上的 8 只"津巴布韦鸟"是最为引人注目的。

　　1986 年,津巴布韦遗址被联合国教科文组织作为文化遗址列入《世界遗产名录》。

耶路撒冷古城

　　耶路撒冷古城,位于中东地区地中海东岸的犹地亚山上,至今已有五千多年,是座名副其实的历史古城。耶路撒冷是犹太教、基督教和伊斯兰教共同尊奉的圣地,集此三教"宠爱"在一身,地位非常重要。

　　耶路撒冷旧城是犹太教、基督教和伊斯兰教的圣地,是世界上唯一享有此殊荣的城市。现存主要遗迹有:犹太教希律圣殿的西墙(哭墙)、基督教圣墓大教堂、耶稣受难之路、伊斯兰教圣岩清真寺和艾格萨清真寺、还有奥斯曼帝国旧城城墙。

　　耶路撒冷古称耶布斯城。在希伯来语中,耶路撒冷意为"和平之城";古阿拉伯人称其为"古德斯",意为"圣城"。这座和平之城分为东西两城区,而耶路撒冷古城及其城墙则位于西区。公元前 1000 年前后,犹太王国创始人大卫征服了这个地方,并将这里作为犹太王国的首都,称作"尤罗萨拉姆"。公元前 586 年,新巴比伦王国国王尼布甲尼撒二世攻占耶路撒冷,驱赶城里的犹太人,强行将他们迁居到巴比伦,这就是有名的"巴比伦囚房"。公元前 198 年,耶路撒冷并入亚历山大大帝部下建立的塞琉古王朝,公元前 63 年,罗马人占领这里。后来阿拉伯哈里发和埃及哈里发先后占领。

　　耶路撒冷不仅具有悠久的历史,还带有异常浓厚的宗教色彩,这里虽然是三教圣地与和平之城,但是几乎从未和平过。按照穆斯林的传统,信徒们期待着穆罕默德在犹太人的圣殿广场上降临，并作为末日审判的死后复活的预言者同这些人一起祈祷。此外，耶路撒冷作为穆罕默德骑马夜行，踩石登天的地方，而成为伊斯兰教仅次于麦加和麦地那的第三大圣地。三教都对耶路撒冷有着如此的崇敬和期盼，就难怪这座和平之城难有安宁之日了。

1981年，在约旦的推荐下，联合国教科文组织决定把耶路撒冷古城及城墙作为文化遗产列入《世界遗产名录》。

波隆纳鲁沃古城

波隆纳鲁沃古城，落于斯里兰卡东北部地区约210千米处。波隆纳鲁沃是斯里兰卡历史上的又一个著名的王都。11~13世纪，古城作为首都的重要发展时期，城建布局匠心独具，城市建筑结构复杂、式样繁多。古城内林立的雄伟宗教建筑群、鲜活生动的雕刻形态各异的佛像、象征斯里兰卡绘画艺术的壁画都是不可多得的艺术珍品。1982年，联合国教科文组织将波隆纳鲁沃古城作为文化遗产列入《世界遗产名录》。

波隆纳鲁沃古城保留下来的古迹大部分兴建于12世纪前后。沿中轴线布局的古城的北部和南部有最重要的宗教建筑群，这里是当时重要的宗教圣地。主城位于波罗迦罗摩海两岸。波罗迦罗摩海其实是一个建于波罗迦罗摩巴忽大帝统治时期的巨大人工湖，面积24平方千米，堤岸长13千米、高12米。一座高3.5米的巨大石像屹立在岸边，该石像建于12世纪，是为纪念波罗迦罗摩巴忽而雕刻的，该石像双手在胸前持一表示王权的轭。

大马士革古城

公元前11世纪中期，一支犹太人部落居住在此。公元前10世纪，大马士革是亚美尼亚王国的都城，哈达德神庙在当时非常有名。经过包括巴比伦人、埃及人、赫梯人、亚述人和波斯人在内的多次外敌入侵后，大马士革被亚历山大大帝征服。在塞琉西王朝统治时期，安条克取代大马士革而成为新的都城。公元前64年罗马人占领了大马士革，希腊化的大马士革变成罗马叙利亚省的一部分，并日趋繁荣；一座用来供奉朱庇特的神庙在哈达德神庙的原址上兴建。公元636年拜占庭帝国军队失败后，与西方联系长达十个世纪之久的大马士革被穆斯林占领。然而，在倭马亚王朝的哈里发统治时期(650—750)，大马士革进入了黄金时代；它成为辽阔疆土从北非到中国边界之间庞大帝国的都城。公元705—715年期间，一座大清真寺在罗马神庙的旧址上拔地而起。阿尤布王朝建立后，萨拉丁正是在大马士革集结了他所有的军队，于1187年从十字军手中夺回了耶路撒冷。大马士革重新作为一个伟大帝国的首都而大放光彩。公元1516年，大马士革和叙利亚一起被奥斯曼土耳其人攻占。

　　大马士革古城，今叙利亚首都，位于叙利亚西南部巴拉达河右岸的克辛山山坡之上，面积约为100平方千米。大马士革古城至今已有二千多年的历史。曾先后被若干个王朝和法国殖民主义者所统治，几经兴衰、历尽沧桑，是一座名副其实的"古迹之城"。其古城墙、城门、城内街巷、小客栈、私人宅地、公共浴室等都得到了很好的保存。

　　大马士革古城四周有高墙环绕，共修建有八个城门，其中古城最东面的汤马土门，是至今为止保存最完整的。然而最富有传奇色彩的则是另一座看起来很普通的石砌城门——恺撒门。相传当年耶鲸基督的十二门徒之一圣保罗奉耶稣的旨意到各处传播福音。有一天主给予他启示，要他进入大马士革，到城里去宣讲上帝的福音，因为这个城市里居住的是正在经受苦难的上帝的子民。圣保罗在进城之前被告诫再三，他必须从恺撒门进城，否则他将不能得到神的保护。圣保罗完全照做了，进入了恺撒门，来到大马士革。但是城里的异教徒发现了他，要捉拿他把他当众处死。无路可退的时候，他请人将他放在篮子里，从大马士革堡垒降到了恺撒门，而追捕他的敌人却跌倒在这城门里爬不起来。圣保罗因为虔信主的启示而获救。今天，人们可以在恺撒门旁边看到一座基督教堂，这便是为纪念伟大的门徒圣保罗修建的圣保罗教堂。这座大马士革最宏伟堂皇的教堂与恺撒门一起，成为古城的象征。

　　在大马士革古城旁屹立着一座石门，相传当年圣保罗就是从这里进入大马士革传教的。有一次圣保罗遭人抓捕，教友们让他躲藏在篮子里，再把篮子移送到大马士革城堡下，接着他便从这座石门安全离开大马士革。后来为对圣保罗的传教活动进行纪念，基督教徒在这里建造了圣保罗教堂。

　　城中的倭马亚清真寺是一个世界闻名的清真寺。三个高高直立的尖塔,展现出伊斯兰各个时期的建筑艺术风格。朱庇特神庙的遗迹位于寺西,朱庇特是罗马神话中的主神,现在仅有几根高大的石柱保存下来。

1979 年,大马士革古城被联合国教科文组织作为文化遗产列入《世界遗产名录》。

魁北克古城

魁北克古城是魁北克省的省会,坐落于加拿大东部,面积约为 1.35 平方千米。魁北克古城地理环境优越,既是历来兵家必争的要塞之地,又是意义非同一般的重要港口,更是殖民中心和欧洲工业品、北美裘皮的贸易中心。魁北克古城是北美堡垒式殖民城市的突出范例。1985 年,联合国教科文组织把魁北克古城作为文化遗产列入《世界遗产名录》。

原来这里居住的是印第安人,1608 年,这里第一个白人殖民地建立起来,建立者是该国探险家桑普兰。于是,这里便被定为新法兰西首府。1759 年,魁北克城被英国远征军所占领。1763 年,英法签订条约,魁北克城划归英国。1791 年,加拿大把它作为魁北克省首府。

魁北克古城建在陡峭的高原上,由上城和下城两部分构成。上城建在高坡之上,平均高达 35 英尺的古老城墙环绕在周围,这是北美唯一一个建有城墙的城市。行政管理区和宗教活动区在上城;下城是港口和古老的居民区,建在峭壁下。还有圣劳伦斯河从高原下通过。

卢嫩堡古城

卢嫩堡古城位于加拿大东南部新斯科舍省境内,距离其省会哈利法科斯西南约 70 千米处。卢嫩堡古城曾是一座殖民城市,先后被法国和英国的殖民者占领,因此其城市布局与规划具有典型的殖民地文化风貌,具有十分重要的历史和考古价值。

如今,卢嫩堡呈几何图案的街道和直线式的房屋街区等都是当时根据英国移民局制定的城市规划,按一定的规范建设的,因此,空间利用上优先考虑了产业的正常运作。城市预留出了许多用于建设广场和防御设施的大片空地,十分明确地划分了城区和农业区。

现在街区的地基划分借鉴和采用了 18 世纪中期时的模式。整个街区南北分为 8 块,东西分为 6 块,呈格状分布。街道的宽窄程度也是十分规则的,12.2 米宽的是与港口平行的街道,14.6 米宽的是通向港口的垂直街道,而城市的中心街道则是 24.4 米宽的国王大街。

1995 年,卢嫩堡古城被联合国教科文组织作为文化遗产列入《世界遗产名录》。

特奥蒂瓦坎古城

特奥蒂瓦坎古城位于墨西哥首都墨西哥城东北约 40 千米处,坐落在墨西哥波波卡特佩特大山和依斯塔西瓦特尔火山的山坡谷底之间。这座古城建于公元前 2 世纪,以布局严谨、气势磅礴、中心突出而举世闻名。这些规模宏大的建筑遗迹的建筑风格与壁画艺术具有极大的考古价值和艺术价值,是印第文明的重要遗址。

4 千米长、45 米宽的"死亡大道"是这座古城城内的主要干道,因当时活人被祭司从这条路送到神殿祭神,因而这条大道成为牺牲者的人生之路的最后一段,故得名"死亡大道"。

太阳金字塔坐东朝西,正面有数百级台阶,拾级而上,可直达顶部。塔建在长 225 米、宽 222 米的塔基之上,66 米高的塔共 5 层,体积达 100 万立方米。太阳金字塔上,原有一座太阳庙,是当年杀人以祭祀太阳神的地方,但现在已不存在了。

黄泉大道北端有月亮金字塔,共分 4 层,高 45.79 米,全塔体积37.9万立方米,是当时用来祭祀月亮神的。方形的蝶鸟宫是当时全城最华丽的建筑。每边长 440 米,宫内有金字塔形神庙 4 座,在宫内方柱上,还刻有形象逼真的蝶翅鸟身像。

城堡中原有羽蛇神庙,但现在保存下来的只有庙基。宗教上层人物和达官贵人的住所——蝴蝶宫位于月亮金字塔南面,为全城最豪华的地方。在整个古城遗址里,至今仍可见当时的地下排水系统纵横交错,密密麻麻,多如蛛网,这充分展现了当时高超的排水技术。

1987 年,特奥蒂瓦坎古城被联合国教科文组织作为文化遗产列入《世界遗产名录》。

欧鲁普雷图古城

欧鲁普雷图古城,是巴西的矿业中心之一,四周由群山包围,坐落在巴西东南部的米纳斯吉拉斯州。城内建筑多为巴洛克式建筑风格与18世纪法国洛可可风格的巧妙融合。这座古城不仅是一个商业中心,也是一个思想、文化和艺术的中心。

欧鲁普雷图古城兴起于巴西历史上有名的"淘金热"时期。1696年,有大金矿在这里被发现,淘金者纷纷前来,希望发大财。商人发财之后便建造豪华壮丽的住宅和教堂,这座城市因此变得十分繁荣。现在有设计精巧装饰豪华的13座大教堂、5个大博物馆和9座小教堂,其中,修建著名的皮拉尔教堂所用黄金达4000千克。

古城依山而建,城市中有许多建筑、绘画、雕刻,都保持着殖民地时期的风格。古城中最重要的文物要算巴西古典雕塑家安东尼·弗朗西斯科·里斯西的雕塑作品,其中包括宏伟牢固的门廊、蓬热苏斯教堂内的先知群像和滑石雕刻构成的蒙特·卡尔梅罗教堂、阿西斯圣方济各教堂的正立面等。

从18世纪中叶起,大批颇有名气的艺术家和工匠汇集于欧鲁普雷图,城里的住宅和教堂的建筑和装饰以及家具的制造将他们所独创的艺术风格充分体现了出来。

1980年欧鲁普雷图古城被列入《世界遗产名录》。

奥林达古城

奥林达古城位于巴西东北部的伯南布哥州境内,坐落在距离累西腓港约7千米的山丘上面。古城内的主建筑之间相互连接;街道曲曲折折,随地形变化而自然起伏,由此而在街道汇合处和教堂前的空地上形成众多的小广场。古老的建筑群掩映在繁密的棕榈树之中,让这座城市愈发显得婀娜多姿。

古城修筑了许多教堂和修道院,其中最有名的宗教建筑是主教教堂,它包括三座大殿。格拉卡教堂是16~17世纪兴建的,胡安·巴蒂斯塔教堂是17世纪建造的,内维斯教堂、多卡尔莫教堂和圣本托教堂都是18世纪修建的。这些教堂的相同点是内部装饰豪华壮丽,绘画精美,具有古典主义的艺术风格,这是欧洲基督教艺术在南美洲地区的具体展现。

现存的古代民用建筑中有很多修建于17~19世纪。建造于20世纪初的民用建筑则具有浪漫主义风格或新古典主义风格。

1982年奥林达古城被联合国教科文组织作为文化遗产列入《世界遗产名录》。

巴伊亚的萨尔瓦多古城

巴伊亚的萨尔瓦多古城，地处巴西东部巴伊亚洲首府萨尔瓦多的万圣湾内。该古城始建于1549年，直至1763年之前，都一直作为巴西首都的所在地。萨尔瓦多古城曾是殖民地统治时期非洲奴隶贸易的主要中心之一。其城内既有大量16世纪的建筑，又有此后两个世纪内建成的风格各异的建筑群和民居。萨尔瓦多城是16～18世纪欧、非与北美三洲文明的重要交汇地，也是将文艺复兴时期城市建筑成功移植到殖民地城市的典范。

这座古城是在伸入大西洋的半岛上建造的，分为上城、下城，上下两城被索车和升降车连结成一体。上城拥有巴洛克式建筑群和许多小广场，古朴典雅，这里的街道众多而狭窄，路面上有着各式各样的图案花纹，是用黑色和白色的石子铺筑成的；下城位于港口附近的莫德罗市场，贩卖奴隶的活动曾经在这里非常盛行，如今已是异常繁华热闹的手工艺术品市场。

在市区有76座教堂，它们有的是造型优美、线条流畅的哥特式风格的大教堂；有的是巴洛克式风格的教堂，这种教堂富丽堂皇，线条起伏，动感十足；其中圣弗兰西斯科·德阿西斯教堂被辟为宗教美术馆，馆里向游人展示着许多历史文物，其中天主教艺术品居多。

在萨尔瓦多古城的佩洛尼奥区、圣安东尼奥区和索德雷区分布着三千多座古建筑，其中最能反映古城风貌的是佩洛尼奥区，它是欧洲殖民统治时期在拉美修建的最大建筑群，此外，不少建筑具有葡萄牙古老的建筑风格。

1985年，联合国教科文组织将萨尔瓦多古城作为文化遗产，收入《世界遗产名录》。

托莱多古城

托莱多古城，位于西班牙中部，距首都马德里仅70千米。它不仅是托莱多省省府，同时也是西班牙著名的文化古城。托莱多历史悠久，它将伊比利亚半岛上各个历史时期的民族文化特点融合在一起，同时还将基督教、伊斯兰教和犹太教的文化融为一体，具有"三文化城"之美誉。此外，该城内的建筑风格各异，造型奇特，集中反映了托莱多的多元文化特征。

历史上的托莱多曾多次被罗马人、西哥特人和阿拉伯人侵占。古城早在罗马帝国统治时期就已具有重要的地位。

托莱多城至今还有罗马时代的渡槽、角斗场和排水系统，此外，有西哥特人留下的一些艺术品和部分城墙，还有托尔内利亚清真寺、苦水井街的浴室、天使街等。

11世纪末，信奉基督教的卡斯蒂利亚王国占领了托莱多，这个城市为此得到了大力的改建，先后建造了城墙、桥梁、圣塞尔万多城堡、教堂等建筑。在托莱多古城，一些摩尔式、哥特式、新古典式和巴洛克式的大型古建筑仍保存完好。

古城还有被称做欧洲最大教堂的托莱多大教堂，这个教堂将西班牙几百年的艺术风格综合在一起，有"活的教堂"之美誉。这座教堂也是至今保存的最坚固、最宏伟的哥特式建筑，在世界的同类建筑中极为少见。它那富有伊斯兰特点的装饰画，粗犷的线条，半圆形后殿的原始拱顶构造，都富有哥特式艺术特征，是西班牙当时兴建的最别致、最富于民族色彩的艺术杰作。

位于古城中的圣多美教堂建于14世纪。中世纪希腊名画家格雷戈的作品《奥尔斯伯爵的葬礼》和《托莱多城鸟瞰图》均被收藏于此。

坐落在托莱多城的制高点上的城堡原是卡洛斯五世的王宫。城堡呈正方形，在四周建有四个方形尖顶塔楼。登塔楼极目远眺，全城的景物尽收眼底。

980年，托莱多古城被联合国教科文组织作为文化遗产列入《世界遗产名录》。

吴哥古城

吴哥城占地面积东西长1040米，南北宽820米。在这座雄伟庄严的城市里，林立着几百座设计大胆的宝塔。在这座古城中有寺庙、宫殿、图书馆、浴场、纪念塔及回廊，周围更有宽200米的灌溉沟渠，好像一条"护城河"，守卫着吴哥城。建筑物上刻有许多仙女、大象及其他浮雕，尤以172

个人的"首级像"更显得昌盛雄伟。这些都说明当年在此兴建都市的民族必定是个文化颇为发达，并有高超建筑技术的民族。

据史料记载，公元 9 世纪初，吴哥城开始粗具轮廓。大约经过 5 个世纪的营建，沿城廓挖掘了长达 12 千米的环城沟，城的东西两侧各建一座面积达 20 平方千米的蓄水池，其规模相当于当时世界上最大的两座人工湖。从城市和蓄水池的规模估计，城市居民至少有 200 万以上。

城内的建筑主要有两大类。一是世俗的建筑，这类建筑的代表作是王宫，宫中的宫殿宽阔而高大，是国王听政之所，光护卫阶庭门阁的武士就有上千名。二是宗教方面的建筑，这类建筑以寺庙和宝塔为主。装饰的主要手段和形式是雕刻，塔式建筑分为单塔和塔群。

构成前吴哥文化的另一重要内容就是碑铭，它是刻在石碑上的文字。它的存在与宗教活动有关，许多碑铭的内容反映了宗教的活动与传播。从 611 年到 9 世纪初统一的希腊王国建立之前的石碑上，碑铭差不多都是用梵书刻写的。而从伊奢那跋摩一世建都伊奢那补罗开始，又出现了用高棉文刻写的碑铭以及高棉文同梵文并存的碑铭。

庞贝古城

在意大利西南河岸，有一座著名的火山叫维苏威。约 18 世纪初的某一天，在距离这座火山西南约 8000 米处，当地的一群农民正在山下挖掘水渠时，发现了大量金币、陶器、古罗马的钱币，和经过雕刻的大理石碎块等等，细心的人还发现其中的物品上刻着文字，由于缺乏专业知识，人们忽略了对其进行更深入的考察和挖掘。

1763 年，人们在这里的地下发现了一块石头，上面刻着一座城市的名字——庞贝。考古人员在罗马的史书里找到了答案：公元 1 世纪，一座名叫庞贝的城市被突然爆发的维苏威火山的火山灰掩埋了。

在发现庞贝的一处半圆形露天剧场之后不久，1764 年西班牙人发现了奥得昂剧场，后来又发现了记载中的由塞尔西努斯重建的埃及女神伊西斯的神庙。1767 年，一处角斗士的营房又被发现。1771 年，挖到了第奥梅得的别墅；1772 年 12 月，在这座别墅的地下走廊内发现了 18 具尸体。1789 年，庞大的奥得昂剧场完全出土。1880 年，城市的范围划定了，执政官街旁的城墙被挖出来了，随后又开始挖掘竞技场和大会堂。

走进庞贝,首先映入我们眼帘的是一座灰红色的城市。这个被掩埋的城市,至少有一半已经被清理出来,重见天日。缺少了屋顶的房屋屹立在那里,仿佛成了一道道用小城墙摆的龙门阵。路面扫得干干净净,镶嵌的石头没有一块缺损或褪色,上面有一些飞禽或花卉的图案。这城市的前面是大海,而背后则是维苏威火山和山丘。

这是一座面积达 1.5 平方千米的古老城市,四周环绕着用坚固的石头砌成的 4800 多米长的城墙,共有 8 座城门。由南到北、由东到西各有两条笔直平坦的大街与各城门相通,并将全城分成 9 个城区,每个城区又有许多大街小巷,纵横相连,路面都用碎石铺成。主街宽有 10 米,铺着平坦的石板,两侧为人行道,中间走车,金属车轮滚碾石板路面所留下的辙痕,使人不难想像当年街上是何等车水马龙。每个大街十字路口都修建了刻有精致雕像的石制水池,储满着清水,以供人们取用。令人称奇的是,那源源不断的清水,是庞贝人通过一套巧妙的引水系统自动注入城内的。聪明的庞贝人修起高架水槽,将城外山泉引至城内最高点的水塔,再由水塔流入各个公用水池以及豪门庭院。

城区西南部有个长方形广场,庞贝城许多宏伟的建筑都建在这里,广场四周被高大雕花柱支起的华丽长廊环绕着,位于广场西南的法院,是一座长方形的两层建筑。根据考古学家证实,这座楼既是法官审案的地方,同时也是海内外富商洽谈生意的场所。

广场的东北是庞贝城的商业区。许多店铺同时又是手工作坊,由店主雇佣一批工人或使用奴隶进行劳动,制作商品,边制边销。有的作坊内工序设备仍历历在目,如呢绒作坊,有洗涤羊毛的石槽、染缸以及漂白设备等等。

在庞贝城的东南角,是露天角斗场。角斗场中间平敞,呈圆形,周围是阶梯状看台,可容纳两万名观众。这相当于当时整个庞贝城的人数之和。发掘出来的一则广告是这样写的:"营造使阿·绥狄厄·策利阿家的角斗士,定于 5 月 31 日在庞贝城举行角斗。届时并表演斗兽,准备搭棚招待。"

在庞贝广场的东角,靠近卡利古拉拱门的地方,挖掘出了一座规模很大的公共浴池。公共浴室也是古罗马公众聚会的重要场所,不仅朋友们到此晤谈,雄辩者也到此发表演说,作家和诗人也常到此朗诵新作,这里还有阅览图书、进行体育活动的地方。据有关罗马的研究资料显示,建造的公共浴室,舒适豪华,其费用也是昂贵无比的,因此,市政当局便呼吁富裕的公民出资捐助。在庞贝城的这座公共浴室的墙壁上,人们就发现镌刻有捐献者姓名的字样。

走进浴室,我们便可以发现里面的豪华与坚固,屋顶是用大理石砌成的拱形屋顶,四周的墙壁是磨光的凝灰岩,十分坚固。浴室分男女两部分,每个浴室都分设有更衣室、冷水浴室、温水浴室和热水蒸气浴室。温水浴室里安放着木炭炉子,需要时可生火取暖。

瓜纳华托古城

瓜纳华托古城及银矿废坑,位于墨西哥中部的"巴吉约"山谷,距离其首都墨西哥城西北约270千米。16世纪时,以银矿为中心,瓜纳华托逐渐发展起来,至18世纪末期瓜纳华托已经成为西班牙、美洲和世界上银产量最多的生产中心。其城市建筑风格多姿多彩,既有阿拉伯古城的建筑风韵,又有巴洛克风格和新古典主义建筑风格,体现了不同历史时期的建筑艺术特色。1988年,瓜纳华托古城及银矿废坑,被联合国教科文组织作为文化遗产列入《世界遗产名录》。

圣克鲁斯—德蒙波斯古城

圣克鲁斯—德蒙波斯历史名城,位于哥伦比亚的玻利瓦尔省,在首都圣菲波哥大以北约500千米处。这是一座建在两河交汇处的城市,其初建的目的是作为一个货物运输的中转站。随后逐渐发展,城市规模不断扩大,城中建有大量的商业建筑和宗教建筑物。1995年,联合国教科文组织将圣克鲁斯—德蒙波斯历史名城作为文化遗产列入《世界遗产名录》。

卡塔赫纳是哥伦比亚一个重要的港口,它的商业物资要通过马格达莱纳河运到哥伦比亚内陆,由于在这之间没有一个中转基地,便使得德蒙波斯城的修建成为必须。又由于当地河水每年都会泛滥,使这个处于沼泽地带的城市极易受到破坏,这就要求城市必须修建坚固的堤防。于是位于马格达莱纳河和考卡河交汇处的德蒙波斯城便应运而生。

德蒙波斯的发展得益于"黄金水道"马格达莱纳河的推动,在该河岸边修筑的坚固堤防上,每隔一段距离就有一个砖砌的码头。后来,为纪念堤防的建成,人们还把临河大街叫做"阿尔巴拉达",商业区就是从这里开始的,街的两旁聚集着许多小店铺。梅迪奥大街是德蒙波斯的主干道,在18世纪中叶时,这里仍有3600多座砖瓦结构的建筑,这些建筑模仿西班牙的风格,并且采用了西班牙穆德哈尔样式的木结构天棚。

在建城的同时,西班牙人还修建了拉康塞普希奥恩教堂、圣方济各教堂和圣巴尔巴拉教堂。17世纪,在这些教堂旁边又建造了一些同名广场。当时,正值受压迫的土著印第安人奋起反抗压迫,因而,这些教堂又被当作要塞用来观察敌情,以防御敌人的进攻。

黄石国家公园

黄石国家公园,占地面积8990平方千米,坐落在美国西部的蒙大拿、怀俄明、爱达荷三州交界处。公园以间歇喷泉、温泉、矿泉沉淀物及火山气体而闻名于世。黄石国家公园始建于1872年,又称“大众公园”或“休憩圣地”,是美国设立最早、规模最大的国家公园,也是世界最大的自然保护区之一——“生物圈保护区”,同时兼具生物学研究价值和环境教育价值。1978年,黄石国家公园被联合国教科文组织作为自然遗产列入《世界遗产名录》。

公园内有多处胜景,如湖光、山色、喷泉、峡谷、瀑布等。这里最独特的风貌是被称为世界奇观的间歇喷泉。全园有间歇喷泉300处,全世界一半以上的间歇喷泉都集中在这里。其中,比较奇特的是由4个喷泉组成的“狮群喷泉”,喷泉出现水柱前,先会有蒸汽喷出,同时发出像狮吼的声音,接着才有水柱射向高空。另外,还有“蓝宝石喷泉”,因为水色碧蓝而得名;“城堡泉”因外形像城堡而得名;每隔50多分钟喷发一次的“老实泉”,每次可以持续喷发四五分钟,喷出的水柱有40多米高。

发源于公园内的最大的河流是黄石河,它从约40千米长、500米宽、400米深的黄石峡流过,从橙黄逐渐变为橘红的峡壁,仿佛是由两岸环绕着的两条彩带。由于公园地势高,并且水源充足,黄石河及其支流切入峡谷很深,所以这里的许多瀑布气势磅礴、雄伟壮观。

公园中心是黄石湖,湖水澄清,世界第三大河密西西比河就发源于此。湖水从一个缺口流进黄石大峡谷时,形成有130米落差的黄石瀑布。这里的地下水富含酸和矽酸,因而使某些地方的水潭带有颜色,位于喷泉附近的岩石多为黄色,这是由于含酸的地下水长年浸染着它们而形成的,黄石国家公园便是由此而得名的。

黄石国家公园以熊为象征。园内约有 200 多头黑熊，100 多头灰熊，在路边常常可以看到一只大熊带着一两只小熊，阻住游人的汽车伸手乞食，那种滑稽的样子，煞是逗人爱怜。黄石公园范围内目前大概有近千只熊。大部分是棕熊，小部分是黑熊。区分黑熊和棕熊并不能完全通过毛色来判断，因为近一半黑熊毛色也是棕色。黄石虽然熊多，但分散在广阔的山野间，并不容易见到。可惜的是，熊的数量日渐减少，政府不得不采取措施对它们严加保护。野牛曾蔓延整个美洲大陆。1541 年，当征服者科罗纳多在美洲上岸并进入北美大草原时，野牛曾是如此众多，以至他认为"不可能对它们进行清点"。即使在一百多年前，来自东部的拓荒者目睹了野牛大迁徙的壮观景象，并且记录了："当野牛移动时，大地宛如铺上了一块黑色地毯，三天三夜，绵延不绝。"当时，迁徙的野牛，有千万头。但是，人类一场场的猎杀，使野牛几乎绝种。19 世纪末，美国境内仅有位于蒙大拿州的国家野牛保护区及黄石公园还有少数的野牛生存，总数不下一百多头。黄石公园是目前野生野牛唯一的住所。

从 1872 年开始，公园管理处对黄石公园采取"以火管理"(Letit Burn)的政策，只要不是人为因素造成，且不危及人的生命及财产，园内的巡逻员都不干涉，让它自生自灭。

森林火给整个生态系统带来的好处很多，其中最重要的一条，要算营养物的再循环了。如果没有森林火，这里的许多物种有可能会慢慢"饿死"。有些地区经历了两个多世纪的堆积，平均每半公顷土地就拥有 45 吨干燥物质。它们越积越厚，使原有生物群落很难发展与更新，新的物种更无插足的余地。一场大火过后，把土地裸露在阳光之下，黑灰大量吸收了太阳的热能，成为催发种子的最好温床。火舌在烧毁野草和灌木的同时，也吞噬了妨碍植物生长的病虫害以及有碍植物发芽生长的化学物质。浓烟覆盖在临近的地区，也可以杀死森林中的一些病原体，因此间接保护了没有过火地片的森林。炽热的大火还烤裂了岩石，又为一些喜爱阳光的拓荒树种开辟了道路。火所烧毁的一切，从生态学的观点来看，并非浪费，只是物质和能量转换的一种形式。

大峡谷国家公园

大峡谷国家公园，又名科罗拉多大峡谷国家公园，占地面积2724.7平方千米，坐落在美国西部亚利桑那州凯巴布高原之上，科罗拉多河穿流其间，长达443千米。公园就处于大峡谷最幽深、最壮观的地段上。大峡谷内的冲沟、险峰以及此起彼伏的小山丘共同构成了举世无双的峡谷奇观，世人美其名曰"迷人的深渊"。峡谷还具有巨大的地质研究价值和历史、文化价值。

大峡谷大体是东西方向，平均深为1600米，全长350千米。峡谷谷底不足1000米宽，最窄处仅120米。向上越来越宽，到谷顶就达到6～30千米宽。

相传，大峡谷是在一次大洪水中形成的。当时，上苍把人类变成鱼才使人类得以生存下来。从此以后，当地的印第安人禁止吃鱼类，至今仍保存着这种风俗。其实，寒武纪时的岩层是大峡谷地区最古老的岩层，形成于地球内外力的相互作用。这个闻名于世的大峡谷是在波涛汹涌的科罗拉多河水所携带的大量泥沙碎石所产生的巨大的侵蚀作用下形成的。峡谷两岸的不同地质年代形成的地层断面随处可见，岩层清晰，还保持着原始状态，是一部活生生的地质"教科书"。发现大峡谷的第一批白人是西班牙的一个远征队。1919年，美国把这里设立为国家公园。

峡谷中的地形奇特，富于变化：有的地方像尖尖的宝塔，有的像耸立的奇峰；有的像幽深的洞穴。根据外形特征，它们被人们分别叫做狄安娜神庙、阿波罗神殿、婆罗门寺宇等。

光怪陆离的红色巨岩断层分布在峡谷两岸。值得一提的是，在阳光照耀下，红褐色的土壤和岩石呈现的光彩五颜六色，或紫色，或深蓝色，或棕色，颜色随着太阳光线强弱的不同而变化。这种神奇的景观以其特有的魅力吸引着来自世界各地的游人。

大峡谷国家公园野生动植物种类很多。公园中已查明的有90余种哺乳动物，180多种鸟类。有罂粟、云杉、仙人掌、冷杉等植物。早期印第安人的泥墙小屋废墟也位于大峡谷里。

1979年，联合国教科文组织把大峡谷国家公园作为自然遗产，列入《世界遗产名录》。

第三章　世界古迹

圣奥古斯丁考古公园

圣奥古斯丁考古公园,位于哥伦比亚的西南部的乌伊拉省。距首都圣菲波哥大西南约 450 千米。圣奥古斯丁遗址依山傍水,遗址内容大部分与石头有关,其中有些遗迹至今还是人们不能破解的谜团。1995 年,联合国教科文组织将圣奥古斯丁考古公园作为文化遗产列入《世界遗产名录》。

圣奥古斯丁文化的遗址散布于海拔约 1200～2000 米的塞特拉尔山区,全长 1540 千米的马格达莱纳河的源头也在这里。圣奥古斯丁所处的地理位置极为重要,自古以来就是交通要道。这里四季如春,降雨量多,沿着马格达莱纳河岸形成了一些比较大的村落。

圣奥古斯丁文化在 18 世纪进入繁荣时期。以墓地、石像和神殿为主的圣奥古斯丁遗址散布在方圆大约 500 千米的范围内。公元 5 世纪前后,圣奥古斯丁的艺术家们用黑曜石制成石斧,在玄武岩上雕刻出精美的石碑和石像,这都体现了他们非凡的智慧,但这些石碑和石像现在仅残存 400 多处,而且这些残存的石像完成于不同时期。前期的雕像作品线条极少,非常简单,而后期的作品则雕刻细腻,充分显示了作者丰富的想像力,另外,刻在石板或岩石上的浮雕也属于后期作品。这些作品装饰精美,形象逼真,与美洲大陆的其他文明相比,有着独特的内涵。

然而,关于石料的运输问题却始终是人们迷惑不解的地方,因为在古代的美洲大陆,人们并不知道使用轮子,而且公园附近也没有采石场。古人如何把那些沉重的巨石运到公园里,至今仍没有答案。

斯维士达里色雷斯人墓地

坐落在保加利亚的斯维士达里色雷斯人墓地,是色雷斯人的神宫王的陵墓。当神宫王的遗体被安葬后,人们用黄白色的石灰岩将陵墓入口堵住,建成了斯维士达里色雷斯人墓地。在狭窄幽长的墓道的尽头,是个陈列着很多雕像的半圆形穹顶的墓室,其中有 10 尊女子立像,高度都为1.2米。古墓内的壁画出色地描绘了王国的历史。

1985 年联合国教科文组织决定将斯维士达里色雷斯人墓地作为文化遗产列入《世界遗产名录》。

你应该具备的

摩索拉斯陵墓

摩索拉斯陵墓约建于公元前 353 年,位于现在的土耳其西南地区。由白色大理石构成,该陵墓是为卡里亚帝国国王摩索拉斯和他的妻子修建的。整座建筑由两名希腊设计师设计,外面装饰以奇异的雕刻花纹。甫一建成就声名远播,公元 15 世纪初毁于大地震。现在伦敦大英博物馆还收藏有一点剩余的雕刻。

在 15 世纪初哈利卡纳素斯被侵占,新的统治者为了建一座巨大的城堡,因此在 1494 年将摩索拉斯陵墓的一些石头用作建筑材料。时至今日,有不少的雕塑仍然幸存。自从 19 世纪开始,摩索拉斯陵墓一直有进行考古学的挖掘,这一些挖掘提供不少有关摩索拉斯陵墓的资料,令我们对摩索拉斯陵墓的形状和外观有更多的认识。据说所有雕塑均由四名著名的雕刻家伯亚克西斯、李奥查理斯、史卡帕斯和提莫西亚斯分别负责陵墓的一边。古代作家常说摩索拉斯王陵,像银白云团高悬城市上空。

1859 年,英国考古学家查理士·牛顿爵士对著名的毛索罗斯王陵墓展开发掘,并将幸存的石狮雕像、圆柱及人像的碎片存放在英国伦敦的大英博物馆特别室内。

乌尔坟墓

1927 年,考古队发掘了乌尔古墓。到 1931 年,考古队共发掘了 1850 座坟墓,其中有 16 座是王族墓室。

王族坟墓的主要建筑材料是石块,墓顶、墓身和墓基都是用石块建成的。墓顶呈圆拱形,有一个或一个以上的墓室。墓室位于地面之下,通过一条陡峭的坡道与地面连接。墓内随葬品丰富多样,一般的随葬品有车、武器、装饰品等,比较贵重的随葬品有宝石、珍珠、黄金饰品等,还有的随葬品与众不同,显示出墓主人生前的个人爱好不同。在所有的出土随葬品中,乌尔女王淑巴德的头饰称得上是最有工艺价值和审美价值的物品了。该头饰制作在一具厚厚的假发上,由三层排列着天青石和光玉髓的花环装饰着女王的额头,最底下的一层花环挂着几只金圈,其中的一只还坠着几片金制的山毛榉叶,最上面的一层则连着几片金制的柳叶和花朵。假发顶上插着一把五齿梳子,也镶嵌着金花和天青石等装饰物。在女王的太阳穴两侧分别装饰着螺旋金丝,耳轮坠着半月形的大金耳环。在发掘另外一位国王的墓葬时,发现了一把短剑,该剑剑锋寒光熠熠,剑鞘不仅雕凿着植物图案,还镶满了珠宝玉石,这充分体现了乌尔君主的富足与豪奢。

在整个发掘过程中,最引人注目的就是在这些坟墓中发现了大量殉葬者的尸骨。其中,在一个国王墓中堆满了男人和妇女的尸体。有一些头戴铜盔、手执长矛的卫兵人殉,倒在通向墓内的陡坡下方。正对着墓室尽头的是9位宫女,戴着华丽的黄金头饰。入口前方并列着两辆四轮大车,由3头系在一起的牛套拉。驭手的遗骨横卧在车上,牛头的附近则有牛夫的遗骨。

孟菲斯墓地

孟菲斯墓地位于埃及东部的尼罗河西岸。孟菲斯,又有人称为美尼弗,其含义为"迷人住宅",在人类历史上已经存在了5000年之久,是金字塔时代行政、宗教和军事中心。是世界上古代"七大奇迹"中仅存的一处。金字塔陵墓内壁上刻有的大量反映古埃及人的游戏、战争、狩猎、田间以及工场劳作场面的浮雕,是了解和研究人类社会古代文明的无价之宝。

1979年,孟长久以来狮身人面像是神秘莫测的象征。据传,它的人面头像是哈夫拉法老的画像。狮身人面像高20米,长73米,它的脸部最宽处是4.2米。狮身人面像额头上有一条眼镜蛇的埃及王室标记,它可能是其身后金字塔的守护神。

孟菲斯位于尼罗河三角洲南端,埃及首都开罗和尼罗河两岸不远处,在公元前3000年由法老美尼斯所建。孟菲斯在上、下埃及首次统一后,就成了古埃及的首都。在漫长的岁月中,孟菲斯曾几经兴衰,最后毁于公元7世纪。现今,孟菲斯古城仅存拉美西斯二世时代的神庙遗迹、第18王朝的司芬克斯石像、阿庇斯圣牛庙和第26王朝的王宫遗迹等。

孟菲斯的墓地在孟菲斯城西南萨卡拉,距开罗约27公里。这里有80多处古代法老的陵墓——金字塔,其中最为著名的是吉萨大金字塔,共有3座,分别为古埃及第四王朝的法老胡夫、哈夫拉和孟考勒所建。金字塔是古埃及奴隶制国王的陵墓。这些统治者在历史上被称为"法老"。古代埃及人脑海里有一个根深蒂固的"来世观念",他们把冥世看作是尘世生活的延续。因此修建自己冥世的住所被这些法老看成自己在生前的一件大事。

不久以前,科学家约瑟·大卫杜维斯提出了他惊人的见解:金字塔上的巨石是人造的。大卫杜维斯借助显微镜和化学分析的方法,认真研究了巨石的构造。他根据化验结果得出这样的结论:金字塔上的石头是用石灰和贝壳经人工浇筑混凝而成的,其方法类似今天浇灌混凝土。由于这种混合物凝固硬结得十分好,人们难以分辨出它和天然石头的差别。此外,大卫杜维斯还提出一个颇具说服力的佐证:在石头中他发现了一缕约 1 英寸长的人发,唯一可能的解释是,工人在操作时不慎将这缕头发掉进了混凝土中,保存至今。一些科学家认为,鉴于现代考古研究业已证实人类早在数千年前就知道如何制作混凝土,所以大卫杜维斯的论断颇为可信。但少数学者对此提出了质疑,他们说:既然开罗附近有许多花岗岩山丘,那么,古埃及人为什么要舍此而去用一种复杂的操作方法来制造那难以数计的石头? 看来,金字塔之谜并未完全"破译",还有待人们进一步去研究、探索。另外,埃及胡夫大金字塔的塔高乘上 10 亿所得的数,和地球到太阳之间的距离相等;穿过大金字塔的子午线把地球上的陆地、海洋分成相等的两半;用两倍塔高除以塔底面积等于圆周率。1979 年联合国教科文组织将菲斯及其墓地和金字塔被联合国教科文组织作为文化遗产列入《世界遗产名录》。

巴塔利亚修道院

始建于 15 世纪初的巴塔利亚修道院位于葡萄牙莱里亚行政区内,与首都里斯本相距约 120 千米。修道院内的建筑风格大胆夸张,举世罕见。此外,该修道院同时以"未完成的礼拜堂"和"创立者礼拜堂"而闻名于世。1983 年,巴塔利亚修道院被联合国教科文组织作为文化遗产列入《世界遗产名录》。

修道院内有很多古建筑,最出众的是教堂的门柱上雕刻着许多雕像,不但有 100 尊天使,还有预言者、圣人、教皇和国王等。教堂内部空间很大,高 32 5 米、长 7 9 米,西边竖立的高大窗户带有火焰状曲线窗格。建筑师阿尔丰沙·多敏凯斯是该修道院的第一位设计者,长廊的底座、南部的正面、长老会馆、"王之回廊"和集会厅都是出于他之手。"王之回廊"宽 50 米、长 55 米,是欧洲最精美的回廊之一。集会厅构思大胆,完全悬空而建,整个建筑中找不到一根支柱。

教堂最先由多敏凯斯主持建造，由其后继者达比·乌盖特修建完成。"未完成的礼拜堂"和"创立者礼拜堂"也是由达比·乌盖特主持兴建。"创立者礼拜堂"采用了星状屋顶，构思巧妙。此外，阿庇斯王朝的创始人乔安一世和王妃的石棺就安放在这里面。"未完成的礼拜堂"独具匠心，采用了八角形的装饰图案。国王杜尔泰一世打算把它建成自己的陵墓，但工程还未竣工他就去世了，所以命名为"未完成的礼拜堂"。

霍雷祖修道院

霍雷祖修道院，位于罗马尼亚的南部地区，属后拜占廷建筑风格。院内的雕饰、壁画与陈设等都鲜明地体现了文艺复兴时期所创造的伟大而辉煌的文明。

霍雷祖修道院建于14世纪，修道院内的尖塔高度与后殿相同。门廊由10根方形石柱支撑，朝向大厅，门廊上镶刻着文艺复兴后期的作品，现在有90%左右保存完好。

霍雷祖修道院内的长方形的教堂，是埋葬王族的地方。教堂里陈设着雕木家具，门上的雕饰具有巴洛克风格。

1993年，霍雷祖修道院被联合国教科文组织作为文化遗产列入《世界遗产名录》。

第四章　文物收藏

艺术品收藏的误区

随着经济的发展和国民素质的提高,国内艺术品收藏的热潮渐渐兴起。呈现出了文化艺术品市场的空前繁荣。但是,目前国内的艺术品市场和收藏观念还处于初级阶段。经常可以在拍卖会上看到,汉代的陶瓷、玉器和青铜器卖不过明清的瓷器和玉器;清代、民国的民窑瓷器常常只卖到几百元人民币一件,而当代景德镇艺术瓷器的价位也在几百元以上,甚至可以达到上千元。这是由于国内的经济基础和国民的文化水准远低于发达国家,国人的收藏观念还未能真正建立起来,收藏族远未形成一定的规模,而进出拍卖场和古玩店的多数买家仍为投资型甚至投机型,他们把赢利作为主要目的,而收藏仅仅作为附着于投资过程中的暂时行为。也许这样的动机对于艺术品市场的形成曾经起过很大的推动作用,但对艺术品市场的进一步深入、稳定的发展就会形成制约。

有些收藏行为反映了买家的赚钱目的多于收藏。在艺术品的艺术水准、精美程度和作者的闻名程度面前,买家往往会更看重后者。比如,齐白石画的一条小虫的价位要远高于一些著名画家的精品之作。当代一些艺术水平极高的画家的大幅精品却卖不过名家的应酬画。

许多买家也缺少对艺术收藏品的全面了解和专项研究,自己的藏品没有整体特点和品类划分,往往是市场上什么赚钱买什么,什么来钱快就买什么,甚至人云亦云,市场上流行什么就买什么,缺少真正收藏家所具有的收藏品位和个性。

古画揭裱

揭裱古旧书画,尤其是具有珍贵文物价值的古旧书画,一定要找那些经验丰富、技艺高超又认真敬业的装裱师。因为古旧书画每揭裱一次,要经过热水闷烫、清水淋洗、化学药品洗霉去污和修补、全色等多道工序,耗费很多时间,这些无疑会使古旧书画大受损伤。

另外,珍贵的古旧书画揭裱前最好拍照或录像,以备揭裱过程中毁坏而诉诸法律的凭证。

传统古籍的纸张极为"娇贵",受不得任何化学品的侵害,而化学品的腐蚀只会造成毁坏。中国古籍的纸张,多采用天然原料的手工制纸,而现今通用的化学胶水、化学糨糊及玻璃胶纸对中国式纸张具有极强的腐蚀力,一般不隔多时,便会使纸张变质黄脆,触手即碎,故而绝不可用。正确方法应为采用天然面粉糨糊,调以麝香、花椒,可达到修复与避虫双重功能。正确的防虫方法应为:在书橱中放置麝香、芸香或花椒(也可采用质量上乘的印度奇南香),以香气驱杀蠹虫,效果极佳。

中国古籍必须远离一切西式纸张,二者隔离,方为上策。民国时期的一些书贾作坊,贪求省惜工料费用,在制作拓片、字帖时采用了一种叫做"油光纸"的纸张,作为字帖的衬纸。由于西式纸酸碱性不合量,具有一定的腐蚀力,以致许多民国旧帖惨遭"黄斑之厄"。

古钱的鉴别

1.先秦钱币。先秦时期的刀、布币币身极薄,刀币的浇口在首端。刀、布的浇口及边缘常有浇铸时挤出范外的多铜,因未加磨琢而呈自然状态。有些伪造的刀、布币边缘被挫磨光滑,实际上是画蛇添足,暴露了伪造痕迹。

大部分刀、布币的文字是用刀刻在泥模上铸成的,其笔画是一刀而成,而伪造的字画呆滞,笔意全失。通过认真观察,可以发现翻铸的伪钱一般较厚重,铜质也粗。

2.两汉钱币。汉武帝时的三铢通行时间不长,存世也少。伪造者取五铢改刻,但三铢比普通五铢轻小,"铢"字写法也与五铢有明显不同,易于识别。伪造者一般采用真钱改刻的方法,也有翻砂而成的,但翻造不精,肉质粗糙。

3.魏晋南北朝钱币。魏晋南北朝时期的钱币种类较多,在钱文上已打破了铢两相称的习惯,出现了一些国号钱、年号钱及古语钱,"汉兴"、"永光"、"景和"的直径在1.55~1.7厘米之间,"凉造新泉"、"天清丰乐"的直径在2~2.2厘米之间,"大夏真兴"的直径在2.2~2.3厘米之间,若发现直径大于此者,基本上都是伪钱。

4.唐代钱币风格。唐代货币以开元钱为主。初唐开元大型精美,会昌开元铸工较为粗糙，其背文有"昌"、"京"、"洛"、"益"、"荆"、"襄"、"蓝"、"越"、"宣"、"洪"、"潭"、"兖"、"润"、"鄂"、"平"、"兴"、"梁"、"广"、"梓"、"福"、"桂"、"丹"、"永"等23种。

伪造者有取背文模糊的会昌开元改刻成永字开元，故鉴别时要留心观察"永"字周围有无刀刻痕迹，若系翻者又当别论。

5.五代钱币。五代时各地割据政权纷纷设炉铸钱，种类庞杂，由于连年征战，当局者为了应付财政困难，或铸大钱，或铸铁、铅和低质合金钱，故五代时大钱多、铁钱多、铅钱多，制作精粗不一。如后晋时"天福元宝"大多薄小窳劣，制作粗糙；后周的"周元通宝"却精美异常，于初唐开元相似。凡"周元通宝"大钱及小平背有龙凤、佛像、公鸡等图案者，皆系后代仿制，绝非当时的行用品。又同时马殷的"乾封泉宝"大铁钱，其间精粗相差特别大。"乾封泉宝"大铜钱传世极少，所见伪钱文字过分造作，反失生趣，仔细分辨即能看出真伪。

6.宋代钱币。宋代钱币一般是每换一次年号就新铸一种钱，其铸量、种类之多，为历朝罕有。普通宋钱无人伪造，而康定、至和重宝背坊、号，圣宋通宝、靖康等品种的伪钱较多，凡遇到这类钱币时必须慎重对待，要仔细观察有否做伪痕迹，是否与大量的普通宋钱形制相合，南宋的临安府钱牌有三种式样；一种是上下圆角；另一种是上下方角；第三种是上圆下方。清代仿造者取其钱翻砂，制成的赝品几乎能乱真，唯锈色、色浆不及，个别字文走形。

7.辽代钱币。辽代钱币有其特殊的风格，钱文旋读，字含八分，笔意古拙，铜色较红。辽代早期钱币如天显、应历、保宁、统和等存世极少，伪造者无从觅得蓝本，故伪钱亦少。有一种统和元宝伪品，与辽代风格相去甚远，亦易识别。

8.金代钱币。金代钱币向以精美著称，这与金人掌握了宋陕西炉的铸钱技术力量有关。金代的泰和通宝楷书大钱极为难得，数十年来，只发现二种版别，其书体甚佳，轮廓、文字略有肥瘦之分。曾见一种模仿细字版的伪钱铸得较好，显系用真钱翻铸而成，但为了掩盖新铸痕迹，外轮被敲击变形。小平楷书泰和通宝多数为白铜质地，亦甚难得；篆文的泰和小平钱未见真品；篆文折三泰和确有真品，然存世极罕；承安宝货铜钱未见真品。

9.元代钱币。元代通行纸钞，早期钱币除蒙文大元及至大通宝外，铸额均少。有些年号仅有庙宇钱传世,这种庙宇小钱不作货币行用,旧称供养钱。元末的至正权钞币值愈大(即钱形愈大),面背错范没有对准所致,造成文字和轮廓都倾于一边的现象,但出于自然,无造作气。其背文笔画较繁,含糊不清者居多,伪造者常用真钱翻铸,由于翻造不精,背文模糊,与真者大相径庭。

10.明代钱币。明代钱币,早期与后期的文字、形制都不相同。早期狭轮,文字挺秀;后期外轮变宽,钱文以宋体为主。明初的大中、洪武钱为早期风格的代表,当时各局均有铸造,分小平、折二、折三、折五、折十等五式,版别较多,如"通"字就有单、双点之分,背有纪值、纪地及光背等数种,各地所铸的钱文自成系统,书体各不相同,存世多寡悬殊。伪造者有取常见的浙、豫版改成稀少的京、济、鄂版,以致面背文字不符,暴露了弱点,如伪钱大中通宝背十挂的面文就完全是浙版的字体。又如伪钱天顺通宝是取明末的大顺通宝改铸而成,天顺在弘治之前,属明代的早中期,不应出现明末的钱风,明代实际上没有铸过天顺通宝。明代钱文为避朱元璋的"元"字讳,一律称通宝,且直读(即通宝二字在右、左方);延至清代,钱文仍以直读通宝为主。直至咸丰发行大钱时有恢复了元宝、重宝之称。

古钱的铜质铜色鉴别

由于各个历史时期各地的铸钱方法、铜矿资源、成本分配给都不相同,所以古钱的铜质铜色也有较大的差异。古钱的铜质主要分为紫铜、青铜、黄铜、白铜等数种。古钱的铜色在鉴定上尤为重要。先秦圆钱的铜色深红,接近紫铜。刀布币的铜色多呈淡红。先秦钱币的另一特点是币身较薄,伪造者常渗入过多的铅以增加铜熔液的流动性,这种伪品铜色暗红,质软易变形。半两及五铢的铸期较长,铜色也深浅不同。凡传世日久的太和五铢,铜质裸露,其色深红,且质地极为细腻,表面几乎找不到砂眼气孔。一种大字版的金旁略低,伪品的铜色较淡,且铜质也粗。五代时的天德重宝铜色微带青白。天策符宝传世品表面常有一层黑色的氧化层,内部铜质多呈水红。永安一百、永安一千铜色微黄,南唐钱币的铜色也多数偏黄。

北宋早期铁母如宋元、太平等铜色淡黄或微黄,后期铁母如绍圣、圣宋、大观等铜色较深,而宣和、靖康、建炎小平铁母多属白铜。建炎重宝颜色深红,南宋铁母的铜色多数偏黄。辽钱铜色深红或紫红。西复钱铜色水红。嘉靖之前铸钱用青铜,嘉靖之后则多用黄铜。明清雕母(祖钱)铜色以金黄为主。清代新疆铸钱用紫铜,故称新疆红钱。

以上列举部分古钱的铜色,但不包括特殊情况。

收集铜元应注意的问题

1.注意品相

品相是收藏品的生命。由于铜元是机器压制的,图案细微精致,但线条比较浅容易磨损。因此看一枚铜元的品相首先就要看是否有磨损。其次铜元最忌有锈,在这点上与有些古钱是完全不同的,铜元有锈会严惩影响美观,遮盖铜元的细微部分收藏价值大打折扣。

2.注意版别研究

铜元的生命就在于版别。铜元的版别丰富多彩,极为复杂,因此收集铜元应从版别入手,把某些品种的各个版别搞清楚。

3.注意错版

铜元中有许多错版,如英文倒置、满文错写、面背错配、阴阳币等,虽然数量不多,但还是可以碰上,因此平时应特别留意。

铜元品相常用分级标准

1.新:全新未使用,带铜光。

2.美品:使用时间很短,几乎看不出磨损痕迹。

3.上品:有轻微磨损,可清楚辨识细致的币纹。

4.近上:有少量磨损,币纹大多可辩。

5.中上:有较多磨损,币纹七成可辩。

6.中品:有严重磨损,但关键特征可辩。

五代十国钱币

五代十国混乱时期,钱的种类却很多,有两个特点:一是大额钱币的盛行。唐朝除在乾元年间这样短期内发行过大额钱币外,一直都使用的是小平钱。而五代十国的钱币多为当十当百当千。二是这个时期铸币多是低级金属,以前用铁钱极小,而这时铁钱流通最大。五代时后梁开平年间铸开平通宝大钱和开平元宝,遗留极少。后唐有天成元宝,也是很罕见。

十国中以南唐钱种类最多。数量较多的有开元通宝、唐国通宝和大唐通宝三种。北方刘仁恭父子,盘踞幽州,称燕。铸有永安钱、铁五铢、铁货布,铢岐天元宝。永安钱有几种:永安一十、永安一百、永安五百和永安一千,铜铁都有。铁五铢是用隋五铢范,铁货布用莽范,但背上加铸有"三百"两个字;铢岐天元宝用史思明的钱为范,背面有"百"字和"千"字两种。永安一千大铜钱少见,因而常有伪品出现。

十国中除了吴越等国四国外,其余都曾铸钱,楚曾铸天策府宝铜铁大钱,又有乾亨通宝铜钱。通宝钱遗留不多。铅钱有两种,一种光背,薄而大,为广州所铸。另一种背有"邕"字,为广西邕州所铸,稍小且厚。前蜀王建曾铸永平元宝、通正元宝、天汉元宝和光天元宝,王衍铸乾德、咸康、均为元宝。后蜀铸广政通宝铜钱和铁钱。

中国古代陶器的种类:

红陶

红陶在中国出现最早,红陶烧成温度在 900 度左右,根据考古发掘资料,黄河流域距今 8000 千年的裴李岗文化和距今 5000 年的仰韶文化、大汶口文化时期,都以泥质红陶和夹砂红褐陶为主。

彩陶

彩陶是在陶器未烧以前就画在陶坯上,烧成后彩纹固定在器物表面不易脱落。有的在彩绘之前,先涂上一磕白色陶衣,使彩绘节纹之前,先涂上一层白色陶衣,使彩绘花纹更为鲜明。彩陶花纹主要是花卉图案和几何形图案,也有少数动物纹。

黑陶

出现于龙山文化时期。黑陶的烧成温度达 1000 度左右,黑陶有细泥、泥质和夹砂三种,其中以细泥薄壁黑陶制作水平最高,有"黑如漆、薄如纸"的美称。这种黑陶的陶土经过淘洗、轮制,胎壁厚仅 0.5~1 毫米,再经打磨,烧成漆黑光亮。

灰陶

灰陶在新石器时代早期斐李岗文化遗址中已经出现,仰韶文化、龙山文化时期都有一定数量的灰陶,特别是用于蒸煮的器皿,多为夹砂灰陶。到夏代(二里头文化早期)以灰陶和夹砂陶则占据主要位置。

白陶

白陶器出现于龙山文化晚期,商代为鼎盛时期。白陶是指表里和胎质都呈白色的一种陶器。它是用瓷土或高岭土烧制成的,烧成温度在 1000 度左右。白陶基本上都是手制,以后也逐步采用泥条盘制和轮制。商代后期白陶大量发燕尾服,安阳殷墟出土数量最多,并且制作相当精致。到了西周,由于印纹硬陶器和原始瓷器的较多烧制与使用,白陶器即不再烧造了。

硬陶

硬陶的胎质比一般泥质或夹砂陶器细腻坚硬,烧成温度比一般陶器高,而且在器表又拍印以几何形图案为主的纹饰,所以统称为"印纹硬陶"。西周是印纹硬陶发展的兴盛时期,其胎质原料根据化学组成分析,基本接近原始青瓷。因印纹硬陶所用原料含铁量较高,胎色较深,多呈紫褐、红褐、黄褐和灰褐色。印纹硬陶坚固耐用,绝大多数是贮盛器。商代印纹硬陶在黄河中下游地区和长江中下游地区都有发现。西周至战国时期印纹硬陶主要盛行于长江中下游地区及南方的福建、台湾、广东、广西等地。

釉陶

汉代出现了一种在釉料中加入助熔剂——铅的釉陶,又称"铅釉陶"。铅釉陶的制作成功,是汉代制陶工艺的杰出成就。釉料中加入铅,可以降低釉的熔点,还可使釉面增加亮度,平正光滑,使铁、铜着色剂呈现美丽的绿、黄、褐等色,但经绿釉为最多,绿如翡翠,光彩照人。

陶瓷历史沿革

人们把黏土加水混合后,制成各种器物,干燥后经火焙烧,产生质的变化,形成陶器。陶器的发明,是人类文明发展的重要标志,陶器的出现,标志着新石器时代的开端。

陶器出现的具体年代,目前尚难确知,根据考古发掘材料估计,约在8—9千年以前新石器时代开始出现,几千年来一直是人类的主要生活用具。

裴李岗文化,1977 年在河南省新郑县裴李岗村首先发现,经碳十四测定距今约 8 千年,是我国目前发现最早的新石器时代遗址。与此同时在河北武安县磁山也发现同时期的文化遗址,出土陶器带有一定的原始性,是目前中国发现最早的陶器。

仰韶文化,彩陶为其主要特征,根据碳十四测定,年代距今约7000—5000 年。陶器皿种类主要有盆、罐、钵和小口尖底瓶等,质地有泥质陶和夹砂陶。

屈家岭文化,是继仰韶文化之后分布在江汉流域的一种文化,据碳十四测定年代距今四千多年。

大汶口文化,是继仰韶文化后、龙山文化之前在东方的一种古代文化,据碳十四测定,年代距今 6000—4200 年左右,其陶器器型和纹饰也自成特点。

龙山文化,据碳十四测定,年代距今约 4300—3800 年,黑陶是最具代表性的器物,尤以"蛋壳黑陶"最为精美。同时,龙山文化晚期还出现用高岭土烧制的白陶。为后来原始瓷器的发明奠定了基础。

商代,青铜器的制作成就辉煌,但普通人日常生活的主要用具仍以陶器为主。商代陶器仍以灰陶为主,当时已有专门烧制泥质灰陶和专门烧制泥质夹砂灰陶的不同作坊。但到后期,白陶和印纹硬陶有很大发展,尤以白陶最为精美,纹饰采用青铜器的艺术特点,装饰华丽,弥足珍贵。同时,还出现了用高岭土作胎施青色釉的原始瓷器。

西周以后,陶器种类繁多,除陶生活器皿之外,还有砖瓦、陶俑和建筑明器等。到战国、秦汉时期,用陶俑、陶兽、陶明器随葬已成习俗。秦始皇陵兵马俑,西汉时期兵马俑,其造型之精,阵容之宏伟,为世界所罕有。

汉代,由于社会稳定,农业、手工业发展较快,厚葬风气在民间普遍盛行,制陶业大量烧造陶明器用以随葬。这时,战国时期出现的彩绘陶器得到发展,釉陶也普遍应用,同时在陶明器上用白粉、墨书文字者也大量出现。到东汉晚期至三国,瓷器的烧造技术逐渐成熟,陶器被瓷器所取代,退居次要地位。

青铜器的鉴定

中国古代的青铜文化十分发达,并以制作精良。青铜器作为宴享和放在宗庙里祭祀祖先的礼器。青铜器源远流长,其历史可以上溯到公元前三千年左右。大约二千年以前,自奴隶社会的夏代开始中国进入了青铜时代,到春秋时代结束。

青铜文化在世界各地区都有发展,这是因为青铜作为工具和器皿的原料有其优越性:

一.自然界存在着天然的纯铜块(即红铜),因此铜也是人类最早认识的金属之一。但红铜的硬度低,后来人们认识到添加了锡的铜即青铜,比纯铜的硬度大。

二.青铜溶液流动性好,凝固时收缩率很小,因此,能够铸造出一些细部十分精巧的器物。

三.青铜的化学性能稳定,耐腐蚀,可长期保存。

四.青铜的熔点较低,熔化时不需要很高的温度。所以青铜器用坏了以后,可以回炉重铸。

青铜礼器十分发达是中国古代青铜文化区别于其他国家古代青铜文化的一个显著特点之一。夏代已出现了青铜礼器。到了商代,特别是商代晚期青铜礼器发展已十分成熟,主要的器类都已具备,主要有食器、酒器、水器和乐器。

鼎是青铜礼器中的主要食器,在古代社会中,它被当做统治阶级等级制度和权利的标志。《史记——封禅书》记载："（夏）禹收九牧之金（铜）铸九鼎"，从此九鼎成为王权的象征、传国的宝器。

目前考古发现的时代最早的青铜鼎是河南偃师二里头遗址出土的商代早期的青铜鼎。1939 年安阳殷墟武官村出土的商代晚期后母戊（司母戊）鼎长方斗形腹，口沿上有两个直耳，腹下有四个圆柱足。腹部四周饰以兽面纹，耳外侧饰以双虎食人头纹，足上部亦饰以兽面纹，并皆以云雷纹为地纹，神秘而繁缛。腹内壁铸有铭文"后母戊"三字，据此可知为商王祖庚或祖甲为祭祀其母戊而作。形体巨大，高达 1.33 米，长 1.10 米，宽 0.79 米，1994 年经中国历史博物馆科技部与中国计量科学研究院进行标准计量，实测重量为 832 .84 公斤，不仅是中国古代也是世界古代最重的青铜器。制作精美，系用多块陶内范和外范拼合浇铸而成，代表了中国古代青铜冶铸业的高水平和中国古代人民无与伦比的智慧与创造力。

青铜鼎是在新石器时代广泛使用陶鼎的基础上发展而成的。目前发现最早的青铜鼎出现于商代早期，即商二里冈文化期，历经各个朝代，一直沿用到两汉，乃至魏晋，是青铜器中行用时间最长的，因而变化也很大。属于商代的有圆鼎、鬲鼎、扁足鼎、方鼎等。

商代用鼎制度，中、小型墓陪葬的一般是一具或二具。无论是殷墟或殷墟以外地区大都如此。但是王室的陵墓则悬殊甚大，商晚期殷墟妇好墓出土方鼎二、扁足方鼎二，大小不同的圆鼎三十二具，还有少数残破的碎片，可见中、小型墓和王室墓等级差别的森严。表现等级秩序明显的是西周的列鼎制度。宝鸡竹园沟西周早期 1 号墓已出现大小相次三具一组列鼎，和另二具配合的鼎。奴隶主贵族等级愈高，使用数愈多，就是说享受肉食品亦愈丰富。

从中国的古墓中发掘的青铜容器经常被积极的收藏或作为一种极具外来情调与古典气息的装饰，特别是由于年代久远，青铜容器表面附着特有的那种绿色时，作为收藏或装饰的价值常常更高了。然而，正是由于如此高的价值，它们也自然成为毫无道德的狂贼的目标。从古至今，盗墓贼一直从古墓遗址中盗取这些青铜容器。

为了满足 20 世纪的需要，仿制商人也推出"古代青铜器"，其实要么在某个具有古代特征的物件上涂抹一层假的铜绿，要么在出售之前，对一些损坏或锈蚀严重的容器作一些额外的修补而已。很久以来，精明的商人抓住许多收藏人士对收藏品的真假、原品或是修补品分辨能力不强的弱点大发其财。甚至博物馆都受到这种作假行为的伤害。目前,现代科技的运用就常常使真相大白。

邮市进票禁忌

邮市大热的时候,热门的小型张和其他邮票不宜进,因为过热的邮票都是炒家一炒再炒升价的,随时可能暴跌。无人问津的冷票不宜进,冷票是指邮市上价格长期以来价格较低的邮票。因为冷票有它的"致命伤",或者图案设计不好,或者票样不合规矩,或者有些忌讳,或者印数过大。超量发行的邮票不宜进,集邮纪念品纪念张、封,片不宜进,对某种传闻纷纷的邮品没有确定以前不宜进。

第五章 艺术考古

夏代艺术考古

关于夏代的建筑艺术，据古文献记载，说夏代初年就已经有了宫殿、宗庙这类建筑了，到了夏末帝桀之时，其规模更大、修饰更好。"筑倾宫，饰瑶台"及"为琼室瑶台金柱三千"的说法不敢说确实如此奢华，但根据考古发掘，宫殿是一个由殿堂、庭院、廊庑、门楼组成的井然有序的宫殿，在当时确实是一个了不起的工程，代表了夏代建筑艺术的成就，这种院庭形式的群体布局方式成为以后中国建筑的一个突出特点。

从二里头出土的文物看，不但发现了青铜器，而且还发掘出当时冶铜、铸铜的手工作坊。

青铜器的种类有爵、凿、锛、刀、锥、鱼钩等。二里头遗址出土的一件铜爵，高13.3厘米，爵的流和尾比较长，平底束腰，三个足长短不一，在把上还有三个镂孔。

鼎本来是古代的烹饪之器，相当于现在的锅，用以炖煮和盛放鱼肉。许慎在《说文解字》里说："鼎，三足两耳，和五味之宝器也。"有三足圆鼎，也有四足方鼎。最早的鼎是黏土烧制的陶鼎，后来又有了用青铜铸造的铜鼎。传说夏禹曾收九牧之金铸九鼎于荆山之下，以象征九州，并在上面镌刻魑魅魍魉的图形，让人们警惕，防止被其伤害。自从有了禹铸九鼎的传说，鼎就从一般的炊器而发展为传国重器。国灭则鼎迁，夏朝灭，商朝兴，九鼎迁于商都亳京；商朝灭，周朝兴，九鼎又迁于周都镐京。历商至周，都把定都或建立王朝称为"定鼎"。鼎是我国青铜文化的代表。它是文明的见证，也是文化的载体。根据禹铸九鼎的传说，可以推想，我国远在四千多年前就有了青铜的冶炼和铸造技术；从地下发掘的商代大铜鼎，确凿证明我国商代已是高度发达的青铜时代。

在二里头遗址中发现了夏代的雕塑艺术品。如出土的一件陶蛤蟆，身宽体阔，浑身有花斑，呈正在蹲起跳跃的姿态。另外还有团缩起来的陶龟、昂首视物的羊头等，这些小型圆雕，在造型上已经能抓住对象的主要特征，显夏代青铜器得质朴生动。玉雕艺术品在二里头遗址中也有发现。

有一件玉柄形饰物,长 17.1 厘米,厚 1.5~1.8 厘米,其外形颇像后世的多节鞭。其节节均有纹饰。有的是凸弦纹,有的是单线和双线兽面纹,有的则是花瓣纹。几种纹饰规则地交替出现,末端还以浅刻和浮雕法琢成兽头形。整个器物雕刻工整,刻画流畅,堪称当时艺术的珍品。

音乐方面,二里头遗址出土了一件铜铃,铃的一侧带扉,形似钟,但比钟小。另外在东下冯和二里头也发现石磬,这是我国发掘出来的最早的石磬。在山西襄汾陶寺夏文化溃址还出土了鼍鼓一类的乐器。

商代艺术考古

考古工作者至今已发掘了三座商代城和宫殿建筑:河南郑州市、湖北黄陂县的盘龙城和著名的安阳殷墟,其中前两者比殷墟在时间上要早,大概是前期的商代城,而殷墟则是后期的商代城。郑州的商代城是一座颇具规模的古代城垣,城的周长约 7 公里,整个城墙是用土分层夯筑起来的。现存的城墙最高约 9 米,最低约 1 米,一部分露在地面上,而大部分则埋于地下。

1955 年,郑州商城遗址出土了青瓷器的碎片,经化验表明是用瓷土作坯烧成,烧结程度较好,釉与胎结合的相当牢固,击之发出清脆的金石声,具备了早期瓷器的特征。特别是在西城墙外一座墓内出土的原始青釉瓷尊,是用高岭土作胎烧制而成,火候高,质地坚硬,内外遍涂有黄绿色釉,击之声音响亮清脆。此后,在湖北黄陂盘龙城的早商墓中也有瓷尊出土。这些都说明了我国的瓷器早在商代就已萌芽,从而把我国瓷器发明的时间推到 3500 年前,这在当时的世界上也是首屈一指的成就。

商代 600 年间是青铜器大发展时期。"司母戊"大鼎(现藏于中国历史博物馆)于 1939 年在安阳武官村大墓出土。它是我国目前仅见的最大的鼎。该鼎的腹部为长方形、平底、立耳、四柱足,器身满饰饕餮纹,中线有高起的扉棱,四角也有扉棱,耳部外面饰双虎夹一人头,腹内铸"司母戊"三字,通高 133 厘米,长 110 厘米,宽 78 厘米,重 875 公斤。当时熔铜用的坩埚,一般只能盛 12 公斤半的铜液。因此铸造如此巨型的青铜器,必须要用七八十个坩锅一齐熔铜浇注,还要组织一二百个技术熟练的工匠分工合作,方可铸成。整个大方鼎显示出雄浑凝重之美,三千年前的古人能够铸造如此复杂的庞然大物,不能不令人为之叹服。

商代的雕塑艺术较之以前有了显著的发展与成就。由于正处于青铜盛世,所以在众多的雕塑艺术品中,青铜雕塑的数量最多,所取得的成就最令人瞩目。此外,玉石雕刻也取得了一定成绩,不但作为赏玩佩饰之用,而且很大程度上向着礼器方向发展。

西周艺术考古

在今陕西岐山县凤雏村发掘出一座西周早期的建筑遗址。这是一组大规模的建筑群,坐落在一整片东西宽32.6米,南北长46米的夯土台基上。建筑群由3个庭院及其四周的房基组成,布局上具有王宫建筑的特点。除此之外,还发现有少量的绳纹瓦,尽管这瓦只用于屋顶的脊、檐、天沟处等局部,但毕竟是建筑材料及建筑技术的革新。

西周初的青铜器,造型和装饰与商代差别不大,基本上承袭了殷商那种器制厚重、造型与花纹稳健富丽而且带有神秘的特征。当然,变化还是有的,那就是器物上的铭文逐渐增多,凤纹极为盛行,整体风格逐趋典雅。这一时期的代表器物首推大盂鼎,它是西周具有重要价值的重器。

西周的雕塑艺术在商的基础上又有进一步的发展,传为陕西宝鸡出土,现藏美国华盛顿弗利尔美术馆的一对虎尊。虎体修长,首前伸,口出两牙,长尾上卷江苏丹徒出土的一件鸳鸯尊,作站立状,曲颈,体态丰满,头顶有冠,造型稳重典雅。此外,辽宁凌源出土的鸭尊、宝鸡茹家庄出土的象尊及两个铜三足鸟、一个铜鸭头、等,都是具有一定水平的雕溻。

春秋战国和秦朝的艺术

从已发掘的春秋战国时代的都城遗址看,都有相当规模的宫殿建筑的台基,如侯马晋城遗址中的牛村古城内有每边宽52米的夯土台,即一巨大的台榭式宫廷台基。当时最繁华的都市、齐国的临淄城,已有宫城之设,其内有大片夯土基址,中心是一高14米、南北长86米的椭圆形夯土台基,无疑是齐王宫主殿所在。文化水平最高的鲁国曲阜城,也已发现建筑台基9处。面积最大的燕下都,也发现武阳台、望景台、张公台等夯土基,武阳台高达11米,南北约110米,东西则达140米。台榭宫室而外,这些都城都有繁荣的工商业区和居民区,组成郭或外城,相比于较小的宫城它们也称为大城,而宫城则为小城。大小城之制在战国已相当普遍,而它们结合形成的城市则人口与规模在古代世界都可位居一流，如齐都临淄在齐宣王时即有 7 万户，21 万男子，全城人口当在 40 万左右，较希腊最大之城雅典又大一倍(雅典全国人口连奴隶在内才 40 万，雅典城本身只有全国人口之半，即 20 万)。临淄小城东西长 1.4 公里，南北长 2.2 公里；大城则东西约 4 公里，南北约 4.5 公里。面积居各都城之冠的燕下都则东西约 8 公里，南北约 4 公里。有了各国都城发展的先例，到秦统一以后，秦帝国首都咸阳便建造得无比的富丽堂皇，其中最著名的建筑便是阿房宫，据发掘实测，仅阿房宫前殿的高大夯土台东西即达 1200 米，南北450 米，虽仍取传统的台榭式，规模和气势却非前人所能比拟。

两汉和魏晋南北朝艺术考古

中国艺术经汉魏南北朝的发展也是一波三折，变化殊多，同时又为日后隋唐盛期中国艺术的辉煌作了准备。

汉与魏、晋的建筑仍以木构为主，举凡宫殿、庙堂、楼阁、邸宅皆用木柱木梁，配以瓦顶砖墙，这些木构建筑当然早已无一留存，但从当时绘画反映的情况和考古发掘的资料，仍可以看到中国建筑在这段时间已体制完备、风格奠定，代表着中国古代建筑的第一个高峰。在两汉之际，斗拱已成为大型建筑挑檐常用的构件，而中国传统建筑中常用的抬梁、穿斗、密梁平顶三大基本构架制式此时亦已定型。

是中国大型石窟造像之始。《魏书》称其"雕饰奇伟，冠于一世"，确为好评。它有直指巴米扬巨佛造像的气概，在中国土地上开凿出可和天竺佛国媲美的雄伟浩大的佛像。五窟内主尊巨佛皆高达 13～17 米，或坐或立，深目高鼻配以印度袈裟，不失犍陀罗的风范，但雍容大方、浑厚凝重又有中国石雕的气派，可以想象以它为表率，中国石窟雕刻日后发展必会更为辉煌壮丽。

魏晋南北朝时期在艺术方面的变化更多的是体现在书法艺术方面，楷书真正出现了。绘画艺术的变化虽然不像书法那样显著，但是社会风气的变化，崇佛思想的上扬，都让本来简略明晰的绘画进一步变得繁复起来。曹不兴创立了佛画，他的弟子卫协在他的基础上又有所发展。作为绘画走向成熟的标志之一，南方出现了顾恺之、戴逵、陆探微、张僧繇等著名的画家，北方也出现了杨子华、曹仲达、田僧亮诸多大家。

第五章　艺术考古

在这一时期中,发展得最为突出的是人物画(包括佛教人物画)和走兽画,而中国绘画中的其他各科还远未成熟,东晋顾恺之的传世作品《洛神赋图》中出现的山水只是作为人物故事画的衬景,山水画的逐步独立直到南北朝后期才趋于完成。

东晋时期的王羲之是中国书法史上公认的成就最杰出的书法家,被誉为"书圣"。他的行书作品《兰亭序》,被后世称为"天下第一行书"。在书法理论方面,钟繇的《用笔法》,卫夫人的《笔阵图》,卫恒的《四体书势》,王羲之的《自论书》、《题卫夫人笔阵图后》、《记白云先生书诀》,索靖的《草书状》等,都是书法家从事书法实践的总结;而羊欣的《采古来能书人名》,则是中国书法史上第一部书法家列表。

南北朝时期的书法继承了魏晋以来的成果,继续有所发展,尤其以楷书书法的成就最高。传世作品主要有:碑刻有《爨龙颜碑》、《瘗鹤铭》等;墓志铭有《刘怀民墓志》、《吕超静墓志》、《刘岱墓志》、《桂阳王妃慕昭墓志》等;墨迹有南朝齐王僧虔《太子舍人帖》、王慈《尊体安和帖》等;写经是南朝佛教昌盛的结果,主要作品有南朝齐《佛说欢喜普贤经》,南朝梁《华严经卷》、《佛说金刚般若波罗密经》等。

隋唐五代艺术考古

隋代的绘画风格,承前启后,有"细密精致而臻丽"的特点。来自各地,集中于京城的画家,大多擅长宗教题材,也善于描写贵族生活。作为人物活动环境的山水,由于重视了比例,较好地表现出"远近山川,咫尺千里"的空间效果,山水画开始独立出来。

唐代的绘画在隋的基础上有了全面的发展,人物鞍马画取得了非凡的成就,青绿山水与水墨山水先后成熟,花鸟与走兽也作为一个独立画科引起了人们的注意,可谓异彩纷呈。唐朝的人物画的内容由取材历史故事转而把目光对准当代的重大政治事件和功臣勋将。隋唐时期敦煌莫高窟的壁画题材范围变得更加广泛,场面宏大,色彩瑰丽。无论是人物造型、风格技巧,以及设色敷彩都达到了空前的水平。

五代时,人物画的题材内容日渐宽泛,宗教神话、历史故事、文人生活等都成为描绘的主题。画家多注重人物神情和心理的描写,传神写照的能力又有提高。在技法风格上则向两大方向发展:工笔设色的一路用笔更加

139

细劲多变,赋色也变得鲜丽起来,色调比唐代有所丰富;水墨一路除了超变形发展以外,还出现了水墨大写意的画法。

山水画在此时的变化是最大的,从选材到技法,都有了一个飞跃,山水被作为生息的环境加以描绘。五代的花鸟画也出现了两大阵营,以西蜀黄筌为代表的一派,被称为"黄家富贵",因为他们多描绘宫廷苑囿中的珍禽奇花,画法精细,以轻色渲染而成;而江南的徐熙所代表的一派,则多取材于水鸟野卉,画法多用墨笔,色彩极少,相对黄筌一派的风格,这一派被称做"徐家野逸",这种现象也被称为"徐黄异体"。

隋朝的楷书在整体上已经逐渐趋于平正、规整,并且显示出融合南朝和北朝不同书风的气象。智永是隋朝书法的代表人物,他的书法对初唐四家之一的虞世南影响颇深。他的代表作《真草千字文》,不但唐朝学习书法的人很少有不拿来临摹学习,而且现在还是人们学习楷书和草书常用的范本之一。隋朝的碑刻和墓志铭以《董美人墓志》为代表,被人们认为是上承北魏、下启唐朝的作品。

唐朝擅长楷书的书法家特别多,对后世影响深远。虞世南、褚遂良、欧阳询和薛稷并称"初唐四家",都是擅写楷书的大家。颜真卿的楷书被称为"颜体",他之前的楷书风格大多以"瘦硬"为特点,而颜体则看来筋骨丰满,笔力雄健,因此他也被视为楷书的改革者、书法史上继王羲之以来最有影响力的大师。柳公权也是一位楷书大家,与颜真卿并称"颜柳";他的楷书被称为"柳体",也是最受人们喜爱的楷书字体之一。

唐朝书法的成就是多方面的,除了楷书,草书、行书、篆书也有众多书法家和作品产生。张旭和怀素,是唐朝最负盛名的两位草书大家,他们开创了草书中最挥洒如意的"狂草"。此外,李邕的行书碑刻、李阳冰的篆书碑额、孙过庭的草书《书谱》都是非常著名的作品。孙过庭的《书谱》既是一件完整的书法作品又是一部系统的书法理论著作。欧阳询的《三十六法》,主要阐述了书法的笔势和结体。颜真卿的《述张长史笔法十二意》体现了张旭书法修养的全面性,还说明了唐代书法家在理论上的继承关系。张怀瓘是当时最博学多识的书法理论家,著有《书议》、《书断》、《文字论》、《六体书论》等,尤其《书断》是书法史上最有名的理论著作之一,主要阐述了汉字各书体的发明和演变,品评了自秦汉至当时的书法家共一百二十余人。张彦远编的《法书要录》则是一部中国书法理论著作总集,辑录了中国自东汉至唐朝元和年间的书论法理著作三十多种。唐朝书法是晋朝以来的又一个高峰，因此后人多以"晋唐"并称，而后来学习书法的人也有很多先是从唐人入手，向颜、欧、褚、虞等人学习，然后上溯至晋人，直接取法"二王"。整体上，唐朝书法崇尚法度，对于后世学习书法的人而言一方面有规律和方法可以依据，另一方面对法度的过分强调又会抑制人们创造性的发挥，造成一些消极的影响。

唐三彩是一种盛行于唐代的陶器，以黄、褐、绿为基本釉色，后来人们习惯地把这类陶器称为"唐三彩"。唐三彩在唐代兴起的历史原因：首先是陶瓷业的飞速发展，以及雕塑、建筑艺术水平的不断提高，促使它们之间不断结合、不断发展，因此从人物到动物以及生活用具都能在唐三彩的器物上表现出来。

唐三彩的特点可以归纳为两个方面，首先是造型。从造型方面来讲，它的造型与一般的工艺品的造型不同，与其他时代出土的马也不同。唐三彩的造型非常丰富，一般可以分为动物、生活用具和人物三大类，而其中尤其以动物居多。出土的唐三彩，从现在分类来看主要也是分为动物、器皿和人物三类，尤其以动物居多，这个可能和当时的时代背景有关，在我国古代马是人们重要的交通工具之一，战场上需要马，农民耕田需要马，交通运输也需要马，所以唐三彩出土的马比较多，其次就是骆驼也比较多，这可能和当时中外贸易有关，骆驼是长途跋涉的交通工具之一，那么人们经商可能就是从东往西，从西往丝绸之路沿途需要骆驼作为交通工具。所以说，工匠们把它反映在工艺品上。人物一般以宫廷侍女比较多，这与当时的宫廷生活有关。

唐三彩早在唐初就输出国外，深受异国人民的喜爱。这种多色釉的陶器以它斑斓釉彩，鲜丽明亮的光泽，优美精湛的造型著称于世，唐三彩是中国古代陶器中一颗璀璨的明珠。

据考古界的挖掘，在丝绸之路、地中海沿岸和西亚的一些国家都曾经挖掘出唐三彩的器物碎片。那么这种文化流传到国外也给他们的陶瓷业带来了一定的影响，包括在日本和朝鲜。日本奈良时期曾经仿制中国的三彩制作出三彩器物，当时被称为奈良三彩，朝鲜的新罗时期也仿造中国的三彩制作过三彩的器物，叫新罗三彩。

正因为唐三彩有如此的魅力，特别是近年来，随着旅游业的进一步发展,国际、国内市场的开放,喜爱收藏唐三彩的人越来越多。

唐三彩的复制和仿制工艺在洛阳已有上百年的历史了,经过历代艺人们的研制,使"洛阳唐三彩"的工艺技巧和艺术水平达到了一定的高度,唐三彩的制作工艺也得以继承和发展。

宋金元艺术考古

宋代是中国陶瓷发展的辉煌时期,不管是在种类、样式还是在烧造工艺等方面,均位于巅峰地位。钧瓷的海棠红、玫瑰紫好似晚霞般光辉灿烂,其"窑变色釉"釉色变化如行云流水。汝窑造型最丰富,来源于生活,如宫中陈设瓷,瓷釉显得晶莹柔润,犹如一盏凝脂。翠绿晶润的"梅子青"是宋代龙泉窑中上好的青瓷。被美术家誉为"缺陷美"和"瑕疵美"的宋代辞瓷(又名冰裂、断纹)令人玩味无穷,其"油滴"、"兔毫"、"玳瑁"等结晶釉正是宋人的创举。宋代定窑的印花、耀的刻花是瓷器装饰手法的新贡献。唐、五代时期窑工们创造的越窑如冰似玉的"千峰翠色"、"秋色"和邢窑白瓷,已不能同宋瓷争高低了……

两宋是中国画院的极盛时代,在画院的组织形式上是最为完备的。在艺术教育上,无论学科与考试诸方面,都有健全的体制,它随着两宋经济的发展,取得了较大的成就,成为历代画院的典范。来自西蜀的黄筌、黄居寀、赵元长、高文进等及来自南唐的王齐翰、周文矩、厉昭庆、顾德谦等,都随其故主来到北宋,成为宋初画院的骨干。西蜀画家更是直接影响了北宋画院风格的形成。此外,中原和其他地区的画家也应募入宫,真宗时绘制玉清昭应宫壁画的画家都是应募而来。但是真正使得画院达到鼎盛局面的还是宋徽宗赵佶。

明代艺术考古

书法是唯一能够代表中国文化精神的艺术门类,因而明代的书法艺术也具有鲜明特色。明代的人物画,难与唐宋并称,也不及同代的山水和花鸟画。但明代的画家并没有放松探索,因而也涌现出几位杰出的画家和优秀作品。

明代的雕塑作品繁多,遍布全国各地,但是,由于城市工商业的发达,帝主权贵对于神祇的需求方式自宋代以来进一步简化,那种在深山远谷开凿石窟雕塑佛像的做法已日渐稀少,由于"扎纸"的流行,陶俑墓葬之风也极为罕见。因此,大型的佛事雕刻和墓葬陶俑早就远离了它们的黄金时代。随着城市寺庙的涌现,泥塑造像持续发展,也不乏精细之作,但大都流于格式化和复杂化,降低了它们的艺术价值。陵墓雕刻虽有孝陵和十三陵的石像生,但又缺少重于前史的创造性和生命力。

元明、清三代是中国瓷器发展的极盛时代,明代的瓷器无论在釉色、纹饰还是彩绘题材上都有所创新,其贡献更为突出。在釉色上,明代景德镇创出了"宣红",因在宣德年间烧造而得名,又因用作郊祭的祭品也叫"祭红"。黄釉也创始于宣德年间,与宣红并称,是明代两种杰出的釉色。还有一种珍贵的乌金釉,在黑釉中最为晶莹明亮。青釉和白釉也有新的发展。进入景泰以后,各种釉色更加流行,出现了五彩缤纷的局面。

明代瓷器的彩绘纹饰,在青花的基础上,又创造出斗彩、填彩和五彩等品种,大大丰富了瓷器的表现形式。斗彩是成化年间(1465~1487)的首创。这些彩绘方法出现以后,风行瓷业,日益精湛,并为清代彩绘的进一步发展开辟了道路。

明代的园林建筑,出现皇家和私家之分。北京城的"三海",是皇家园林的明珠;上海的"漪园"和"豫园",苏州的"拙政园"和"留园"都是私家园林的经典。它们的成就,均达到了古代园林艺术的高峰。明代的寺院佛塔星罗棋布,各领风情。北京的妙应寺白塔和正觉寺金刚宝座塔、四川的平武报恩寺、陕西的延安宝塔、山西五台山的大白塔、湖北襄阳的金刚宝座塔、山西广胜上寺的飞虹塔、西藏日喀则的扎什伦布寺、青海的塔尔寺等宗教建筑,都是享有盛誉的佳作。明十三陵是现存最为完整的帝王陵园,其中那条统一的神路更为可观,神路南端的石牌坊、规模宏大的长陵"棱恩殿",备极完善的定陵地下宫殿,都是古代陵墓建筑上的奇迹。

明初永乐十九年(1421年),成为新都的北京城,有一条和子午线重合的中轴线,其南端为永定门,北向依次排列着正阳门、大明门(已拆除)、天安门、端门、午门、"三大殿"、"后三殿"、神武门、地安门、鼓楼和钟楼。正阳门和永定门之间通称前门大街,天坛就坐落在这条大街中段的东侧。

天坛始建于永乐十八年(1420年),原称天地坛,建有大祀殿,是明代帝王祭祀天地的地方。嘉靖九年(1530年)为了分祀天地,特建成祭天的圆坛,即现在的圜丘。嘉靖十九年又在原大祀殿的位置建筑大亨殿,即现在的祈年殿,专作祈谷行礼之用。至此,天坛的规模得以形成。

清朝艺术考古

故宫,原称"紫禁城",是北京城中的宫城,即皇帝日常进行政务活动、行使权力和居寝、游乐与奉神的场所。故宫的平面图呈矩形,南北深 961 米,东西宽 753 米,内有近千座大小宫殿,分为若干庞大的组群。

雍和宫,康熙三十三年(1694 年)创建。它原是清世宗胤禛的府第。里面豪华的居室厅堂、清丽的亭台楼阁和繁茂的园林花草应有尽有。1722 年康熙病故,世宗雍正继位,不久改称为现名。1735 年停放胤禛的灵柩和影像,同时易名为神御殿,从此成为清帝供奉祖先的影堂。到了乾隆九年则完全改作喇嘛寺院。

颐和园,它正式兴建于康熙四十一年(1702 年),建成后作为皇帝的行宫。但在此之前即是风景秀丽之地。乾隆十五年(1750)起,再兴土木,大加修饰,竣工后称清漪园。园的北部是万寿山,集中了大部分建筑物,山之南是巨大的湖泊,称为昆明湖。全园面积 3.4 平方公里,各种宫殿和园林景观 3000 多处。

河北承德避暑山庄,从康熙四十二年(1703 年)动工起,到乾隆五十五年(1790 年)建成,历时 87 年,总面积 564 万平方米,围墙周长 10 公里。布局分为两部分,即宫殿区与风景区。前者是皇帝日常起居和处理政务之所,宫殿豪华而幽雅。风景区又分湖泊区、平原区和山区。湖泊区以水景取胜,亭台楼阁仿照苏杭风格。平原区东有树林,西有绿茵,一派草原景象,供野宴、赛马等用。山区起伏,度势而建,也有众多房舍,各有特色。整座山庄布局巧妙,实用而富有艺术感。

圆明园位于北京西北郊海淀区东部,占地 5200 亩,与清漪园(颐和园)等同是清代大型园林。一般认为它始建于康熙四十八年(1709 年),但该地早在明代就已经有著名景点。乾隆在位时六下江南,回京后命人在圆明园内一一仿造所见过的美景,并于乾隆九年(1744 年)重修完毕。其后又在其侧补建了两个附园,即长春园与绮春园,分别在乾隆十六年(1751年)和三十七年(1772 年)竣工,并与圆明园合称为"圆明三园"。其中共有风景区 100 多处,宫殿、祠庙、楼阁、宝塔、回廊、曲桥数百座,设计精巧,美丽绝伦。第二次鸦片战争中,英法侵略者对这些与欧洲有密切联系的建筑物也疯狂洗劫。1860 年 10 月 18 日更入园纵火,使之化为瓦砾。

清代的工艺美术,特别是在康熙至乾隆年间,呈现出一派繁荣景象。

丝织方面,江苏、浙江、广东、湖南、江西和四川等省都有较大的工场,南京、苏州和杭州是最重要的中心,产品多为富有艺术性的实用锦、缎。以江苏织造局的产品为例,织出的纹样丰富生动,大多象征喜庆福寿,龙凤、翎毛、人物、花卉、云纹等各有特色,并题以"四季丰登"、"万民安乐"、"五福寿"、"六合同春"等祝词,反映了国泰民安和祈愿福乐的理想。刺绣在清代主要有苏绣(苏州为中心)、粤绣(以广州为中心)、蜀绣(以成都为中心)、湘绣(以长沙为中心)、京绣(以北京为中心)等,各有地方特色。

瓷器方面,当时官窑对造型和色彩的要求特别高,留下了大批著名的作品于后世,如顺治时的《青花天女散花纹碗》、康熙时的《青花松竹梅纹茶壶》和《五彩人物故事纹盘》、雍正时的《珐琅彩雉鸡牡丹纹碗》和《粉彩人物故事图笔筒》、乾隆时的《青花海水九桃纹龙耳瓶》和《粉彩镂空转心瓶》及嘉庆时的《粉彩石榴纹瓶》等。

清代的家具在造型和结构上虽然继承了明代的传统,但由于宫廷、贵族和富商家居的摆设日趋豪华,促使它朝繁复和精细方面进一步发展。高级家具实际上是多种工艺美术成就的综合体现。例如设计思想上强调装饰功能,喜用曲线,繁缛堆砌,雕镂甚多,反映了雕刻艺术的功力。由于髹漆技术的发展,使家具的色彩显得有的特别典雅,有的特别华美,适应了不同环境和不同品种的需要。家具的基本材料除木质以外,兼有用竹、藤和石料等,并镶嵌金属、象牙和宝石等。

第六章 考古拾趣

古代火箭

有人认为火箭是印度人发明的。在公元前 300 年的印度史诗《罗摩衍那》中出现了两个单词"vaila"和"bana",根据书中某些段落的描述,"vana"和"bana"是一种靠火焰推进的武器,被翻译成"火炮"、"火枪"。如果"vana"和"bana"的确指的是一种"火炮"或"火枪",那么,印度早在公元前300 年便发明了"火箭"。

另一种说法是,火箭起源于中亚。据史料记载,东罗马帝国或拜占庭帝国在 6 世纪的时候就已经使用了"希腊火"(靠燃料推进的火箭)。而宋代史书中也有记载,说火箭在隋唐以后自西域传入了中国。

最后一种说法是,火箭的发明国是中国,这种说法看起来更具说服力。因为中国是火药的发明国,因而只有中国最具备制造火箭的技术前提。

但是中国人究竟是在何时发明了火箭? 对于这一点大家也是众说纷纭。有人认为《宋史》中记载的公元 969 年左右冯继开使用的武器便是火箭;还有人认为《金史》中记载的一种能将火射出十余步远又能自身升起的飞火枪才是中国发明的火箭。中国古代火箭有箭头、箭杆、箭羽和火药筒四大部分组成。火药筒外壳用竹筒或硬纸筒制作,里面填充火药,筒上端封闭,下端开口,筒侧小孔引出导火线。点火后,火药在筒中燃烧,产生大量气体,高速向后喷射,从而产生向前的推力。其实这就是现代火箭的雏形;火药筒相当于现代火箭的推进系统。锋利的箭头具有穿透人体的杀伤力。尾端安装的箭羽在飞行中起稳定作用,相当于现代火箭的稳定系统。而箭杆相当于现代火箭的箭体结构。中国古代火箭外形图,最早记载于公元 1621 年茅元仪编著的《武备志》中。

关于到底是哪个国家最早发明了火箭,学者们争论不休,迄今为止仍还是一个让人无法猜出的谜。

算盘起源

算盘是在什么时候开始出现的呢?从清代起,就有许多算学家对这一问题进行了研究,然而,算盘的起源问题直至今天仍是众说纷纭,莫衷一是,归纳起来,主要有三种说法。

一是清代数学家梅启照等人主张的东汉、南北朝说。其依据是,东汉数学家徐岳写过一部《数术记遗》,其中著录了14种算法,第十三种即称"珠算",里面的文字,被认为是最早关于珠算的记载。但是一些学者却认为,此书描写的珠算,充其量不过是一种记数工具或者只能做加减法的简单算板,与后来出现的珠算,不能同日而语。

二是清代学者钱大昕等人主张的元明说,即算盘出现在元朝中叶,到元末明初已普遍使用。宋末元初人刘因的《静穆先生文集》中有一首以《算盘》为题的五言绝句:"不作翁商舞,休停饼氏歌。执筹仍蔽簏,辛苦欲如何。"这可算是算盘在元代出现的明证。至于明朝,永乐年间编的《鲁班木经》中,已有制造算盘的规格、尺寸,还出现了徐心鲁《算珠算法》、程大位《直指算法统宗》等介绍珠算用法的著作,因此算盘在明代已被广泛使用,这是毫无疑问的了。

随着新史料的发现,又形成了算盘起源于唐朝、流行于宋朝的第三说。其依据有三点:

一、宋代名画《清明上河图》中,画有一家药铺,其正面柜台上赫然放有一架算盘,经中日两国珠算专家将画面摄影放大,确认画中之物是与现代使用的算盘形制类似的串档算盘。

二、1921年在河北巨鹿县曾挖掘到一颗出于宋人故宅的木制算盘珠,已被水土淹没800年,但仍可见其为鼓形。中间有孔,与现代算珠毫无两样。

三、刘因是宋末元初人,他的《算盘》诗,与其说是描写元代的事物,还不如说是宋代事物的反映更为确切。

此外,宋代的算盘从形制看已较成熟,没有新生事物常有的那种笨拙或粗糙。因此,较多的算学家认为,算盘的诞生还可上推到唐代。因为宋以前的五代十国时期战乱不断,科技文化的发展较为滞缓,算盘诞生于此时的可能性较小。

而唐代是中国历史上的盛世,经济文化都较发达,需要有新的计算工

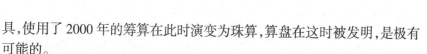

具,使用了 2000 年的筹算在此时演变为珠算,算盘在这时被发明,是极有可能的。

算盘是中华民族宝贵的文化遗产,有关它的起源却争论了上百年,至今仍然无法统一。

玻璃入中国

据史料记载,最早制造玻璃的民族是埃及人,据说在上古以前,埃及人采用苏打作溶剂的方法从沙中提金,偶尔发现了制造玻璃的方法。那时埃及人制造玻璃的原料是一种含有钠和钙的硅酸盐类的自然物,通常取之于苏打和石灰石,比现代玻璃含有更多的铁和铝的氧化物,以及氧化锰和碱,另外还常有少许的镁。埃及人最早制造的玻璃器皿是乳色玻璃,它是用埃及被称为雪花石膏的方解石精制而成,具有乳白色的半透明性质,到了公元前 1580 年至公元前 1314 年的埃及十八王朝时期,埃及人就能制造出各种透明和半透明的玻璃器皿和珠子了。有学者认为,玻璃传入中国是在公元前 1001 年至公元前 947 年的周穆王时期。《史记》中记载周穆王使用的夜光杯就是玻璃制造的,这种夜光杯应该是由西北少数民族进献的。在公元前五六世纪的长沙楚墓中,出土了埃及的蜻蜓眼式玻璃珠。大概在公元前 2 世纪,中国已经有与印度的有关玻璃制造技术的交流了,那时候广州一带还有玻璃制造业出现,但也有人认为玻璃进入中国的时间要晚得多,个别人认为有可能早在公元前 6 世纪,但大量输入则在公元前 2 世纪左右。

如果说在埃及玻璃何时传入这一问题上尚难达到比较一致的结论,那么在由此引出的埃及玻璃制造技术何时传来这一问题,同样存在着相异的见解,一种长久流传的说法认为是在 5 世纪上半叶由大月氏输入中国,持这一说法的人认为,《魏书》卷《大月氏传》曾经记载,在北魏太武帝时,有个自称"能铸石为五色玻璃"的大月氏商人来到北魏首都平城(山西大同),在那里烧炼玻璃,获得了光泽胜过西方玻璃的成绩,并建造了一座可容百人的玻璃宫,由于大月氏玻璃工匠传授了制造五色玻璃的技术,使得当时的中国北方有能力成批生产彩色玻璃,这个精通玻璃制造法并贩运玻璃制品的大月氏商人,正好来自亚洲南部的玻璃制造中心塔克希拉,那里由于素来与古埃及的玻璃制造业交流技术,一直在玻璃制造方面处于先进地位。

　　与此不同的另一种见解是,还在 3 世纪时,我国南方与非洲有直接交通的广州沿海一带已首先从埃及引进了先进的玻璃制造技术。东晋著名的炼丹术家葛洪在《抱朴子·内篇》中已提到了仿造埃及玻璃碗,使玻璃制品进入日用器皿领域。交、广两州的设置在 3 世纪初,三国孙吴统治交州,公元 225 年始分交州为交、广二州,从这以后,两地便开始有仿造埃及水晶碗的工场了。两州与埃及之间的贸易十分频繁,很早就接触到埃及透明玻璃的制作技术,因而很快便研究出埃及玻璃之所以比其他地区的制品精巧,首先取决于五种成分的配制。这五种成分就是硅土、苏打、石灰、镁和氧化铝,都要有一定的配制比例。这与现代科学对埃及古玻璃的鉴定结果是相一致的。埃及玻璃碗由于它的耐高温性能,比中国玻璃碗更能适应骤冷骤热的要求,因而在当时具有更多的实用价值。广州玻璃制作业通过吸收先进的埃及工艺,便能按照埃及玻璃的配方,制造出本国生产的单色或多色透明玻璃碗。这一创举,使中国南方的玻璃制造业大步向前推进,远远超过了北方黄河流域的传统玻璃制造业。不过这种制造工艺上的突破和创新,受到了地理上和行业上的严重局限,埃及水晶玻璃制作技术传入广州以后,因销路不广而很快失传了。直到 18 世纪乾隆年间才再次由欧洲天主教士传入宫廷。

　　由此看来, 在古埃及玻璃及其制作工艺何时传入中国问题上要达成比较一致的结论, 还有待于考古发掘的新发现及科学研究的进一步努力。

面具起源

　　面具作为世界上古老民族共生的文化现象,有着悠久的历史。中国少数民族面具有着丰富的种类和鲜明的特色。随着时代的发展,面具原有的鬼神崇拜、宗教迷信内涵逐渐淡化,而其艺术性、娱乐性的审美价值却日益增强,已成为一种文化而受到人们的喜爱。头戴模样多姿的面具,装扮成各种形象,进行一定的表演,曾一度是中国传统喜庆典礼活动中普遍流行的习俗现象。今天,逢年过节,我们还可以看到戴面具活动的遗风,面具游戏,仍是民间喜闻乐见的一种民俗娱乐活动。然而,趣味盎然的面具是何时产生的?它又是从何而来的呢?

　　一种观点认为，面具出自南北朝时期的军人之手，为威慑敌人而制作。据说北齐兰陵王虽为武将，却长了个小白脸，打仗时，担心容貌缺少勇猛的武将风度，气势上不足以威慑敌人，不得不做面具戴上，这段历史被搬上舞台时，面具也就进入了戏剧。

　　上述见解，遭到了近代一些学者的挑战。他们认为，戴面具的习俗，至少在周代就已经出现，不过，当时不是娱乐，而是一种驱鬼逐疫的民俗活动。

　　王国维认为："面具之兴古矣，周官方相氏掌蒙熊皮，黄金四目，玄衣朱裳执戈扬盾，似已为面具之始。"

　　相传古时候有一种叫方良的精怪，专门食人脑，特别是死人脑。这在祈求死人灵魂回归的古人眼中，却是十恶不赦的魔鬼，如何驱除它们呢？

　　人貌不足威，古人就想法把自己打扮成凶狠可怕的形象，掌上套了猛兽熊皮，头上戴了四个眼的金属面具，身披花花绿绿的衣服，手拿武器盾牌，俨然也是一个凶神恶煞，以吓唬方良这些魔鬼，使其恐惧逃匿。

　　可见，远在古时，面具已出现在人们生活中，至汉代已大量用于娱乐。我们知道1936年国立中央研究院在河南安阳殷墟发掘古物，既掘到了一些铜面具、铜兜鍪等考古实物，也证明了面具的起源甚早。

　　但是，面具的源头究竟在哪里？这还是一个有趣而有待进一步研究的问题。

奥林匹克的起源

　　奥运会的全称是"奥林匹克运动会"，"奥林匹克"一词源于希腊的地名"奥林匹亚"。奥林匹亚位于雅典城西南360公里的阿菲斯河山谷，这里风景如画，气候宜人。古希腊人在这里建起了许多神殿，因此，古人把这块土地叫做阿尔菲斯神城，也称"圣地"奥林匹亚，依当时的信念，它象征着和平和友谊。

　　第一届现代奥林匹克运动会于1896年在希腊雅典举办，但最早的奥林匹克运动会却是起源于古希腊的奥林匹亚，赛会在公元前6世纪时达到鼎盛，公元前82年开始衰落，至公元391年完全停止。关于它的来源，目前有如下几种传说。

　　第一个故事是说，第一届奥林匹克竞赛开始于公元前776年，起源于一场事关爱情和王位的争斗。波沙国的国王艾诺麦,只有一个女儿基皮达米娅,父王为给她挑选一位文武双全的佳婿,诏令应选青年必须和自己比赛战车。公主的恋人皮罗西获胜,因此他在奥林匹亚举行了盛大的典礼,有战车、角力等运动竞技,由此就创立了古代奥运会。

第二个故事说,希腊的大力士赫拉克利斯击败了其他诸神以后,便在奥林匹亚举行体育比赛,以祭奠他的父亲宙斯神,由此形成了古代奥运会。

第三个故事说,赫拉克利斯与他的兄弟们因发生争吵,而在奥林匹亚山下比武较量,由此逐渐发展为古代运动会。

还有一个传说是,有一个叫克库洛希的英雄打败了伊利伊王奥格亚史。为了庆祝这次胜利,他在奥林匹亚这个地方举行赛跑会,距离为600英尺,优胜者被戴上一项用橄榄枝编织的桂冠,以示奖励。这则神话故事就把古代奥运会说成是由克库洛希创办和开始的。

关于神的传说固然不足深信,但关于奥林匹克起源的真正原因,却也不得而知。

现代首届夏季奥运会于1896年4月6日在雅典开幕,开幕典礼中,演奏了一曲庄严的古典弦乐,1958年国际奥委会将它定为奥运会会歌,会歌作曲者为希腊萨马拉斯,作词者为帕拉马斯。1913年,法国顾拜旦建议设国际奥委会会旗,并设计为白底,无边,中央从左至右有蓝、黄、黑、绿、红5个套连圈环,依次代表欧、亚、非、澳、美5洲,白底意指所有国家都能在自己旗帜下参赛。1914年7月,奥林匹克大会首次悬挂奥林匹克旗。

1920年,举办第5届夏季奥运会的比利时奥委会赠送国际奥委会一面同样的旗,奥运会期间悬挂,后成定制,历届奥运会开幕由上届举办城市转交此旗,由举办城市保存,比赛期间主运动场仅悬挂借用品,1952年,奥斯陆市赠送给国际奥委会冬季奥运会旗, 交接、保存和使用方法同夏季奥运会。1970年,国际奥委会在《奥林匹克评议》第4期上对会旗赋予新含义:它象征5大洲团结,运动员以公正、坦率的竞赛和友好的精神在奥运会上相见。1934年,国际奥委会雅典会议决定恢复古奥运会旧制,奥运会期间主体育场燃烧奥林匹克圣火,圣火火种取自奥林匹亚的赫拉神庙,采用火炬接力方式传到主办国,在此之前1928年的第9届奥运会在荷兰的阿姆斯特丹市的主体育场上自始至终有一高塔燃着熊熊的焰火。火种用聚光镜集阳光点燃而成,然后通过接力传送经 4 个国家至东道国主办地,这是奥运会首次举行这种活动。1936 年 7 月 20 日,奥林匹亚为第 11 届夏季奥运会举行点火仪式后每人手持火炬跑 1 公里的接力,经保加利亚、南斯拉夫、匈牙利、奥地利、捷克斯洛伐克,8 月 1 日传到柏林,全程 3075 公里,参加接力的共有 3075 人,从这届起,国际奥委会正式规定点燃奥林匹克火焰是每届奥运会开幕式不可缺少的仪式,此外,点燃圣火是为了纪念第一次世界大战中牺牲的战士,而火炬传送则象征着在世界各地传播和平和友谊。

皮埃尔·德·顾拜旦是现代奥运会的奠基人。他出生于巴黎贵族家庭,中学毕业后入巴黎大学攻读法律、政治,后又去英国深造,学教育学。当时英国的户外体育对顾拜旦震动很大, 他立志回去要改变法国对体育的漠不关心,他更向往的是扩大世界的体育交流。1863 年,顾拜旦提出举办类似古奥运会的比赛,但不是照搬,而是把过去只限于希腊人参加的古奥运会扩大到世界范围,尽管顾拜旦的主张遭到一些反对派的反对,但在他不懈的努力下,1894 年 6 月 16 日终于有 20 个国家派代表在法国巴黎大学召开了第一届"重建国际奥林匹克运动会的国际会议"。6 月 23 日晚,委员会正式宣布成立国际奥林匹克委员会, 这一天,对世界体育运动的发展,对奥林匹克运动都具有划时代的意义。不少国家把这一天作为体育节日,中国也于 1986 年将这天定为奥林匹克日。

红十字会的标志

国际红十字会和中国红十字会的红十字标志是否与宗教的十字架有关系?对这个问题,历来是有争议的。

有的学者认为红十字会的红十字标志, 是由古代流行于中东和欧洲的十字形木架演变来的。1985 年 8 月 25 日《文摘报》公布了一篇资料,标题是《十字架的由来与发展》,这篇资料十分明确地指出红十字会的红十字标志是从最早流行于古代中东和欧洲处罚逃跑或敢于反抗的奴隶的十字形木架逐渐演变过来的。

《福建日报》1985 年 12 月 24 日一篇题为《话说十字架》的文章,也指出了红十字会的红十字标志起源于罗马帝国的刑具。《话说十字架》说:"这样,十字架由刑具逐渐演变为基督教的标志,后又成为伤兵救护的徽号,代表了人道主义与中立。今天,它也成了医疗救护事业的标志。"照此说来,红十字会的红十字标志与宗教的十字架确有关系了。但另一种说法是红十字会的红十字标志与宗教的十字架没有关系。1986年1月份的《中国红十字》刊物和同年同月的《福州晚报》均载文指出了红十字会的红十字标志与宗教的十字架没关系。根据是《关于改善战地武装部队伤者病者境遇之日内瓦公约》第三十八条规定:"为对瑞士表示敬意,白底红十字旗样,系将其联邦国旗翻转而成者。"这确是充分证明红十字旗并非起源于宗教的十字架。

但是,不光瑞士,世界上许多国家的国旗中,也有包含这种十字架图案的。

至于瑞士国旗中的十字图案是否取自宗教的十字架,不得而知。如果不是,那自然证明红十字会的红十字标志与宗教十字架无关;如果是,或者没有证据证明不是,那么红十字标志还是间接地起源于宗教的十字架。

因此说,红十字会的红十字标志到底与宗教的十字架有没有关系,仍需学术界深入探讨。

中国最早的铁路

1865年,一个名叫杜兰德的英国资本家,在北京宣武门外修筑了一条长仅500米的铁路,试行小火车,这是中国最早的一条铁路。

也有人认为1876年英商怡和洋行在上海修建的淞沪铁路才是中国历史上的第一条铁路。这段铁路全长30千米,运行正常,搭客载货,但后来由于出现了重大伤亡事故,被清政府拆毁。

还有人认为,唐山至胥各庄铁路才是中国人自己修筑并加以实际应用的第一条铁路。该铁路从1880年起修筑,到1881年6月建成,全长11千米。其后不断修筑,到1894年已延伸至山海关,全长近200千米。

荷马史诗

约在公元前11～前6世纪之间,古希腊产生了两部伟大的史诗:《伊利亚特》和《奥德赛》。其中《伊利亚特》描述的就是著名的特洛伊战争的故事。一般人认为,对这两部史诗进行整理和加工的作者为公元前8世纪的荷马,他是一个到处演唱的盲人歌手。因此,后人把这两部史诗统称为荷马史诗。

　　尽管荷马所描绘的特洛伊古城已被考古学家所发掘，其真实性已不容怀疑，但是对于荷马本人有无，以及两部史诗的形成，仍然没有公认的结论。

　　公元前7(或6)世纪留下来的一首古诗曾经有过这样的记载："(荷马是)住在契奥斯岛(爱琴海中一个岛)的一个盲人。"可是这种说法无法考证，所以近3000年来，一直受到文学界的怀疑。在两部史诗中，有关荷马生平事迹的线索也少得可怜。

　　而关于荷马史诗的形成，目前有三种说法：

一、短歌说

　　德国学者沃尔夫指出：史诗从公元前10世纪左右开始形成，经过了几个世纪的口头相传，直至公元前6世纪，才正式用文字记录下来。两部史诗分成若干部分，每一部分都曾作为独立的诗篇由歌手们演唱。因此，《伊利亚特》和《奥德赛》这两部史诗最终写成时，当是许多歌手的集体创作，是一大批短歌的缀辑。

二、统一说

　　德国学者尼奇认为，荷马是真实存在的一个吟唱诗人，史诗有统一的艺术结构和艺术风格，他认为，荷马史诗中极微小的矛盾不足以证明两部史诗是由几个人参与创作的。

三、基本核心说

　　这种说法认为，两部史诗既不是一连串的各自分开的民间诗歌的汇编，也不是出于一位大诗人的手笔，而是在漫长的流传过程中，由许多民间诗人对它不断地进行增删、修饰，最后似应由一位大诗人，比如说荷马，进行加工整理而成。

法老咒语

　　在古埃及法老图坦卡蒙的陵墓上镌刻着这样一行墓志铭："不论是谁骚扰了法老的安宁，死神之翼都会在他头上降临。"人们曾经以为，把这种咒语刻在墓道上,不过是想吓唬那些盗墓者,使法老和墓中的财宝免遭劫难。随着近代考古学的兴起,众多西方学者和探险家前来埃及发掘古迹,他们也没有把这当回事。然而一个多世纪以来连续发生的情况,却使那些胆大妄为的人们不得不在咒语面前感到畏惧:进入法老墓宝的人,无论是探险家、盗墓者还是,绝大多数不久便染上不治之症或因意外事故,莫名其妙地死去。人们不得不怀疑:这是法老的咒语显灵了。

1922 年 11 月 26 日下午,在英国考古工作者卡特的主持下,图坦卡蒙的墓穴被打开,工程资助人卡纳冯勋爵陪同在一旁。后来的 1923 年 3 月,卡纳冯勋爵被毒蚊叮伤,两个月后逝世。到 1935 年为止,与图坦卡蒙陵墓发掘工作直接或者间接相关的 21 名人员先后死于非命,这些人中包括主要发掘人卡特的助手、秘书及其家属等。

此时,英国各大报刊均报道称这些人死于"法老的咒语",就连赫赫有名的侦探小说家《福尔摩斯》的作者柯南·道尔也不例外。但也有人自始至终都不相信所谓的咒语,他就是主持打开陵墓的卡特本人。

一直以来,考古界曾有人推测法老陵墓中可能存在着一种有害病菌,能够导致人呼吸道发炎并窒息而死。德国微生物学家克拉默就在木乃伊身上发现了足以致命的细菌孢子,它在木乃伊身上可以寄居繁殖长达数个世纪之久。

另外,古埃及考古学的权威哈瓦斯博士经过检测发现,尼罗河谷诸法老陵墓的石灰墙内普遍充满了一种叫做氡的有害气体,而医学专家早有定论,氡气可以致癌,这也许正是导致部分考古人员患病的诱因。

印第安人的祖先

印第安人又称美洲原住民,是除爱斯基摩人外的所有美洲土著居民的总称。印第安人即美洲土著居民。此人种分布于南北美洲各国,属蒙古人种美洲支系。使用印第安语,包括十几个语族,至今没有公认的语言分类。印第安人是拉丁美洲的最早的居民。他们之所以被称为"印第安人",主要是因为当年哥伦布等探险者,以为他们到达的"新陆地"是印度,称当地居民为印第安人。在美洲从来没有找到过类人猿、直立猿的化石。这就证明,印第安人是从其他地方迁移而来的。那么又会是什么种族或部落,通过什么路线迁入美洲的呢?研究者认为,印第安人的祖先可能是在大约

2万年前从亚洲渡过白令海峡到达美洲的，或者是通过冰封的海峡陆桥过去的。他们与亚洲同时代的人有某些相同的文化特色，例如用火、驯犬及某些特殊仪式与医疗方法等。

近来越来越多的证据表明，美洲印第安人的祖先是古代的中国人。有个故事是这样说的：公元前1066年，周武王伐纣，殷商国灭亡，周朝建立。但是，武王死后，立商帝纣之子武庚谋反，周公东征，武庚战死，殷国贵族们眼见复国无望，纷纷出逃，他们逃亡的最终地点就是美洲。

有科学研究表明，中国人和印第安人有着某种血缘关系。印第安人的面貌与中国人极其相似。而且，在印第安人的语言中，不少词汇与汉语相同或相似。

此外，印第安人也有着与中国类似的洪水故事；有与中国的甲骨文相近的文字；其出土的半人半虎石像和商代雕刻的虎首、人身、虎爪明显地一脉相承；有相同的草药和骨针治病方式；有相同的七孔笛子和五声音阶；有相似的饕餮纹饰和"四合院"式的建筑等等。

这一切，都证明印第安人和古代中国似乎确实有着某种联系。

匈奴后裔

匈奴是中国古代活跃于蒙古高原的一个少数民族。到秦汉时其势力发展的很强盛。匈奴人是骑在马背上的民族，匈奴的骑兵擅长使用长矛和弓箭作战。为了找到新的适合放牧的草原，匈奴人带着家眷和大量的马匹牲口开始了迁徙。匈奴军队有着强大的力量和严明的纪律，他们以不可阻挡之势扫清了西迁路上的所有障碍。当地的民族为了躲避恐怖的敌人而不得不离开自己的家园，从而掀起了一阵巨大的迁徙浪潮。这一连锁反应由君士坦丁堡和东罗马帝国一直延伸到多瑙河和莱茵河流域，最终在公元476年淹没了西罗马帝国。但在中国东汉王朝时，匈奴不断受到打击，公元48年分裂为南北两部，南匈奴与汉民族逐渐融合，北匈奴则不断西迁，此后史书中不再提及。到了公元4世纪，这个民族再次出现在里海北岸的顿河草原游牧。

公元375年，匈奴人开始在多瑙河沿岸建立国家，他们进占匈牙利草原后，就在那里暂时定居下来。公元454年，匈奴人被东哥特人、吉皮底人打败，匈奴帝国就此瓦解。

中国人描绘的匈奴肖像上的特征，我们在他们的继承者突厥人和蒙古人身上也可以看到。威格尔概括道："他们的身材矮而粗壮，头大而圆，阔脸，颧骨高，鼻翼宽，上胡须浓密，而领下仅有一小撮硬须，长长的耳垂上穿着孔，佩戴着一只耳环。头部除了头顶上留着一束头发外，其余部分都剃光。厚厚的眉毛，杏眼，目光炯炯有神。身穿长及小腿的、两边开衩的宽松长袍，腰上系有腰带，腰带两端都垂在前面，由于寒冷，袖子在手腕处收紧。一条短毛皮围在肩上，头戴皮帽。鞋是皮制的，宽大的裤子用一条皮带在踝部捆扎紧。弓箭袋系在腰带上，垂在左腿的前面，箭筒也系在腰带上横吊在腰背部，箭头朝着右边。"

上述服装的一些细部，特别是裹齐踝部的裤子，对匈奴人与斯基泰人来说都是共同的。有许多习惯也是相同的：如葬礼上的牺牲。匈奴和斯基泰人都是在酋长（或首领）的墓上，割开其妻子及随从们的喉咙，至于匈奴人，其人数达到上百或者上千。希罗多德记载，斯基泰人将敌人的头盖骨在沿眉毛平处锯开，在外面用皮套蒙上，里面嵌上金片，作为饮器使用。《前汉书》证实了匈奴人中有同样的习惯。这一习惯特别是从老上单于用月氏王的头盖骨来饮酒的例子中可以看到。确实，匈奴和斯基泰人都是把头看作战利品的。希罗多德曾提到斯基泰人在战利品中展示他们砍下的敌人的头颅以及挂在马缰绳上的头皮，以示夸耀。

在匈奴的后裔，即公元第6世纪的突厥人中，一个战士坟墩上的石头，其数目是与他一生中所杀敌人的数目成比例。斯基泰人用敌人的血酒在插在一个小土堆上的神圣的短弯刀上，以及喝一杯被他杀死的第一个敌人的血。匈奴人在订盟约时，要用人头盖骨制成的容器喝血。在悼念死者时，斯基泰人和匈奴人用小刀把脸划破，"让血和泪一起流出来"。这种嗜血性的风俗也同样盛行于印欧种和突厥—蒙古种的游牧民中。

从史书中似乎找到了匈人即北匈奴的证据。关于匈人灭阿兰国，是匈人首次出现在欧洲历史典籍中，但这次战役在中国典籍中也有记录。《北史》中说："粟特国，在葱岭之西，古之奄蔡，一名温那沙，居于大泽，在康居西北，去代一万六千里。先是，匈奴杀其王而有其国，至王忽倪，已三世矣。"但粟特国并不是奄蔡，也不符合"居于大泽，在康居西北，去代一万六千里"的条件，奄蔡却符合，关于奄蔡，《后汉书》中说："奄蔡国，改名阿兰聊国，居地城，属康居。土气温和，多桢松、白草。民俗衣服与康居同"。

《三国志》为："又有奄蔡国一名阿兰,皆与康居同俗。西与大秦东南与康居接。其国多名貂,畜牧逐水草,临大泽,故时羁属康居,今不属也。"在中国古书中,"大秦"即为罗马帝国。《史记》为："奄蔡在康居西北方两千里,行国,与康居大同俗,控弦者十余万。临大泽,无崖,盖乃北海云。"《北史》中那段记录的是该国遣使节到北魏。匈奴灭其国的"已三世矣"即75年,而遣使节到北魏为西元445年,正好为西元370年左右,与欧洲记录一致。另外,有少量的匈奴邦彻底消失在异国,在东、西罗马帝国军队服役的匈奴军人不少,大多驻扎在北叙利亚、北非洲与南英格兰地区,有几个匈奴邦随西哥特人进入法国与西班牙,有一个匈奴部落随东哥特人进入意大利。有的学者认为匈牙利人和古代匈奴人的语言、习俗、形貌等有着惊人的相似之处,他们据此认为匈牙利人就是匈奴人的后裔。但也有人提出了不同的看法,他们认为匈牙利人是由古代斯拉夫各族与来自东欧的草原部落马扎尔人、匈奴人、阿瓦尔人经过长期融合形成的。哪种说法是正确的,还有待于学者们继续考证。

波利尼西亚人来自何方

太平洋上的诸多岛屿被分成三大岛群,即密克罗尼西亚、美拉尼西亚和波利尼西亚。早在轮船自由航行于大洋之前,这些岛屿上就有土著民族居住了。由于岛屿上没有发现远古人类生存或活动的痕迹。所以认为波利尼西亚人的祖先是从其他地方迁移过来的。

那么,波利尼西亚人的祖先来自何方?人们争论了数百年之久,主要有两种不同的说法。一种说法认为来自西方,另一种说法认为来自东方。两种说法都有一定道理。

从地理位置上看,波利尼西亚群岛与其西面的密克罗尼西亚、美拉尼西亚两大群岛相毗邻,而它与东面的美洲大陆之间相隔着辽阔的海域。

从语言上看,波利尼西亚人的语言与其两面两大群岛有密切关系。这三大群岛的语言同属一个语种,即马来—波利尼西亚语种。这一语种包括的范围,西起非洲东部的马达加斯加岛,东至复活节岛的广大地理空间。另外,波利尼西亚的一些主要家畜和栽培作物,与东南亚地区相近。

这些事实长期以来使一些人类学家认为,波利尼西亚人的祖先是从两部迁移来的。

但是,另一方面,波利尼西亚人与其西面两大群岛的土著居民也有很多不同之处,而与其东面美洲大陆的印第安人却有很多相似之处。例如,在体形上,密克罗尼西亚人和美拉尼西亚人都身材矮小,而波利尼西亚人则相对要魁伟些,这与印第安人更为相近。

在血型上,波利尼西亚人和美洲印第安人都缺少 B 型和 AB 型血型。另外,人们还发现,波利尼西亚人的神话传说和传统习惯中,也有若干与印第安人相似之处。因此,有一些人类学家认为,波利尼西亚人的祖先是从东面的美洲迁来的。

波利尼西亚人是如何迁移来的,也是一个谜。在古代,乘木帆船从太平洋西侧逆着洋流向东长久航行,跨越太平洋上的海流,几乎是不可能的事。

泰诺人

1492 年,哥伦布的船队到达加勒比海的多米尼加海岸时,曾有一个自称为"泰诺人"(意为"崇高者")的民族,他们最先接待了这批登上新大陆的西班牙人,不但送给他们礼物,而且给他们念神秘的咒语。

据资料记载,泰诺人的文明曾一度繁荣在加勒比海,人口多达数百万。泰诺人相信神灵保佑,这个爱好占卜的民族,如今只剩下碎陶片了,"泰诺人"作为一个民族的一支突然消失了。多少年来,泰诺人的消失始终是一个谜。是因为神灵的抛弃吗?是奴役、疾病或者饥荒导致了泰诺人的消失吗?我们不得而知。

考古工作者在多米尼加东南端的东方国家公园入口"阿列塔"洞穴中,找到了很多泰诺人投于其中的工艺品。他们认为,"阿列塔"就是泰诺人的祭井,两千多年前,生活在美洲的玛雅人相信井里有万能的神灵,为了祈求平安,他们往往把黄金、首饰等贵重物品,以及动物甚至少女作为祭品投入井中。也许这种宗教信仰也被泰诺人所继承。

从"阿列塔"发掘的工艺品中,有的还刻有字,只是现在已经没有人能读懂这些文字是咒语还是祝福。这是来自一个失落文明的音讯,为解开泰诺人谜团提供了更多资料。

考古学家查理说:"他们是什么人,我们对他们了解不多。我觉得,我们在'阿列塔'洞穴里的发现和我们取得的有机物、保存下来的祭品,将为我们进一步研究提供最好的信息。"探险队获得的古物将保存在公园附近的一家博物馆里,也许要经过几十年我们才能了解上面所刻的文字,也许永远是一个谜。

契丹族失踪

中国历史上的契丹民族,曾经建立过历时 219 年强大的辽王朝,在北宋时强盛一时,但奇怪的是,自明朝以来契丹突然在历史记载中消失了。他们到哪里去了呢?这一直是一个令史学家困惑的历史之谜。

虽然在历史上辽国最终被金国灭亡,但这么一个显赫的民族,肯定没有在改朝换代之际被斩尽杀绝。在元初,曾有一个著名的契丹大臣耶律楚材,这说明契丹并没有被金人完全消灭掉。

中国的研究小组从 1995 年开始对契丹人墓葬中出土的契丹人头骨、牙齿和契丹女尸的腕骨中提取的 DNA 进行检测,结果表明,契丹与达斡尔族有最近的遗传关系,达斡尔族为契丹人后裔。而云南保山地区的阿、莽、蒋氏"本人"也是契丹的后裔。

契丹之所以不再在明初的史籍中出现,事实是:元代蒙古人连年征战,频繁征兵,能征善战的契丹族人被征召殆尽,他们被分散到各地,有的作为族群(如达斡尔族)存续了下来,有的则被当地人同化了。这一发现使得契丹失踪之谜最终得以破解。

女儿国

根据希腊的神话传说,在希腊以东黑海沿岸的庞图斯有个奇迹般的亚马孙女儿国,都城在铁尔莫东河畔的泰米细拉,由美丽勇敢的女王所统治。国中无一男子,为了避免其种族灭绝,她们一年一度地拜访邻近部落加加里亚人。拜访所生下的女孩由母亲抚养,男孩则被杀害或送回给他们的父亲。

亚马孙人到底有没有存在过呢?神话时代早已过去,带有浓厚神话色彩的史诗、传说、美术作品也不足为凭,史籍所记又以传闻居多,不很可靠。故关于亚马孙人的问题成了历史上的一个谜。

许多人把她们看作是纯粹的神话人物。历史上根本不存在。

1976 年,前苏联考古学家在伏尔加河中游古巴尔加斯附近发现的一个二千年前的女人墓,墓中有一把剑和几个箭头,全属男墓中的陪葬品,这说明这里埋的是女性武士,也就是说,它有可能成为传说中的亚马孙女战士实际存在的佐证,因为此地与希罗多德等人所推断的位置大致相符。

前苏联学者谢苗诺夫从大量民族学和民俗学资料入手,提出了两合氏族群婚的理论,即属于同一氏族的男人集团和女人集团由于生产时的性禁忌而分开居住,彼此之间严禁通婚,而只能同两合组织中的另一氏族的异性集团通婚。

故经济独立的单独的女人集团和女子联盟确是存在过的,亚马孙女儿国的传说正是反映了从乱婚到个体婚之间的人类历史的这一环节。

制作木乃伊

古埃及人笃信人死后,其灵魂不会消亡,仍会依附在尸体或雕像上,所以,法老王等死后,均制成木乃伊,作为对死者永生的企盼和深切的缅怀。

木乃伊原来的意思是沥青,指一种干枯不腐烂的尸体。以在埃及发现的木乃伊的数量最多,时间最早,技术也最复杂。

古埃及如果有人死去,他的尸体首先被送到一个被称为"衣部"的地方,专门净化尸体。尸体被苏打水清洗过后,就送到叫"诖拜特"(意为纯洁之地)或"培尔—那非尔"(意为美丽之屋)的地方,完成香料的填充。然后就是木乃伊的制作。

制作木乃伊时,首先从死尸的鼻孔中用铁钩掏出一部分脑髓并把一些药料注到脑子里去进行清洗。然后,用锋利的石刀,在侧腹上切一个口子,把内脏完全取出来,把腹部弄干净,用椰子酒和捣碎的香料填到里面去,再照原来的样子缝好。

这一步做完了之后,便把这个尸体在泡碱粉里放置 70 天,再把尸体洗干净,从头到脚用细麻布做绷带把他包裹起来,外面再涂上通常在埃及代替普通胶水使用的树胶然后把尸体送给亲属,亲属将他放到特特制的人形木盒里,保管在墓室中,靠墙直放着。

这种费用昂贵的处理尸体的办法一般适用于法老、达官贵人和富翁。穷人制作木乃伊的办法则简单多了,将腹部用泻剂清洗一下,然后把尸体放到泡碱粉里浸 70 天,取出后,让风吹干,葬于干燥的沙丘中。

第六章 考古拾趣

圣诞节的来历

最早提出耶稣生于公元元年的说法，是公元 6 世纪时的一位罗马教士倡导的，直至 10 世纪才为各国公认。后来，经人推算，断定他所指年份不甚准确，说是少了 4 年，耶稣应当生于公元前 4 年，但也有人认为耶稣的出生年月尚在其前 1 年或 3 年。

总之，现在的公历纪元与耶稣的生卒年不符合，却是大家公认的事实，只是现在已相沿成习，无法也不必改动了。

至于耶稣出生的具体日期，更是无从考察。有的民族定为 1 月 7 日，也有的民族定为 2 月 2 日、3 月 25 日、4 月 19 日、5 月 20 日、11 月 17 日、12 月 25 日等等。不同民族、不同地域的基督教徒们都按照自己的传说。以各自不同的方式，举行各具特色的庆祝活动。

至于现今各国通行的以 12 月 25 日作为圣诞日，大约始于公元 4 世纪，这只是基督教徒们移用农业上的一个节气，来开展纪念耶稣的活动罢了。从《新约》中记载的有关耶稣降生时的环境与景象看，耶稣诞生的时间，似乎不在一个寒冷的冬天，而是在一个和煦的春天或初夏。不过，现行的圣诞节，已成为西方人最大、最隆重、最快乐的节日。人们习以为常，也不必深究其所以然了。

楼兰古国

楼兰是西汉时期西域的一个城郭小国，形成于公元前 3 世纪。它位于今天新疆巴音郭楞蒙古族自治州若羌县北境，罗布泊以西，孔雀河道南岸 7 公里处，整个遗址散布在罗布泊西岸的雅丹地形之中。

历史上，楼兰属西域三十六国之一，与敦煌邻接，公元前后与汉朝关系密切。当时那里气候温湿，植被茂盛。古代"丝绸之路"的南、北两道从楼兰分道，从而使这里成为当时亚洲腹地的一个交通要道。在东西方文化交流中，楼兰曾起过重要作用。

汉朝和匈奴对楼兰曾反复争夺。然而，到公元 4 世纪，楼兰国急剧衰亡，最后不知所终。那么，楼兰为何会消失呢？

据《水经注》记载，东汉以后，由于当时塔里木河中游的注滨河改道，导致楼兰严重缺水。敦煌的索勒率兵 1000 人来到楼兰，又召集鄯善、焉耆、龟兹三国兵士 3000 人，不分昼夜横断注滨河引水进入楼兰缓解缺水

163

困境。在此之后,尽管楼兰人为疏浚河道作出了最大的努力和尝试,但楼兰古城最终还是因断水而废弃了。

也有学者认为,古楼兰消失的根本原因是气候和环境的严重恶化。公元4世纪时,新冰期第二冷期结束,气温急剧升高,降水减少,冰川大量融化,导致严重的旱灾和洪涝灾害频繁出现,迫使居民撤离了那里。还有人认为,由于古罗布泊向北移动,使得楼兰居民失去了水源,无法生存下去所以不得不撤离。

古格王国

古格王国遗址位于西藏阿里地区扎达县城以西18千米的扎布让区象泉河畔,被众土林远远近近地环抱其中,因其是用取自周围土林的黏性土壤建筑而成,所以古老城堡的断壁残垣与脚下的土林浑然一体,使人很难分辨出哪是城堡,哪是土林。每当朝霞初起或夜幕降临的时候,古格遗址便会在土林的映衬下透射出一种残缺美、悲壮美。

古格王国整座城堡建筑在一座300多米高的黄土坡上,地势险峻,洞穴、佛塔、碉楼、庙宇、王宫布局有序,自下而上,依山迭砌,直逼长空,气势恢弘壮观。一些曾作为居室的洞穴,密密麻麻遍布山坡。这些共同形成一座庞大的古建筑群,有大量文物遗存。

古格壁画是古格艺术的精品,虽然它们已经沉睡了几个世纪,如今依然光彩照人。这些壁画包括佛教故事、神话传说以及当时古格人的生产、生活场面等等,内容十分丰富。透过这些绚丽斑斓的图画,人们不难窥视到昔日古格王国的政治经济活动以及文化风情,从中去追寻古格兴盛与消亡的历史。

相传9世纪中叶,吐蕃王朝第九世赞普朗达玛被杀,其曾孙逃往阿里地区。约公元10世纪,其后裔建立了卉格王国,在近700年的历史长河中创造了灿烂的文明。

1635年,拉达克人(今印占克什米尔)入侵并消灭了古格。

然而,从记载上看,战争造成的屠杀和掠夺并不足以毁灭古格文明,但古格文明的消失和玛雅文明有着惊人的相似之处,都发生得异常突然。在今天的遗址附近经常可以看到这样的景象:10多户人家守着一座可供上千人居住的城市,而这10多户人家并不是古格后裔。

一个兴起于 10 世纪，创造了 700 年灿烂历史，经历了 16 位世袭国王，拥有过十万之众的庞然大国竟然在 1635 年拉达克人入侵的战争中瞬间灰飞烟灭。它为什么会消失得这样突然?当年十万之众的卉格人为什么会无影无踪?这确实是一个充满诱惑的千古之谜。

如今，古格王国遗址是全国首批重点文物保护地之一。浩大的古格王国遗址、神奇的"古格银眼"、无头干尸洞和无数的古物珍宝吸引着考古学家的探索。但古格文明何以会突然消逝，仍是一个谜。

象雄王朝

在西藏高原,曾经出现过一个古老的王朝——象雄。象雄,意为"大鹏鸟之地",汉史记载为"单同",它是西藏高原最早的文明中心。

据考古研究和史籍记载,象雄在公元前 10 世纪起就已在西藏高原崛起,且比吐蕃更早地与唐朝建立了关系。

在公元 6~7 世纪,象雄已是以牧业为主了,而且还兼有农业。古老的象雄产生过极高的文明,它不仅创造了自己独特的象雄文,而且还是西藏传统土著宗教——本教的发源地,对后来的吐蕃以及整个西藏文化都产生了深刻的影响。

象雄王朝鼎盛之时,曾具有极强的军事力量,其疆域包括了西藏高原的大部分地区和青海、四川的一部分,以及西部的克什米尔和拉达克。

后来,吐蕃逐渐在西藏高原崛起,到公元 8 世纪时,彻底征服了象雄。从那时起,象雄王国和文化就突然消失了,其文字文献、宫殿遗址等至今无从考证,给世人留下了千古之谜。

北京延庆古崖居

位于北京延庆的古崖居,不算是一个著名的景点,但对考古学界而言,却是一个充满了谜团的神秘所在。

古崖居地处延庆西北山区峡谷中,共有 117 个洞穴。它是目前北京地区发现的规模最大的古人洞窟聚落遗址。

峭壁上人工刻凿的石室,或长方形,或方形,大的 20 多平方米,小的仅 3 ~ 4 平方米;或单间,或 2~3 室通连;或套间平行,或上下两层,并有典型的"三居室"。其中,有一石穴上下两层,并配耳房、廊柱,可能是穴居的主人集会或祭祀之地,宽敞雄伟,山民俗称"官堂子"。全部洞穴内,门、窗、炕、灶、马槽、壁橱、烟道等一应俱全,且圆则圆,方则方,均中美学规矩。

有学者认为,此地是开凿在山上的兵营;另有学者认为,这里是一支少数民族"奚人"的定居地。

北京大学建筑研究中心副教授王昀带着自己的课题组经过近两年的考察,他推论古崖居曾是一支矮人族栖息之地,而且这一矮人族曾迁徙于欧亚大陆,在土耳其一带也留有他们的痕迹。由于古崖居内房间高度在1.7~1.8米之间,王昀据此推断其住户身高在1.5~1.6米之间。

对于王昀根据建筑学来推断其住户是矮人族的说法,有学者提出了质疑,他们指出,除了那些较小的房子以外,也有比较大的房子,那就不排除矮小的房子是给小孩住的可能性。比如非洲部落房子的门就特别小,只有1.4米,但是非洲人的身高并不矮。

此外,另有学者指出,古崖居其实是当年类似于"哨所"的长城附属物。北魏郦道元《水经注》记载,现今延庆、怀柔一带山涧东崖壁存有人工开凿的"石室三层",其具体描述的地理位置和石室形制与古崖居地理、外貌基本吻合。

郦道元当时也提及了"故关之候台",也就是"旧时居庸关前沿守候瞭望敌情的烽火台"。巧的是,在古崖居附近就发现了类似的烽火台。孰是孰非,考古学界目前还在争论不休。

西夏王陵

西夏王陵坐落在贺兰山下一片奇绝的荒漠草原上,进入陵区,九座西夏帝王陵园和二百多座王公贵戚的陪葬墓一览无余。

西夏王陵一带地势平坦,被山洪冲刷出的道道沟坎纵横交错。这些不太深也不很宽的山洪沟里,生长着北方特有的酸枣树,树冠不大,但厚实油亮的绿叶却十分浓密。它们像一条条绿色的丝带,疏密相间地交织在方圆53平方千米的陵区里,网着那一座座高大突兀的陵墓。

令人感到神奇的是,没有一条山洪沟从帝王陵园和陪葬墓园中穿过。西夏建陵近千年,贺兰山山洪爆发不计其数。但是,沿贺兰山一线,仅有西夏陵区这片土地没有遭受山洪袭击。原因何在?这至今还是一个谜。

西夏陵园内最为高大醒目的建筑是一座残高23米的夯土堆,状如窝头。仔细观察,其为八角,上有层层残瓦堆砌,多达五层。于是有学者认定,它在未被破坏前是一座八角五层的实心密檐塔,"陵塔"之说便屡见报端。

但塔式建筑缘何立于陵园之内,其功能、作用是什么?则很少有人说得清楚。至于这座"陵塔"又为什么建在陵园的西北端,学术界的说法至少有四种,各执一端,据理争辩了十多年仍不见分晓。

奥兹冰人木乃伊

奥兹冰人木乃伊在十大木乃伊排行榜中占据第二位,这是一具有5300年历史的木乃伊,于1991年被两名德国人在意大利境内的阿尔卑斯山区发现。当时,他是一具身体扭曲、脸朝下躺在冰雪中的尸体。根据他被发现的地点,这个冰人被称为"奥兹"。

这具木乃伊所在的位置让人们推断:这个冰人不是因为意外死在那里的。据科学家研究发现,他是在一个冰冷的史前世界被谋杀的。

奥兹冰人年约45岁,身上有很多文身,对于当时恶劣的环境来说,他的服装显得较完整。他身体上皮肤的毛孔仍清晰可见,甚至连眼球都保存完好。他有159厘米高,身上穿着由羊皮、鹿皮和树皮及草制成的三层服装,戴着帽子和羊皮护腿。他身旁还放置了一把铜制的斧头和一个装有14支箭的箭袋。

奥兹身上最令人吃惊的莫过于那把铜斧。因为科学家们一直以为人类在四千年前才掌握这样的熔炉及成型技术,而奥兹的时代,距今有5300年。

对于奥兹的死因,科学界一直存在争论。科学家发现冰人的左肩下有一枚箭头,因此有研究人员称,冰人很可能是死于战争,因为他身上武装着斧头、刀和弓箭。

奥兹冰人的意义在于它出现在冰雪中,并且牵涉到一桩5300年前的谋杀谜案,因而备受科学家的重视。

用闪长岩烧制的陶罐

闪长岩是一种异常坚硬的岩石,其硬度与钻石相当,至今仍被用来烧制观赏工艺品。在埃及吉萨省的迪奥里达曾经出土了一种用闪长岩烧制的陶罐。据考证,它们距今有4500~6000年的历史。它们都有一个细长的颈，内膛的处理工艺极高，尽管其形状千变万化，但它的壁的厚度却是相同的。罐上刻的图案是刀刻的象形文字。其纹路十分纤细，宽度不到0.2毫米，有人发现这种雕刻工具的锋刃比针尖还要细，可见它的硬度非同寻常。

石刻工艺师刻制这种材料的制品需要用特制的工具。他们用的钻、排刀、铣刀都是用当代超硬度的合金制成的。而古埃及人在没有现代工具的情况下，究竟用什么方法来加工闪长岩石呢?至今仍是个谜。

建造金字塔

在埃及首都开罗西部的吉萨，散布着大大小小约80座金字塔。它们是卉代埃及法老(国王)的陵墓，从四面望去，它都是上小下大的等腰三角形，很像中文的"金"字，因此得名为"金字塔"。

金字塔是人类文明史中的一项伟大奇迹，更是永恒的谜团，数千年以来，它矗立在古老的尼罗河畔，迎曙光，浴暮霭，闪着神奇的智慧之光。

在埃及，胡夫金字塔是最大的一座。约建于公元前2700年，塔高146.5米，相当于一座40层的摩天大楼，塔基呈正方形，每边长230.6米，占地约5.29万平方米。

整个胡夫金字塔共用了230万块大小不等的石块砌成，最轻的石块约1.5吨，最重的约160吨，平均重量为2.5吨，总重量约684.8万吨。这些石料足以用978286辆载重7吨的大卡车来装载。

有关专家估计，在修建大金字塔时，埃及居民至少应有五千万。然而，据历史资料统计，在那个时期，世界总人口才有二千万，这是一个多么惊人的矛盾。

何况，已经发现的金字塔有80座之多，按每30年完成一座来算，总计也需2400年。古代埃及，承受得了这样浩繁、长久的消耗吗?

据考证，用于建造金字塔外层的11.5万块上等白石灰石，取自尼罗河东岸的穆卡塔姆采石场，内部墓石的花岗岩，则采自500千米外的阿斯旺。

更令人不解的是，建造金字塔所需的如此之多的庞大的石块，古埃及人是怎么将其运输的。因为即使有足够的人力，也难以把这每块重达1.5吨到160吨的巨石运送到工地。

那时的埃及没有马,也没有车。车和马是公元前 16 世纪,也就是建筑胡夫大金字塔以后 1000 年,才从国外引进的。因此,当时运输石块是不可能用车载和马拉的。

有的人提出了橇板圆木滚运和水运的设想,但古埃及既没有木质足够坚硬的木材,又没有足够先进的滑轮、绞车和起重设备,因此在古埃及也是不可能采用这两种方法的。

更加令人称奇的是,整个金字塔不用一块木料,不用一根铁钉。石块和石块之间没有任何黏接物,然而却拼合得天衣无缝。甚至连最薄的刀片都插不进去。

怎样把石块一层层垒上去,更是一个让别人猜想的神秘课题。

金字塔中令人惊奇的有关金字塔的几组数字,历来使考古学家、建筑学家、地理学家、物理学家绞尽脑汁,也没明白其所以然。

以胡夫金字塔为例,塔高乘上十亿等于地球到太阳的距离;用 2 倍塔高除以塔底面积, 等于圆周率, 即 3.14159,而该塔建造好差不多过了 3000 年后,人们才把圆周率算到了这个精度。

穿过胡夫金字塔的子午线正好把地球上的陆地和海洋分成相等的两半,塔的网边正对着东南西北四个方向,塔的周长米数正好与一年的天数相吻合(即 365.24),其周长乘以 2 正好是赤道的时分度,坡面的高是纬度的 6%,塔的自重乘以 10 的 15 次方正好是地球的重量。

因此,无论是谁选定的这个塔址,都应该对地球体结构、陆地和海洋的分布等有充分了解。显然,在五六千年前的古埃及人不可能具有这种能力。

谁能相信,这一系列的数据,仅仅只是些偶然的巧合?

此外,人们通常把 52 的角称为"自然塌落现象的极限角和稳定角"。奇怪的是,金字塔正好是 51° 50′ 59″。这说明,它就是按照这种"极限角和稳定角"来设计和建造的。

还有,金字塔的塔基正好处于磁力线中心,它随着磁力线的运动而运动,随着地球的运动而运动,因此,它所承受的振幅极其微弱,地震对它的影响也就不大了。

但是,好几千年前的古人,怎么知道 52° 角是稳定角?又怎么知道把庞大的塔基奠定在磁力线的中心?这仍然是一个难解之谜。

海岛石柱

在南太平洋的密克罗尼西亚群岛中,有一个无人居住的小岛,名为纳玛托岛,岛上有无数巨型石柱整齐地码放在那里,堆成了一座十多米高的石头山。

经考察证实,这是一处远古时代的建筑废墟。这些石柱是加工过的玄武岩柱,由冷却的火山熔岩凝成,每根重达数吨。瑞士人冯·丹尼肯研究发现,这座石山共由 4328 根石柱组成,连同各处地上散乱的石柱、若干墓室和一道 860 米长的石砌围墙,岛上的古建筑废墟总计共用了约 40 万根石柱。

岛上的建筑没有浮雕,没有装饰,没有南太平洋建筑常见的雕刻花纹。只有数不清的玄武岩石柱和纵横交错的运河水道,这是一座什么样的建筑呢?

更令人困惑不解的是,纳玛托岛本身并不产玄武岩,这些石柱是从波纳佩岛运来的。两岛之间只有水路通航,人们认为是用当地一种叫卡塔玛兰斯的独木舟运输的。这种独木舟一次只能运一根石柱,据计算,如果一天运 4 根,波纳佩的岛民就需要工作 296 年,才能把 40 万根石柱运完。

但是,太平洋岛民向来慵懒、散漫而自足,这样一个巨大的工程,对他们来说,没有特殊的动力是难以想象的。

更令人难以理解的是,岛上的建筑显然并未完工,一部分城墙还未来得及建好,就由于某种原因突然放弃了,在纳玛托岛到处可以见到散乱在地上的石柱。

到底是谁在这个岛上建造了这样奇怪的建筑?它是什么时候建造的?有什么用途?为什么尚未完工又被突然放弃了?这些构成了纳玛托岛石柱的不可理解的谜团。

峭壁建筑

在美国科罗拉多州的梅萨维德地区的沙漠、峡谷之中,有一片神奇的建筑群落。从它被外界发现开始,就吸引着无数学者、游人前来观光、凭吊。这些神奇的建筑就是北美著名的文化遗址——印第安人阿纳萨伊部落的峭壁建筑群落。他们的所有建筑都建在峭壁之上,这足见他们文化习俗的奇特。

第六章　考古拾趣

阿纳萨扎伊部落在 13 世纪遗弃了这片生存之地,不知去向。人们面对着这些空荡荡的建筑时,总不免会感到一丝神秘。

据考证,这个神秘的印第安部落从两千多年前就开始在这里修建他们的居住地。到了公元 1050 年,他们就已经在这里建成了 12 座城镇。从那时起,这里成了这个部落的宗教、政治、商业中心,是一个具有 5000 多名居民的核心居民点。

虽然这个北美印第安人的古代聚居地已被废弃了 700 多年,但是,建筑并没有遭到太大的损害。

今天人们看到的峭壁建筑共有 500 多幢。其中,被称为"峭壁王宫"的最大建筑物,约建成于 11 世纪。它有 200 个房间,用了几十万块扁石头和 2 万多条松木十分考究地修建起来的。所有石料都凿打得有棱有角,石块之间用一层薄泥加固。

在峭壁王宫的周围,有着很多地下室。每一间地下室都有一个用木料挤成的蜂巢形顶盖,顶盖的最上端塞满了土块和碎石。唯一的入口是屋顶上的豁口。

屋内的地上都有一个神洞。考古学家认为,这种地下室是供部族内部进行社交活动和敬神用的。

在峡谷两侧的坡地上还保留着峭壁居民开凿的梯田,谷底有他们修建的水池。在这里还发现了一些由他们制作的各种造型精巧、黑白纹的陶器。

大量考古发现表明:阿纳萨扎伊人的创造力十分丰富。他们没有文字和计算方法,可他们同样有着相当高的文明程度。工艺水平堪称一绝。

这就使人难以理解,阿纳萨扎伊人有着发达的文明,为什么要选择这样一个频频发生旱情的荒凉峡谷作为本部落的生存之地?为什么要把房屋都建在峭壁之上?后来,又是什么原因使他们放弃了这块世代居住的地方?

科西嘉岛石像

科西嘉岛是地中海第四大岛,隶属于法国。历史上该岛的统治曾多次易手,这使得科西嘉岛给世人留下了很多不解之谜。

在该岛的西南部海滨地区,特别是非利托沙一带,耸立着 60 多座高大的石刻人像。三千多年来,这里的石像曾多次遭到战火毁坏,但仍有一部分躲过了劫难,至今昂然屹立。

例如被称为"非利托沙"四号的石像高达 3 米,它的右股处雕有一把匕首,显得十分雄壮威武;被称为"非利托沙"六号的石像身穿盔甲,头盔的后面雕刻精细,肩带上还有用以保护肩胛骨的衬垫;被称为"非利托沙"九号的石像颈部与肩部初具形状,而面部表情却非常清晰逼真。

这些石像的历史已有 3500 多年,堪称科西嘉远古时代石刻艺术的杰作,但科学家们对它们的来历却一直不清楚。

早在两千多年前,希腊哲学家亚里士多德就试图对这些谜一般的石像提出自己的解释。他认为制作这些石像的是远古时代的"伊伯利亚人",他们在坟墓周围竖立一些方尖形石头,每一块石头代表死者生前所杀的一个人,后来这些石头就演化成了石像。

法国考古学家葛罗斯昂则提出了另一种解释。他把这些石像与埃及莫迪拿哈布神庙里的浮雕做了比较,那些浮雕曾雕出法老王与海盗战斗的情形,葛罗斯昂认为石像与庙中浮雕上的海盗形象有些相似。

据此,他认为早在公元前 12~14 世纪间,地中海区域长期遭受海盗的入侵,这些侵略者有两大部落,其中有《圣经》上所记载的非利士人部落,还有一个名叫沙达纳人的部落。公元前 1500 年左右,侵略者沙达纳人在科西嘉岛的南部登陆,赶走了当地的土著人。

后来,这些沙达纳人开始建立自己的家园,并在村里的四周堆起大块的圆石,建成独特的圆石塔,并把这塔叫做"托里"。后来他们也因此被叫做"托里人"。然而,由于至今我们也不知道的原因,这些沙达纳人在科西嘉岛上只不过居留了几百年,到公元前 1000 年左右就匆匆离开了。葛罗斯昂研究的结果是,他认为这些石像代表沙达纳的战士。

葛罗斯昂的说法,遭到有些人的反对,持反对观点的人认为,沙达纳人是个到处流浪的部落,所以他们的习惯是部落里死人后用火葬,并且也不为死者立碑。但还有人认为。这些石像虽是沙达纳人的形象,却是科西嘉岛民建造的,其用意是要把阵亡的敌方部落首领雕出来。

如果按照亚里士多德的说法,那么"伊伯利亚人"究竟是一个什么样的民族就是一个未解之谜了。

第六章　考古拾趣

哥斯达黎加石球

哥斯达黎加位于中美洲,是一个美丽富饶的热带国家。

1930年盛夏的一天,哥斯达黎加的迪卡维斯河畔,美国联合果品公司的地界标定人乔治·奇坦迁正在这里考察开辟一座香蕉园。在人迹罕至的三角洲丛林以及山谷和山坡上,他发现有几十个一人多高的巨型石球静静地蹲在那里。

经继续搜索发现,石球总计有数百个之多。石球中,最大的直径达2.4米,重达16吨多,最小的仅有几千克重。球面异常光滑,清亮见影,曲率处处一样,上面雕刻着一些莫名其妙的图案,直线、斜线、三角形等相互交织。多数石球是被搁置在一起的,少则三五个,多则四五十个。

它们有的呈一条直线排列,直线指向南北方向;有的排成圆形或者其他形状。

这些石球是从哪里来的? 把它们放在这里排成种种形状又意味着什么呢?

在迪卡维斯河畔发现石球的消息刚一传出,立即引起世界各国考古学家们的重视。发现石球的消息也越来越多。在迪卡维斯河畔的上游农业区马尔苏尔城、在科迪勒拉布伦克拉山的森林和沼泽、在酷热的迪奎斯平原上、在杜尔塞海湾笔直的大路旁、在埃斯基纳斯的淤泥河床里……

这些巨型石球是何人制作的?怎样制作的?制作的目的是什么?专家学者们百思不得其解。

一般认为,它们是远古时期的人类遗留下来的。然而远古时期,生活在这里的只有印第安人。

这些巨型石球差不多都是用坚固美观的花岗岩制作而成的,而古代印第安人并没有加工如此坚硬的花岗岩的工具,也没有把如此坚硬的花岗岩加工成标准球体的技术。

而且,这些石球所在地的附近并没有可以提供制作它们的花岗岩石材,在其他地方也找不到任何原始制作者留下的踪迹,他们有从遥远的地方把这样笨重的石球运送到这里来的能力吗?显然也没有!

更令人称奇的是,这些石球的直径误差小于1%,准确度接近于球体的真圆度。从大石球精确的曲率可以知道,制作这些石球的人员必须具备相当丰富的几何学知识,具有高超的雕琢加工技术,还要有坚硬无比的加工工具以及精密的测量仪器。否则，他们无法完成这些杰作。

至于这些石球的用途，更是难以解释。有人认为，这些大小不同的圆球可能代表天上不同的星球，或彼此之间相隔的距离；也有一些人认为这些石球是石器时代的人类作为防御和狩猎的设施和工具，或是为某种宗教祭祀品；另有人则认为这些石球是大自然的天成之物。

看来，关于哥斯达黎加的神秘石球，还有待于科学家和考古学家的进一步研究。

独石教堂

埃塞俄比亚是东非的一个山地高原国家，海拔在 2500~3000 米，有"非洲屋脊"之称。这里的高山几乎全是火山，火山灰同熔岩凝结在一起。

古代的石匠们在岩石上开凿出了一座座教堂，最著名的是拉利贝拉岩石教堂群。初看起来，这些教堂像是用石块一块块砌起来的，但实际上每座教堂都是用一整块巨大的岩石凿出来的，因此也称这些教堂为"独石教堂"。

建造独石教堂时，首先由经验丰富的工匠选择好面积达 50～100 平方米的大岩石，四周挖出沟壑，使它和山体分离出来，然后根据周密的设计，把它中间凿空，并精心地凿成教堂的模样。

拉利贝拉岩石教堂共有 11 座，分成 3 组，它们在布局、比例、风格上都各有特点，教堂间由地道、深沟和涵洞相连。这些教堂至今仍在使用，到教堂做礼拜已成为当地村民生活的一部分。

这些雄伟的教堂为什么要建在荒凉的山区呢？

有人认为，这是为了安全和隐蔽，以防备入侵者的破坏；也有人认为，这是宗教上的原因，教堂必须同大地连成一体，伸向天空，从而把上界和下界连接起来；还有人认为，当时阿克苏姆王朝的一些先进技术失传了，因此只能开凿岩石来建筑教堂。

看来，荒凉山区的独石教堂还有许多奥秘未被揭开。

悬棺

在我国南方许多地区，分布着一种奇特的悬棺。属崖葬中的一种。在悬崖上凿数孔钉以木桩，将棺木置其上；或将棺木一头置于崖穴中，另一头架于绝壁所钉木桩上。人在崖下可见棺木，故名。比如四川珙县的僰人悬棺、重庆大宁河小三峡内的大宁河悬棺。在重庆大宁河共发现7处悬棺群，总计300多具，其中棺木保存完整的有70多具。悬棺距河面最低的有30米，最高的有500米；从岩顶到悬棺也有300多米，每具悬棺差不多重达千斤。

悬棺葬式是一种处置死者尸骨的特殊方式，在我国主要分布于古代南方少数民族地区。对这种富有深厚文化涵容的悬棺葬式，存在着许多令人无法解释的困惑之处。比如，远古时代的人们到底是用什么办法把装有尸体和随葬物品、重达数百公斤的棺木送进高高的崖洞里去的，就是一个令人"难捉摸"的问题。

最早对这个问题提出解释的大概是南朝人顾野王，他把武夷山中搁置悬棺的崖洞称为"地仙之宅"，意思是神仙的墓葬之处。神仙有腾云驾雾的本领，悬空置棺当然就不会有什么困难。后人据此猜测，"云是仙人葬骨"之处(《太平寰宇记》)，故武夷山的一些洞穴也就有了升真洞、仙机洞、换骨岩之类的美称，《稽神记》中甚至有这样的描写："建州武夷山，或风雨之夕，闻人马箫管之声，及明，则有棺椁在悬崖之上。"神仙已是幻想中的产物，而传为长生不死的神仙居然也会像凡人一样死去，尤属匪夷所思。不过这些说法既然得以流传，至少说明古人多认为若非神仙出手，仅靠常人是难以实施凌空悬案这种奇特的葬法的。

唐张鷟《朝野佥载》中曾记有古人在临江高山半山腰间开凿石穴安葬死者的情形，办法是从山顶上放绳索把棺木吊下来。1978年，福建省博物馆曾使用这种方法，用辘轳自山顶上放下钢绳，从武夷山白岩洞取下一具完整的船棺。但是，今人所实践的吊置棺木之法，并不能解决古人置放悬棺过程中的所有细节问题，比如怎样在崖壁上凿孔并打入木桩搁置棺木，用什么办法才能把棺木勾拉到预定的位置上，其困难之大均难以想像。何况三千年前的古人怎么可能拥有足以吊起数百公斤重量的钢绳呢？

1989年，上海同济大学及江西等地的专家与美国加州大学圣地亚哥分校的美国学者合作，采用绞车、滑轮等机械装置，在江西贵溪仙岩把一具重约一百五十公斤的"棺材"吊进了一个离上清河水面约二十多米的悬崖洞中。新闻媒体和有关学术刊物曾竞相报道并发表论文，声称此举"重现了二千多年前古人吊装悬棺的壮观场面"，从而"解开了中国悬棺这一

你应该具备的

千古之谜"。其实它与福建省博物馆对武夷悬棺的提举技术并无本质上的差别,只是操作方案有所不同。有论者指出,由于脱离了距今千百年的时代和华南行悬棺葬民族的社会历史背景,有关古人采用与绞车、滑轮类似的提举技术的说法,其实是缺乏有力证据的,所以要说已经解开了这一千古之谜,实在难以令人信服。

清许瓒曾在《东还纪程》中记载,湖南常德沅江流域有一"倒水岩,石皆壁立水滨,逶迤高广",壁上凿有十个洞穴,下临绝壑,其中有个洞穴内藏有五具棺材,"旧传为沉香棺",如果理解为是沉香木制作的话,其分量之重自然又过于一般木棺。这样重的东西,又是怎样把它抬升进壁穴里去的呢? 许瓒曾便向当地人请教,当地人也只能提供先人的传说,据讲是趁沅江涨水时由"健鬼引緪而上"。如果此说属实,那么就还存在一种与从山顶上吊下棺木正好相反的办法:即利用水位抬高,以船载棺而将之运进预先看好的天然洞穴或人工凿成的崖窦里,等水位降低后,便有了石壁悬棺下临绝壑的奇特景观。

上述办法似乎还没有现代学者实地尝试过,但有人从地貌变化研究的角度暗示了它的可能性。中国的悬棺葬遗存,多以处山临水为选址共性,距今至少有两三千年的历史(最晚的也在四百年以上)。在这千百年中,河道、地貌都可能发生很大变化,如福建武夷山的九曲溪、江西贵溪县仙岩的信江支流上清河等的两岸石壁,在两三千年内都经历了河水对河床的冲刷侵蚀,在长期自然力的作用下,河流水位降低是完全可能的事,因而当时放置棺木的高度也就不会像现在所看到的这样高峻。总之,由于地质变迁而导致目前所见到的华南地区大多悬棺葬位置升高的观点,在悬棺葬研究中是有其意义的。

也有人参照菲律宾巴拉望岛的古代居民安葬瓮棺的办法,提出另一种设想:依靠绳索、长梯之类的攀缘工具,将包裹尸骸的麻袋及板材、殉葬物品和必要的制棺工具等,一一借单个人力运送到事先选定的洞穴中,然后现场制棺成殓并予安葬。此外,还有人根据在四川珙县、兴文和贵州松桃等地悬棺葬遗存的考察,指出也存在古人架设栈道升置悬棺的可能性。

曾对华南各省悬棺葬遗存进行过长达十多年实地考察的人类学专家陈明芳认为,华南地区的悬棺葬大多采用"自山上悬索下柩"的方法,这种方法省时省力,简便易行,不需搭十几米或数十米的脚手架,更不需去制造绞车、滑轮等机械工具。古代的人们在某个专门领域内所具备的聪明才智，说不定现代人还不具备呢(《中国悬棺葬》，重庆出版社)。中国悬棺葬中采用的自山上悬索下枢的置棺技术，大概属于这种情况。

逝者如斯，古人在这方面的"聪明才智"究竟为何种技术，自然还有待今人的进一步探索了。

真相究竟如何?看来还得等专家继续研究。此外，古人为什么要将棺材安放在悬崖之上，是保护先人尸体，不让人兽侵犯，还是另有用意?

生活在福建周宁、福鼎、柘荣、屏南等地区的畲族同胞，有一个关于悬棺葬由来的传说:上古时，畲族的始祖盘瓠王与高辛帝的三公主成亲，育有三男一女，全家迁居凤凰山狩猎务农。因盘瓠王是星宿降世，生不落地，死不落土，所以他去世后儿孙们就用车轮和绳索把棺木置于凤凰山悬崖峭壁的岩洞中。其后代代沿袭，形成了古代畲族人的悬棺葬习俗。畲族的"畲"字，古时写成"峯"字，也包含了这个故事的意思:在凤凰山，有位大人物去世后，用车轮把棺木悬挂在峭壁岩洞中安葬。

上述传说，点明了古人施行悬棺葬的用意，是为了"死不落土"。那么，这种观念是如何产生的，其他地区和民族的悬棺葬习俗是否也受同样的观念支配?就笔者寡见，目前似乎还没有人从这个角度探讨过。

桃花源

东晋大诗人陶渊明在他那篇千古名作《桃花源记》中，描绘了一个自由、安乐的理想社会。说是武陵地方的一个渔夫，沿着一条小溪航行，忽然看到山中有一个缺口，就丢下船从这缺口里走进去，发现了另外一个世界。在这个世界里，土地平旷，房屋整齐，人民生活古朴而富裕，男女老少熙熙为乐，看到渔人大吃一惊，纷纷请他回家吃饭饮酒，自称祖先是为了逃避秦时的战乱，逃进桃花源来生活。这些人不知道秦以后有过汉朝，汉朝以后又有晋朝。渔人在这桃花源里住了好几天，想家了，就与他们告别。出了桃花源，以后再去寻找，就找不到了。但也有人指责桃花源是根本不存在的"乌托邦"。"桃花源"是否真的存在，目前还是一个难解的谜。

湖南桃源县西南 15 千米的水溪，俯临沅水，背倚青山，松竹垂阴，景色绮丽，被人称作陶渊明笔下的桃花源。唐、宋、元、明都在此建有寺观、殿宇，清光绪十八年(1892 年)又重修了"渊明祠"。并顺着山势以陶渊明的诗文命名建造了观、祠、亭、洲,诸如"桃花观"、"探月亭"、"水源亭"等。刘自齐在《〈桃花源记〉与湘西苗族》一文中认为:"《桃花源记》所描绘的那幅没有压迫、没有剥削、人人劳动、平等自由的美好的社会生活图景,并非是作者的凭空虚构,也不是幻想的再创造,而是切切实实的当时居住在武陵地区的苗族社会的写真。"同时,其他如武陵地区苗族人民素有对桃树的崇拜以及见客人"便邀还家,设酒杀鸡作食"的风俗等,都能说明陶渊明笔下的桃花源是指武陵地区的苗家社会。然而,除了桃源县或苗家寨被大诗人陶渊明选作《桃花源记》原型的现实境地外,还有没有其他地方呢?

位于连云港宿城景区的船山在古代为一天然避风海港,因其山形像船而得名。传说陶渊明就是在这里写下了《桃花源记》,吴承恩又因醉游船山水帘洞构思了《西游记》。

船山因其名扬天下的三级飞瀑与庐山三叠泉极为相似,故又被称为"中国的小庐山",清代道光年间,陶渊明后裔两江总督、兵部尚书陶澍来此,把船山视为陶渊明笔下的"红树青山,斜阳古道,桃花流水,福地洞天",并得到道光皇帝的赞许,建有"晋镇军参军陶靖节先生祠堂",世外桃源的美誉从此蜚声海内外。

竹山县地处鄂西北山区,境内森林茂盛,地势险峻。《竹山地名志》记载,桃源村名始于晋代。从官渡镇桃园村波渔沟乘小木船沿堵河(古称武陵河)逆流而上,行约半小时,猛见一座孤山从河心突起。山背就是不足两米宽的武陵峡口,两边是数百米高的绝壁,抬头仰望,仅能见一线天光。河水从幽远的峡谷深处流来,令人神往,好似陶渊明所写"山有口,仿佛若有光,便舍船,从口入……"。下船徒步溯溪,河水冰凉,嬉闹行进大约一个小时后,进入大峡谷,花香扑鼻,鸟语入耳,不多久便看见一片茂密的桃树林,可谓"中无杂树,芳草鲜美,落英缤纷"。继续前行便进入小武陵峡,更加奇幽,两岸山譬如刀削斧劈一般,天空只是一道弯曲的白线,光滴滴的岩壁上横生出参天大树,改走山路,翻过海拔1800米的驴头山,到达武陵峡谷上游出口——桃源村的一个自然村落。村子住着12户人家。借宿山顶农家,次日清晨,站在山上往谷底一看,果然是"豁然开朗,土地平旷,屋舍俨然,有良田、美池、桑竹之属,阡陌交通,鸡犬相闻……"。

第六章　考古拾趣

宿城山

古代海州即今连云港市地区有两个武陵的地名:一个是载入《魏书》的"武陵郡",故城遗迹犹存,在今赣榆县沙河城子村;一个是云台山脉的宿城山西麓,至今保留有武陵古邑的地名。江苏连云港的宿城山凹,三面环山,一面向海,除了翻越虎口岭,与外界无路可通。这样一个僻在"东海隅"的天然巧成的"坞壁"堡垒,中间却是一片坦荡美丽的川原,山畔竺篁摇曳,地名大竹国。这样的世外乐土,与诗人在文中描绘的景色十分相似。更重要的是:诗人陶渊明曾亲自到过这个地方,他在著名的《饮酒诗》里写道:"在昔曾远游,直至东海隅。"南唐诗人李中早就意识到陶渊明到过宿城山;苏东坡也知道陶渊明吟咏过宿城山。

杏花村

每年二三月间,当那一树树杏花含苞欲放或纷纷盛开之时,一些迁客骚人文士博学者,难免会想到杜牧的《清明》一诗:"清明时节雨纷纷,路上行人欲断魂。借问酒家何处有?牧童遥指杏花村。"然而,杜牧诗中的杏花村在何处呢?数百年来,众说纷纭。近数年来,争论尤烈。近年来报纸杂志上多认为:杏花村是在山西省汾阳县。理由是相传自南北朝以来,汾阳即以产酒著名;天下杏花村之多难以胜数,而有这般名酒的杏花村确实独在汾阳。但缪钺编著的《杜牧年谱》中指出:关于杜牧的生平事迹,每年行动,历历可考,却没有他到过并州(唐代并州相当于今山西阳曲以南,文水以北的汾水中游地区。开元中改为太原府)和边塞的记载:故杜牧"借问"酒家,牧童"遥指"的杏花村,就不可能在山西省的汾阳县了。

另一种说法,认为杏花村在安徽贵池县城西。理由是杜牧在会昌四年(844 年)9 月由黄州刺史迁池州刺史 (唐池州治所秋浦县在今安徽贵池)整整两年;并且贵池县城西有杏花村,素产名酒。所以清人郎遂写了《贵池县杏花村志》,将杜诗《杏花村》收入;后来《江南通志》亦将该诗收入,并言杜牧诗中的杏花村在贵池。但细细体味杜诗后,疑窦也便接连而来:一是假如杜牧是在赴池州做官的路上, 即会昌四年九月作此诗,离清明时节尚远,何以会提及路上的断魂之人呢?二是假如杜牧是在池州为官时所写,从会昌四年九月至第二年的清明时节,近半年之久,这位嗜酒的大诗人难道不知城西数里的杏花村有好酒卖吗?焉有向牧童"借问"之理呢?三是杜

179

牧在贵池为官,要吃杏花村酒,自有当差的服侍,怎么兀自寻觅酒店?因此,贵池说也有问题。看来,杜牧诗中的杏花村是确有无疑的,但杜牧究竟写的是哪个杏花村呢?这的确是中国文化史上的一个谜。

天涯海角

人们平时所说的"天涯海角"原泛指僻远的地方。历代封建王朝往往把被贬谪的官吏流放到"天涯海角"之地。古代诗人也喜用"天涯海角"抒发情感:唐代王勃在《杜少府之任蜀州》诗中有"海内存知己,天涯若比邻";白居易《春生》诗中有"春生何处暗周游,海角天涯遍始休"的著名诗句。究竟"天涯海角"在什么地方,人们都怀有特别大的兴趣,而今天却仍存在着不同的看法。一种看法认为"天涯海角"就是在海南崖县(今三亚市)。《人民画报》1980年第3期在介绍海南岛风光时说:"相传海边石上'天涯'两字为北宋文学家苏东坡贬谪海南时所题,现已被辟为'天涯海角'游览区。"认同此说的还认为"由于崖县在古代交通十分闭塞……宋代著名的文学家苏东坡曾被流放到这里,现在这里还保留有苏公祠,祠内有苏东坡的石刻像和数块墨迹碑等"。张子桢主编《中国地理知识》在《"天涯海角"在什么地方》一文中说:"我国确有'天涯海角'这个地方,就在海南岛南端,马岭附近的一个美丽的海湾处,现已辟为'天涯海角'游览区。这里东距崖县所在地——三亚26千米,西距崖城(原崖县旧址)22千米。在一片怪石中,有两块嶙峋的巨石,一个上凿'天涯',另一个上刻'海角',两相对峙,蔚为壮观。

另一种看法认为"天涯海角"不止一处,并非专指崖县。据周去非《岭外代答》卷二记载:钦州(今广西灵山)有天涯亭,廉州(今广西合浦)有海角亭。"钦远于廉,则天涯之名甚于海角之可悲矣。"可见早在宋代钦、廉二州已有"天涯亭"、"海角亭"。一直保存至明清时期。据史载,"天涯亭"在北宋中期即已得名,而海南崖县的"天涯"、"海角"刻石时代要比钦、廉二州的"天涯亭"、"海角亭"晚得多。关于崖县苏公祠问题,据《宋史·苏轼传》和《苏东坡全集》,苏东坡于绍圣四年旧历七月三十日从惠州抵达儋州,经居三年,于元符三年(1100年)旧历六月离开海南北上,次年卒于常州。但没有任何资料证明他曾被流放到崖县,并曾在崖县刻石书写过"天涯"二字。因此,苏公祠之说系张冠李戴。郭沫若曾去"天涯"石刻实地查考,指出"相传为苏东坡所书,但字体殊不类",其后得见《崖州志》,"既得此资料。因三往天涯海角目验","天涯"二字之旁"确有小字依稀可辨",证明的确为清雍正十一年程哲书刻,与苏东坡无关。

和氏璧

和氏璧是我国最负盛名的珍宝。围绕它发生了许多传奇故事。而如今它的下落也是一个谜。传说春秋时有个楚国人卞和,看见凤凰落在一块青石之上,于是把石头献给楚厉王。但经玉工辨认只是一块普通石头,厉王一怒之下砍去了卞和的左脚。厉王死后,武王登基。卞和再次献宝。玉工依然认为是石头,卞和又被砍去了右脚。后来文王即位,命人把石头剖开,果然得到了稀世宝石,为赞扬卞和献宝的精神,于是命名为"和氏璧"。

公元400年后,楚国丞相打仗有功。楚威王便把和氏璧赏赐给了他,可是有一天,丞相大宴宾客,拿出玉璧赏玩时,旁边的深潭里突然跃出各种鱼儿。宾客们争相观看,混乱中玉璧不知去向。后来,和氏璧辗转到了赵国。秦王得知,派使者提出以城换璧,才引出了"完璧归赵"的著名故事。秦灭赵国后,秦始皇将和氏璧制成一方玉玺,上刻"受命于人,既寿永昌"8个篆字,希望能代代相传。从此,玉玺就成为历代皇帝权力的象征。然而不久之后,秦朝就灭亡了。秦王子婴将玉玺献给刘邦。刘邦将它带在身上,号称"汉传国玺"。西汉末年。王莽篡权,派弟弟王舜向小皇帝索要玉玺。太后气得将玉玺摔在地上,从此玉玺缺了一角,只好用黄金镶补。东汉末朝,玉玺一度失踪。后来长沙太守孙坚攻人洛阳,发现一口井里冒出红光,命人打捞,从捞出来的宫女尸体项下的锦囊中找到玉玺。孙坚死后,玉玺被献给曹操,后又传到晋朝,最后落人唐太宗之手。唐末,天下又陷入五代交叠的大乱局面,传国玉玺也从此失去了踪迹。尽管此后不断有玉玺被发现的传闻,却始终得不到确证。

和氏璧传国玉玺代代相传,前后持续达1600多年之久。那么这一为天下人争夺不休的稀世奇珍究竟是什么宝物呢?传统观点认为和氏璧应是一种玉。因为"璧"在古文中的意思就是"平而圆,中间有孔的玉"。然而史书又称它"侧而视之色碧,正而视之色白",而一般的玉并不能变色。于是又有人认为和氏璧是一种名叫月光石的矿物。月光石的色泽类似珍珠,在不同的角度观察可以看到不同的色彩。但这依然不能证明和氏璧就是月光石。因为和氏璧被发现时是包裹在普通岩石之中的,即所谓的"璞"。正因为如此,卞和才失去了双脚。而月光石则是裸露在岩石之外的一种天然晶体。况且,月光石也不会单独生成,但自卞和发现和氏璧之后,再没有在该地找到其他类似的宝石。另有一种叫蛋白石的矿物,其特征与和氏璧有几分相似,然而楚地荆山一带并没有发现这种矿床。不过,无论什么宝石也不会有和氏璧如此传奇的经历,寄托了如此多的野心和欲望。也许,这才是和氏璧被传为天下至宝的根本原因所在。

指南针

指南针原理简单,结构也不复杂,但如果你对它的"家世"稍感兴趣的话。就会发现许许多多的谜团。它的"始祖"究竟是谁?产生于何时?

最初样式如何? 我们的祖先至迟在公元前 3 世纪已普遍地认识到磁的指南性和吸铁性了。那么究竟磁的吸铁性和指南性最早发现于何时呢?虽然有不少学者辛勤探究,但终因文献记载的缺乏和局限。而使它们成为数千年来争论不休的话题。由于磁体的吸铁性及指南性最早发现于何时还不能确切地断定,故如指南针这样的磁指南器最早产生于何时,也就自然而然不甚了之。

"司南"说

有人根据《韩非子·有度篇》"故先王立司南,以端朝夕",认为战国时期我国就有了最早的磁指南器——司南,并依据《论衡·是应篇》"司南之杓,投之于地,其柢指南"考证说:司南是用天然磁石琢成勺形。它的勺底呈球状,将其南极磨成勺子的长柄。然后放在地盘上,盘的四周刻着"八干"(甲、乙、丙、庚、丁、辛、壬、癸),"十二支"(子、丑、寅、卯、辰、巳、午、未、申、酉、戌、亥),"四维"(乾、坤、巽、艮)二十四方位。盘子中央有直径5～10厘米磨得很光滑的地方用来放勺。使用时。将勺轻拨,使之转动。等勺停下来时,它的长柄便指向南方。

"指南鱼"

但有些细心的学者根据上述史料反问道:不是说"先王立司南"吗?那么这"先王"到底是指何代的先王呢?这不可不谓是对"司南"说的挑战。天

然磁石磁性不强，很难想像经琢磨震动后还能指南。同时，当时的人很难定出磁石的南北极。如不按南北极方向制勺，则勺纵有磁也不会指南。为什么要制成勺形，而不能制得更简单些呢？这就是"指南鱼"说的主要观点。此外，他们认为，除《韩非子》《论衡》二书有"司南"的资料外，六朝以前的其他文献均无司南的记载，甚至还把司南与指南车混淆。他们认为目前发现的关于磁性指南仪器的最早明确记载是北宋曾公亮著的《武经总要》中的"指南鱼"。这是一种用薄铁叶剪成的6厘米长的鱼形物，通过焊火、磁化等手段而赋予磁性，"用时置水碗于无风处，平放鱼在水面令浮，其首常南向午也。"无论是"司南"说，还是"指南鱼"说，都各自言之有理。究竟孰是孰非呢？或者说还有没有第三种可能呢？这还有待于矢志于此的学者和读者，从浩瀚的文献中去发掘。另外，也有待于考古的新发现。

文字起源

没有文字时，人们只能在漫漫的历史长河中艰难地跋涉。一旦有了文字，人们就插上了双翅，拍动着灵翼，飞上了智慧的高空，然而这人类的智慧之翼——文字究竟是什么时候产生的呢？

最原始的非书面的联系手段是与利用的参照物紧密地联系在一起的。如一堆石头标志着一个坟墓，一组棍棒是一些事物的标记等。后来被描绘和雕刻出来作为"文字"一词词源的符号出现在不同的语言中。在旧石器时代早期的洞穴绘画中可以看到这种情况。古文字学家所确认的最古老的图画文字出现在公元前3500年人类文明的发祥地之一——美索不达米亚地区，这种作为原始文字的图画描述，是独立于语言之外的，因为它既不想也不能达到复制声音的水平。"画谜文字"，几乎同时在苏美尔和埃及产生。从文字发展的线索来看，它是朝真正文字迈出的第一个重要步骤。

它使得简单地描绘概念成为可能，使之能够一定程度地体现人类的抽象思维能力。但是，它仍然与有形的物体联结在一起，它的符号还没有成为一个发音的符号，即在具体中渗透着抽象的成分。多数古文字学家认为，两河流域的古代居民在公元前1800年对人类文字的发展做出了贡献。美索不达米亚地区居民的创造性文字的历史也就迈进到了音节文字阶段。

音节文字应是字母文字形成前的最后一个阶段。公元前 3100 年的苏美尔文字、公元前 3000 年左右的埃及文、公元前 2200 年的原始的印度文、公元前 2000 年的克里特线形文字 A、公元前 1500 年的赫梯文以及公元前 1300 年前后的中国甲骨文都处在这一阶段。随着文字的发展，发音符号的抽象性逐渐加强，大大超出了符号的具体性，越发灵活了。文字发展的最后一个阶段是字母文字。字母文字标志着文字规范化的到来。美国语言学家格尔帕认为第一个能被公正地称为字母文字的应该是希腊语。希腊语在公元前 9 世纪充分接受了塞米特语的音节表，发展了元音制度，而且首创元音与辅音的结合，第一次导致了完备的字母文字体制的问世。最早的文字是公元前 3100 年左右苏美尔人印刻在泥板上的图画。后来，当文字的发展较为显著时，削尖的、楔形形状的茎杆笔成为常见的书写工具，这种楔子形状的文字逐渐被称为"楔形文字"。这种文字最早是从上至下在圆筒上书写的，后来到了公元前 2600 年就改为在水平面上从左到右书写了。

楷书的产生

楷书，又称真书、正书，因字体端正规范，堪称楷模，故得此名。提起它，人们很自然地会想到唐代欧阳询书写的《九成宫醴泉铭》、柳公权的《玄秘塔》和颜真卿的《颜勤礼碑》，以为这些就是中国最古老的楷书。其实不然。那么，楷书最初产生于何时呢？

秦汉之说：

一些人认为，楷书的产生可以上推至汉初，甚至有人提出上至秦始皇时代。例如宋代著名的书法理论著作《宣和书谱》在《正书叙论》篇中叙："字法之变至隶，极矣，然犹有古焉，至楷法则无古矣。汉初建初(汉章帝年号，公元 76～83 年)有王次钟者，始以隶字作楷法。所谓楷法者，今之正书是也。人既便之，也遂行焉。而或者乃谓秦羽人(羽人一说为职官名，掌征集羽翻作旌旗车饰之用；又一说是道士的别称)。王次仲作此书献始皇以赴急疾之用。"

第六章　考古拾趣

东汉、三国之说：

不过也有不少学者认为楷书始于东汉，也有的说是三国时代的魏时。清人刘熙载在《艺概·书概》中说："正、行二体始见于钟书。"钟，指三国时魏人钟繇。而今人钟明善在《中国书法简史》中提出自己的见解说："从汉字书法发展上来看，魏晋是完成书体演变的承上启下的重要历史阶段。"书法从小篆转向隶书，这是第一次重大的决定性变革，从此汉字由圆变方，至今都沿袭了这种方块的基本形态。"隶书产生、发展、成熟的过程就孕育着真书。真书、行书、草书这三种汉字书法的重要书体的定型是在魏晋200年间。魏甘露元年《譬喻经》墨迹、西晋元康六年写的《诸佛要集经》墨迹等，左弯的笔画为楷书的撇代替，斜钩代替了(隶书的)磔。此时真行草三体具备。"当时"造就了两个承前启后，巍然卓立的大书法革新家——钟繇、王羲之。他们揭开了中国书法发展史的崭新一页，树立了真书、行书、草书美的典范。钟繇在这种新书体(楷体)的完善、推广上起了很大的作用"。按照这种说法，楷书经钟繇的完善并推广得到了大发展。其出现当然还得在此以前了。那么，楷书之根究竟在何处呢？

戏曲的形成

在中国古代光辉灿烂的历史文化中，有一颗璀璨的明珠，那就是中国古代的戏曲艺术。中国戏曲艺术究竟形成于何时？历来众说纷纭，莫衷一时，难以得出一个确切的定论。大约在十二三世纪，中国的南北方分别涌现出南戏和北杂剧这两种戏曲形式。产生于中国南方一带的南戏，又被称为"温州杂剧"或"永嘉杂剧"。它的具体产生年代是明人祝允明和徐渭首先提出来的。祝允明在《猥谈》中认为："南戏出于宣和之后，南渡之际。"当时他曾经见到旧牒中有赵闳对夫榜禁，"颇述名目"，有《赵贞女蔡二郎》等南戏。徐渭的观点和祝允明略有差异。他的《南词叙录》是研究中国古代戏曲中南戏的重要专著。他提出："南戏始于宋光宗朝，永嘉人所作《赵贞女》、《王魁》二种实首之。"这就比祝说"南戏出于宣和之后"的年代要晚80年左右。那么，祝说和徐说究竟谁是谁非呢？

有关南戏形成年代的问题相当复杂，各家之说，难以统一。而对于北杂剧产生年代的看法，同样也很不一致，一般说来，有这么两类：一些人认为，北杂剧形成于金末元初。也就是说，金代是北杂剧的孕育演变时期。不过。至迟在金代末年已出现了杂剧这种形式,只不过当时还掺杂在金院本中没有独立出来,到了元代则脱颖而出,形成了成熟完整的戏剧样式。所以,他们不同意明人朱权在《太和正音谱》中将关汉卿列为"杂剧之始"的说法。因为元代初期关汉卿剧作已相当成熟,元杂剧已很兴盛。这中间应有个发展成长的时期。但是北杂剧在金院本中怎样脱胎演变,现在仍缺乏有力的论证。另有一些人则认为,北杂剧的产生年代应在元初。顾肇仓在他的《元代杂剧》一书中就提出,宋、金两代虽然有杂剧,但所包括的内容都不是纯粹的戏剧,只有到了元初,各种条件才具备和成熟,由此才得以正式形成北杂剧。中国戏曲究竟形成于何时,应该说至今仍是一个谜。

歌唱始于何时

卡拉 OK,是当今青年人、中年人甚至老年人都比较喜欢的一项娱乐。演唱的人,手拿麦克风,跟着屏幕上的画面,边舞边唱,尽情地抒发胸中的情感。可是,你可知道,中国何时开始有歌唱的?这却是一个需要进一步探讨的"谜团"。古书《诗经》上说,当人们内心的情意被外界感应的时候,心里就会激荡,于是就会在唇吻之间发出声音来表示。而这种声音在经过调和美化之后,便成为歌唱,甚至还会引起手舞足蹈。即所谓:"情动于中,而形于言。言之不足,故嗟叹之。嗟叹之不足,故歌咏之。歌咏之不足,故不知手之舞之,足之蹈之也。"这里所说的"嗟叹"、"歌咏",就是歌唱的形成过程。至于从谁首先开始的,说法就多了。

始于帝舜:

一种说法是歌唱始于帝舜。据《史记·乐书》记载说:舜是一个孝子。为了表达他的思亲之情,先制作了一张五弦琴,然后用这琴声来伴唱孝子思亲的歌曲——《南风》。于是,乐官夔根据他唱的歌,谱成乐曲,赏赐给各地的诸侯,希望天下都能受到舜的影响。起到普遍的教化作用。"昔者舜作五弦之琴,以歌南风。夔始作乐,以赏诸侯。"而《尚书·尧典》的记载,更生动具体,但没有说舜曾作琴、唱歌,而说他下了一道命令,任命夔为乐官,要他作曲谱歌,用歌唱去教育年轻人,让他们变得正直而温和,宽大而谨慎;并做到性情刚直而不凌人,态度简约而不傲慢。为了要夔做好这一工作,舜还谆谆教导说,诗是用来表达思想感情的,歌唱则是借助语言把这种感情咏唱出来。唱的声音既要抒发胸中的思想感情，又要符合音律，使之优美动听。伴奏的乐器，还要注意和谐、协调，让神听了也感到快乐和谐。"夔，命汝典乐。教胄子，直而温，宽而栗；刚而无虐，简而无傲。诗言志，歌永言，声依永，律和声。八音克谐，无相夺伦，神人以和。"

始于长琴：

另一种说法是歌唱始于长琴。《山海经·大荒西经》记载说，颛顼的孙子祝融生了一个儿子叫长琴。他住在摇山上，开始为人们创制各种乐曲。"在摇上，其中有人，号曰太子长琴。颛顼生老童，老童生祝融，祝融生太子长琴。是处摇上，始作乐风。"而《山海经·海内经》还记载说，帝俊的儿子也创造了歌舞。记述中还强调帝俊有个儿子叫晏龙的，首先创造了琴瑟，于是他的七个兄弟开始歌唱跳舞。"帝俊生晏龙，晏龙是为琴瑟。帝俊有儿八人，是始为歌舞。"《山海经》中说的长琴和帝俊的八个儿子，是放在不同地区说的，显然指的是不同部落的人。再有一种说法还要早，说是始于三皇之一的葛天氏。据说他那时不仅有了歌唱，而且还有多人的载歌载舞。他们唱的歌，就是著名的"八阕"。看来歌唱始于何时，可能是一个永远难解之谜。

古筝

公元 834 年，日本遣唐使藤原贞敏在长安拜琵琶博士刘二郎为师，并于公元 840 年回国前与刘二郎之女——一位弹筝名手结为百年之好。公元 888 年，唐僖宗派遣弹筝博士皇孟学率领 62 人的乐队赴日本传授中国音乐，日本天皇诏书内教坊女乐人石川色子拜中国音乐家为师，学习筝艺。从此，中国筝在日本落了户，并逐渐演变成具有日本特点的重要的民族乐器，一直流传至今(据日本《大日本史》和《筝曲知识》)。而朝鲜的伽耶琴和越南的 16 弦琴也是中国筝的变体。今天，古筝的伯牙和子期不仅层出不穷于东方——新加坡现有数以千计的学筝者。而且初露头角于西方——近几年就有美国、意大利和澳大利亚等国的留学生在我国音乐学院学习古筝。但是，对于这种早已走向世界的乐器从何而来，历代众说纷纭，至今仍无定论。

有人认为，筝是战国时代秦国名将蒙恬(？~前 210 年)发明的，这是东汉应劭首先在《风俗通》中提出来的。但是在《史记·蒙恬列传》中却没有关于蒙恬造筝的记载;而在《史记·李斯列传》中却有"大击瓮、叩缶、弹筝、博髀,而歌呼呜呜快耳目者,真秦之声也"的文字。这也是迄今发现的关于筝的最早的文献记载。《史记》的作者司马迁约生于公元前145年(或前135年),比蒙恬的卒年只晚六七十年;如以《史记》成书的年代计算,也只晚一百多年。司马迁在编写《史记》时,不仅翻阅了大量的文献,而且还进行了广泛的实地采访,积累了丰富的第一手资料。如果蒙恬造筝是史实,司马迁不太可能不将蒙恬的这一重大发明写入《蒙恬列传》中去。因此,《旧唐书·音乐志》对蒙恬造筝说提出了异议:"筝,本秦声也。相传蒙恬所造,非也。"今有人认为,《风俗通》可能将"蒙恬造笔"误作"蒙恬造筝"因为笔的繁体字"筆"与"筝"相似,容易混淆。而1979年版的《辞海》"秦筝"条则曰:"相传秦人蒙恬改制,故名。"

有人认为筝源于瑟;秦人鼓瑟,兄弟争之,一破为二,故名筝(争)。这个论点自唐赵璘《因话录》中首先提出来后,宋、明、清及近代的不少书籍均有类似的记载。在日本筝史里则演绎成秦始皇的两位爱姬因争25弦瑟而破之,传入日本的是13弦筝,流至朝鲜的则是12弦筝(据日本《筝曲知识》)。今有人则认为这是望字生义,牵强附会之说。首先,从乐器制造学的角度来说,无论什么乐器都是由若干部件组合而成一个整体,缺一不可,(装饰性的部件除外),更不用说将一件乐器一破为二了;在中外乐器中似乎也没有一件乐器取之另外一件乐器的一半而形成的。

据《风俗通》记载:"今并、凉二州筝,形如瑟,不知谁改作也。"可见最早的筝不是瑟,而是有人改作后才如瑟的。

郭沫若在《历史人物·隋代音乐家万宝常》一文中根据中国音乐的发展始终受着外来影响的规律和中外乐器的读音比较,认为筝是在秦朝时从西方传入中国的。日本学者也依据秦国地处中国的最西部,与西域接壤这一现象,认为筝很可能是从西方传入的(据田边尚雄《东洋音乐史》)。挪威王国曾发行过一套乐器邮票。其中有一张画的乐器名叫长筝,但不知这种长筝在挪威的情况如何。

有人认为筝很可能起源于筑 (一种古老的击弦乐器)。因为据《风俗通》、《说文解字》和宋陈旸《乐书》等记载,筝和筑最早都是五弦之乐,并且外形相同,奏法相似(筝为左手按弦、右手弹弦,筑为左手按弦、右手持竹击弦);从汉字造字的规律来看,筑因用竹制成,故以"竹"为头,而筝由筑演变而来,并且定弦较高,发音有"铮铮"声,故从"竹"为"筝"。这种如筑之筝约在战国末期才发展成如今的似瑟之筝。持这一观点的有我国和日本的一些音乐史学者。

筝是我国古代音乐文化宝库中的一颗明珠,并以其独特的光辉闪耀了两千多年。历代筝手层出不穷,遍及上至皇帝、下至乐妓的各个阶层。但是,令人费解的是,在至今出土的众多乐器中还不见有筝;而与筝相似的乐器——瑟,却时有所见。筝与瑟的主要区别就在于筝的弦数少于瑟。所以最近又有人认为,筝与瑟可能是同器异名,小者曰筝,大者谓瑟;或民间曰筝,宫廷谓瑟……但这只是一种假设而已。

要解开古筝从何而来这个谜,还有待于音乐学、考古学、语音学和中外关系学科的深入研究和新的发现。

围棋起源

与象棋一样,围棋同样也是源于古代的一种棋戏,其发源地一般认为在中同。《大英百科全书》称围棋起源于公元前 2356 年左右的中国;《美国百科全书》记载中国人于公元前 2300 年发明了围棋;《中国大百科全书》中关于围棋的记述:"传说起源于公元前 2000 多年的古代中国,是世界上最古老的棋类游戏之一。约在隋唐时传入日本,19 世纪时传入欧洲。"关于围棋的起源时间,一般有两种看法:其一是认为围棋起源于原始社会末期的尧、舜、禹时代,此说主要取材于后人记载的一些远古传说;有学者认为围棋的产生与当时部落间的战争有关,是部落首领们用于研讨战争事宜的一种工具,且棋子只有黑白两色,无等级地位的高低之分,反映出围棋产生时社会上尚无明显的阶级之分。近年的一些考古发现。如甘肃永昌鸳鸯池遗址出土的原始社会彩陶罐以及仰韶文化的彩陶上均曾发现有类似棋盘的图案。

另一种看法则认为围棋起源于春秋战国时期。持此说者的依据是春秋战国时期一些文献的记载,如《论语·阳货》有"不存博弈者乎";《孟子·离娄》有云:"博弈好饮酒,不顾父母之养,二不孝也。"尤其是《左传》中的一段记述:"卫献公自夷仪使与宁喜言,宁喜许之。大叔文子闻之,曰:'今宁子视君不如弈棋,其何以免乎?弈者举棋不定,有胜其耦,而况置君而弗定乎?发不免矣……'"此段话是指当时卫国宫廷的一场斗争,讲述者首次用了"举棋不定"来比喻拿不定主意。因此有学者认为在当时围棋已经产生并广泛流行于各诸侯国之间。当然,人们从中也不难看出,上述记载只是说明了在春秋战国时期围棋已是一种比较成熟且至少在宫廷和士大夫中相当普及的娱乐活动,由此推断,在这之前围棋还经历了一个较长的产生和发展变化的时期。《世本》和《博物志》中的"尧造围棋"的说法虽然只是来源于古代的传说,但也说明了围棋的源远流长。

诸葛亮躬耕处

三国时蜀丞相诸葛亮,祖籍是琅琊阳都,即现在的山东省沂水县南,年幼时迁徙到南阳。他本平民布衣,躬耕垄亩。刘备三顾茅庐,使诸葛亮成为他的得力助手,为蜀汉政权的建立立下了赫赫功劳。但是,诸葛亮年轻时躬耕垄亩的南阳究竟在哪里,人们至今争论不休。

南阳:

有人认为,诸葛亮的故居就是现今河南省的南阳。诸葛亮在《出师表》中自述道:"臣本布衣,躬耕于南阳,苟全性命于乱世,不求闻达于诸侯。先帝不以臣卑鄙,猥自枉屈,三顾臣于草庐之中。"在河南南阳西郊的卧龙岗上也留有诸葛亮的古迹。一些人认为,刘备三请诸葛亮就在这个地方。据《三国志·诸葛亮传》记载:诸葛亮早孤,他父亲的兄弟诸葛玄为袁术统辖下的豫章太守,诸葛亮一直跟随他。后来,朱皓代替了诸葛玄,诸葛玄就投靠荆州牧刘表了,而诸葛亮则留在河南"躬耕于南阳"。刘备三顾茅庐,是在河南南阳无疑。

隆中山:

有人认为,诸葛亮故居在距河南南阳100千米的湖北襄阳城西的隆中山。"南阳"在汉代是郡名,管辖20多个县,由荆州刺史部辖。东汉末年,刘表任刺史。这时,东汉政权已经动摇。刘表在地方军阀混战中占据了南郡、襄阳郡、驻在襄阳,但他并没有完全占据南阳郡。河南南阳在汉代称"宛"。此时,宛城被袁术占据,袁术东走后,又为张济、张绣占据。建安二年,张绣向曹操投降,宛城就成了曹操的势力范围。刘备三顾茅庐在建安六年之后,他不可能自由出入敌境,从容三顾。据《汉晋春秋》载:"亮家于南阳之邓县,在襄阳城西二十里,号曰隆中。"这里的邓县不是今天河南的邓县。因为它在襄阳北面 50 多千米的地方。而这个邓县的故城遗址在襄阳境内汉水北岸 5 千米处。刘表当时虽没有完全占据南阳郡,但其势力范围已伸到南阳郡的博望、新野一带,邓县在其南,接近襄阳,在刘表势力范围之内。诸葛亮与诸葛玄依附刘表之后,就住在这里。所以,诸葛亮故居应在襄阳的隆中山中。第一种观点无法解释《汉晋春秋》的记载。第二种观点又丢开了卧龙岗这一与诸葛亮有密切联系的地点。再者,《三国志》中也没明确记载诸葛亮是否跟诸葛玄依附刘表之事。所以,诸葛亮故居在何地到如今也难断定。

屈原投江

屈原(约公元前 340 ～ 约前 278 年),战国末期楚国人,名平,字原,楚武王熊通之子屈瑕的后代,丹阳(今湖北秭归)人,是我国历史上一位伟大的爱国诗人,也是一个学识渊博、目光深远的政治家。屈原在担任三间大夫和左徒期间,心系苍生社稷,力主改革朝政、联齐抗秦,由于在内政外交上与楚国腐朽贵族势力发生尖锐的矛盾,遭到上官大夫等人的妒忌、诬陷,最终导致与楚怀王的疏远,两次遭到流放,被逐出郢都。但他始终念念不忘自己的祖国,希望楚怀王和后来执政的顷襄王召回自己,为国尽力。最后在楚国郢都被秦国将领白起攻破之后,他不忍心看着祖国灭亡,投汨罗江自尽,用生命谱写了一曲千古悲歌。关于屈原自沉汨罗江的原因,历来有诸多说法,却都相差甚远,恐怕是因所选择的分析角度不同所致,总括起来看,主要有四种。

"殉国说":

"殉国说"以清代学者王夫之和现代历史学家郭沫若为代表。王夫之在《楚辞通释》中认为,屈原之所以写下著名的诗章《哀郢》,是由于哀叹郢都的陷落,宗庙社稷成为荒丘废墟,人民流离失所,顷襄王不能拼死抵抗秦军,楚国灭亡指日可待。据此,现代的屈赋研究者大都认为,屈原投江是因为秦军攻破楚国都城,屈原不忍亲眼目睹国家灭亡,故而投江殉国。郭沫若在《屈原考》中写道:"就在郢都被攻破的那一年,屈原写了一篇《哀郢》……他看不过国破家亡,百姓颠沛流离的苦状,才悲愤自杀的。"他在《伟大的爱国诗人——屈原》中写道:"屈原的自杀,事实上是殉国难。"

"殉道说":

"殉道说"以近人曲沐为代表。他认为"屈原的自杀原因无非来自两个方面:一是社会政治的黑暗;一是性格的刚直,是生命在与现实的撞击中而毁灭"。"屈原是出身于华族贵胄的政治家,其理想中的'明君'、'哲王'已不复存在。面对楚怀王、顷襄王这样的昏君,其抱负与志向无法实现,加之群小的谗言,因而愤懑不平,牢骚罹忧"。屈原是战国时代应运而生的一位别具特色的"士",他的人格力量在于他坚持"人道自任"的理念和对自身的"内美"、"修能"的不可动摇的认知;义无反顾地坚持理想;宁为玉碎,不为瓦全。所以只身赴死,以求得精神上的圆满。

"尸谏说":

"尸谏说"以近人王之江为代表。持此说的人认为屈原看到楚国"党人"横行,百姓看不到希望,朝中没有忠良之臣。国家没有守备外敌的力量,楚国将面临亡国大祸。满怀救国大志的屈原却遭谗言而被流放,报国无门的他没办法身谏楚王,哀叹报国之志无法实现。绝望的屈原决心以死来震醒昏君。屈原在《离骚》篇末有"吾将从彭咸之居"。彭咸是殷朝有名的贤士大夫。他曾忠心劝谏国君,遭掂漠视,最后愤然投水而死。由此看来屈原之死是"尸谏",是向彭咸学习而来的。

"洁身说":

屈原为国君昏庸而痛心,不愿看着"党人"乱政,葬送楚国锦绣河山。加之长期的放逐生活,身心交瘁,再无重返朝廷、实施理想"美政"的希望。为了保持清白高洁的操守,捍卫自己所毕生追求的理想,终于带着不尽的遗憾,愤然投身汨罗江中。淮南王刘安的《离骚传》曾赞叹屈原不肯在浊世中苟活,故而"蝉蜕于污秽",献出了自己的生命。综观以上说法,屈原愤然自尽的内因似应是理想破灭后的"绝望"。这样的死,当然不是怯懦或逃避对祖国的责任,而是对现实清醒的认知,是屈原坚守气节的最终追求。

昭君出塞

作为历史上"四大美人"之一的王昭君,虽在《汉书·匈奴传》和《后汉书·南匈奴传》等正史中有所记载,但是,对于她为何出塞匈奴,历来众说纷纭,贬褒不一。

王昭君,西汉南郡秭归(今属湖北)人,名嫱。晋时为避司马昭讳,时人也称她为明君和明妃。据传,她是齐国王襄的女儿。竟宁元年(公元前33年),她年方17,被汉元帝选入宫中,汉元帝是按画工的画像选宫女的。深居后宫的宫女们,为了能被皇上幸召,总想把自己画得美点。所以,她们不惜重金贿赂画工。

王昭君初入宫廷,一来不懂这些规矩,所以没有备下这笔贿金;二来自恃美貌,不愁皇上不召见。据说,画工毛延寿当画到王昭君的眼睛时,便启口说:"这画人的传神之笔在于点睛,真是一点千金呀!"昭君对毛的暗示虽心领神会,但她并没有买他的账,相反讽讥了他几句便离去了。毛延寿见她如此傲慢,便把那点该点到昭君眼睛上的丹青,点到了她的脸上。就是这么一点,竟让王昭君在掖庭里苦守了不知多少时光。

这时,恰好匈奴呼韩邪单于来朝,要娶汉人女子为妻。元帝正苦于无法抵御匈奴的侵犯,见到呼韩邪单于来朝求娶,觉得正是开展政治和亲外交的好时机,于是便赐给他五名宫女。王昭君久居深宫,面见圣上无望,积怨甚深,听说匈奴前来求亲联姻,便主动要求离汉宫去匈奴。汉元帝只知她缺少姿色,因此同意了她的要求。

到了呼韩邪单于临别的那天,汉元帝见王昭君丰容盛饰,光明汉宫。顾影徘徊,竦动左右,不禁大吃一惊。他本想把她留下,可是怕失信于人,只好忍痛割爱,让王昭君出塞和亲。据传,汉元帝由此对画工毛延寿大为恼火,遂有杀毛延寿等画工之说。

王昭君到了匈奴,生儿育女,尽了贤妻良母之责。可是好景不长。没几年,呼韩邪单于驾崩。其前阏氏之子继位。根据匈奴习俗,王昭君要嫁给他为妻。昭君不从,上书汉朝要求回汉宫。此时元帝已死,成帝即位,成帝敕令她从胡俗,昭君无可奈何,又成了后单于阏氏。据传,王昭君积愁太深,最后服药而死。

据传王昭君死后,葬于匈奴,墓地在今归化城南30里处。北方秋冬草木枯落,王昭君墓旁树木皆青,方向朝南。杜甫诗有"独留青冢向黄昏"之句,后传为"青冢"。

从上面记传的情况看,王昭君为何出塞应这样解释:王昭君因自傲,未买通画工毛延寿,结果被丑化。美貌的昭君因此得不到皇上的宠爱。她久留宫中实在无聊,于是自请去匈奴。经汉元帝同意,便出塞去和亲了。

历史上也有人认为,王昭君之所以出塞,是毛延寿设下的救国计策。据传,竟宁元年,王昭君以良家女被选入宫中。宫廷画工毛延寿见其貌美非凡,生怕已经沉恋于女色的汉元帝更不能自拔而误国,于是在画王昭君肖像时,有意把她丑化了。汉元帝未能察觉。后来呼韩邪入朝要娶汉人女子为妻,汉元帝原想以丑送人,结果误将王昭君送了出去。当见到昭君其真面目后,曾想反悔。无奈君主出言,驷马难追。于是,只得忍痛割爱了。

历史上一些文人认为毛延寿此举实在高明。汉元帝好色,如果不把王昭君送出去,她有朝一日得宠,就会变为姐己式的人物,到时误国殃民,后患无穷。有诗道:"延寿丹青本诳君,和亲犹未敛胡尘。穷庐自恨嫔戎主,泉壤相逢愧汉臣。玉骨已消青冢底。香魂犹绕黑河滨。愁云晴锁天山路,野花闲花也怨春。"在这里,毛延寿成了"忠臣唯有毛延寿,能送名妃出宫门"的大好人了。

据正史记载,王昭君出塞和亲,对汉边疆的安宁起了良好的作用。《汉书·匈奴传》载:"王嫱字昭君,赐单于,号宁胡阏氏,生一男伊屠智牙师,为右日逐王。呼韩邪死,立雕陶莫皋为复株絫若鞮单于,复妻王昭君,生二女;长女云为须卜居次,小女为当于居次。新都侯王莽秉政,乃风单于,令遣王昭君女须卜居次云人侍。"从这段记载中可以看出,昭君出塞和亲,在呼韩邪父子当政时期,汉匈关系和睦,这说明政治联姻还是有积极意义的。

可是也有人认为,汉室谋臣如云,猛将如雨,用妇人去安邦息事,实在是有伤国体。有诗说:"当年遗恨叹昭君,玉貌冰肤染胡尘。边塞未安嫔侮虏,朝廷何事拜功臣?朝云鹤唳天山外,残日猿悲黑水滨。十里东风青冢道,落花犹似汉宫春。"汉朝当时外戚宦官当权,王昭君出塞"为救苍生离水火,甘教薄命葬烟尘"。这与当时的汉奸李陵、卫律相比较,功罪忠奸、是非曲直一目了然。

王昭君为何出塞虽众说纷纭,但她作为我国古代"四大美人"之一的故事流传至今,谁也不会有不同意见。杜甫诗云:"群山万壑赴荆门,生长明妃尚有村。一去紫台连朔漠,独留青冢向黄昏。"这是对王昭君一生的高度概括了。

香妃

有首凄切哀婉的词,刻在一方石碑的背面,碑的正面刻着两个大字"香冢"。这方石碑立在一座大冢之前,大冢就坐落在北京城南风景宜人的陶然亭公园的东北角上。据说,这就是有名的"香妃"墓,是在乾隆皇帝的授意下,安葬在这里的。为的是自己可以随时到这里凭吊,寄托对香妃无尽的哀思。可是,据说还有两座"香妃"墓,一座在新疆喀什噶尔,一座在河北遵化。两座墓里的香妃,还有两个不同的传说。如果说新疆喀什噶尔埋的是香妃,河北遵化埋的是容妃,那么,陶然亭边的"香冢"里埋的又是谁呢?

回部香妃说

传说,香妃本是回族首领霍集占的王妃,长得国色天香,生来身上就有一种奇香。这香味既不是花香,也不是粉香,不用香草薰,也不用香汤洗,香气袭人,沁人心脾,所以人们都管她叫"香妃"。清高宗乾隆本是个风流皇帝,听说此事,不能忘怀,总想把她弄到自己身边享用。正巧,霍集占造反,清廷派大兵镇压,正是掳香妃来北京的好机会。于是乾隆再三嘱咐平叛边疆兆惠一定把"香妃"捉来,并命令沿途官员好生护侍,防止香妃自杀,并保持香妃容颜不损。果然,香妃被捉,押进北京。到了清宫,果然名不虚传,香妃人还未到,香气先闻。乾隆一见大喜,问寒问暖,极为热情。可是,香妃却冷若冰霜,百问不答,一腔仇恨流露在怒目之中,于是太后派人把她绞死了。乾隆听到消息,急忙赶回,看到香妃面带微笑,闭目死去,不禁号啕大哭,痛悔自己害了她。这时,人去楼空,只有一股香气袅袅弥漫,仿佛一缕游魂飘向远方。乾隆为了表示对香妃的尊重和哀悼,下令用软轿将其遗体抬回新疆喀什安葬。这就是回部香妃的故事。

容妃说

一些人查阅了清宫档案后,猜想所谓的香妃应该是乾隆的宠妃——容妃。她是乾隆40多个嫔妃中唯一的回族女子。容妃的故事是这样的:容妃生于新疆叶尔羌回部,祖上是伊斯兰教的一个首领。她的哥哥因为配合清廷平定霍集占叛乱有功,被召到北京受封。她也随兄来京,恰巧被乾隆看中,选入后宫,被封为"贵人"。据传,为了保持她的民族习惯,她曾对乾隆提出了三点要求:一、她在京城的住处必须是伊斯兰教风格的建筑;二、她的哥哥图尔都也必须进京居住,互相照应;三、她死后遗体要运回故乡喀什。乾隆都答应了她,5 年之后,她被封为"容妃"。乾隆五十五年,容妃病故,葬于河北省遵化县清东陵西侧的"裕妃园寝"。在这里的月台上有一宝顶,宝顶下是安放棺椁的地宫,地宫深 14 米。与十几米长的地下走廊相通。如果说容妃就是香妃,这座墓当然就是香妃墓了。但是,还有人认为,容妃与香妃并不是一个人。因为容妃并无体香,并非被掳入京,并未被赐死。

貂蝉

王昭君、西施、貂蝉和杨贵妃"四大美人"中,要数貂蝉最不可捉摸。因为人们至今还不清楚她的真面目。目前,不同的说法共有四种:一说她是王允的歌妓。王允,东汉太原祁县(今属山西)人,字子师,初为郡吏,灵帝时,任豫州刺史,献帝时即位任司徒。王允为了剪除董卓,想用美人计来达到目的,可是一时又找不到合适的对象。后来,歌妓貂蝉知道情由后,就按王允连环计的要求,以自己的姿色挑拨吕布和董卓的矛盾,最后,借吕布之手杀了董卓,为王允排除异己立下了汗马功劳。

董卓的婢女

董卓,东汉陇西临洮(今甘肃岷县)人,字仲颖,本为凉州豪强,灵帝时,任并州牧。昭宁元年(即公元 189 年)率兵入洛阳,废少帝,立献帝,专断朝政。曹操与袁绍等起兵反对,董卓挟献帝西迁长安,自为太师,后来被吕布所杀。据《后汉书·吕布传》载:"卓以布为骑都尉,誓为父子,甚爱信之。常小失意,卓拔戟掷之,布拳捷得免。布由是阴怨于卓。卓又使布守中阁,而私与傅婢情通,益不自安。"这段记载,就是平常传说的凤仪亭掷戟之事。可见,貂蝉是与吕布情通的董卓婢女。

吕布之妻

吕布,东汉末五原九原(今内蒙古包头西南)人,字奉先,初从并州刺史丁原,继杀丁原归董卓,又与王允合谋杀董卓,后任奋威将军,封温侯,最后被曹操所杀。吕布之妻,据《三国志·吕布传》注引《英雄记》载:"布见备甚敬之,请备于帐中坐妇床上,令妇向拜,酌酒食。"从这段记载来看,吕布的妻子是随军生活的。《三国志·吕布传》注引《英雄记》又载:"建安元年六月,夜半时,布将河内郝萌反,将兵入布所治下邳府,诣厅事阁外,同声大呼,布不知反将为谁,直牵妇,科头,袒衣,相将从溷上排壁出,诣都督高顺营。"这里记述的这位科头袒衣的妇人,应是吕布之妻貂蝉。

秦宜禄之妻

还有一说:貂蝉是吕布部将秦宜禄之妻。据《三国志·关云长》注引《蜀记》曰:"曹公与刘备围布于下邳,云长启公:'布使秦宜禄行求救,乞取其妻,公许之。临破,又屡启于公,公疑其有异色,先遣迎看,因自留之。云长心不自安'。"从这段记载中可以看出秦宜禄的妻子是很有姿色的。另外,因为关羽原先想娶其为妻的,可是因为曹操"自留之",因此引起关羽的妒恨。关羽毕竟是个烈性子,他火冒三丈,一刀便把秦宜禄的妻子给杀了。《元人杂剧关公月下斩貂蝉》就是以此事附会而成的。因此,秦宜禄之妻成了传说中的貂蝉。总之,貂蝉到底是怎样的一个人,还需进一步研究考证。

凤凰的原型

龙飞凤舞,是典型的中华文化的象征。尽管龙和凤在客观世界里根本不存在,它们是先民们幻想的产物,但龙和凤却又确实有着现实的依据。它们是现实中某些形态的升华。那么,凤凰的原型是什么呢?

有的说是鸵鸟,有的说是极乐鸟,有的说是某种早已灭绝的巨鸟。但是,鸵鸟之类,我国没有,也就很难令人相信它是凤凰的原型。某种早已灭绝的巨鸟,也语焉不详,不足为据。另有一种意见为比较多的人接受,认为凤凰的原型是孔雀,其主要依据是凤凰和孔雀在形态上比较相似。

但是,最近有人提出凤凰的原型不是孔雀。理由有二:一、综观有关孔雀的资料,没有一条是来自先秦的,最早记载孔雀的是秦汉典籍。这表明,在先秦时代,黄河流域与长江中下游,没有孔雀。否则,活动于那一带的先秦文人,绝不会不记下珍奇的孔雀一鳞半爪的。只有当秦汉势力扩展到盛产孔雀的云南等地,孔雀才开始输入长江中下游、黄河流域,为这些地区的人们所见所闻。于是,在民间文艺里,在文人著作里,才有孔雀的出现。这样,黄河流域的上古人民所创作的凤凰,当然就不会以他们从未见过、听过的孔雀为原型。二、从形状看,两者也有差别,孔雀最显著的特点,是长大、华美的尾羽;可凤凰的尾羽,从原始陶器到今天的工艺品上所表现的形态,绝大多数是修长、雅丽的,并不同于孔雀。尽管孔雀与凤凰在某些方面相类似,古人却极少说凤凰像孔雀。

既然凤凰的原型这也不是,那也不是,那究竟又是什么呢?于是有人提出,凤凰的原型主要是雉类(即俗称的山鸡、野鸡、锦鸡),"凤凰以雉类为主体,融合了鹰等许多种鸟的典型形象,是以雉类为代表的艺术结晶"。论者提出,凤凰与雉类在形貌上十分相近,凤凰的羽毛五彩斑斓:"凤之象也。五色备举。"(《说文》)雉类也如此:"丰采毛之美丽兮有五色之名晕。"(《文选·射雉赋》)雉类首如鸡,颈如蛇,凤凰也同样:"凤,鸡头,……蛇颈。"(《广雅》)尤其是凤凰与雉类的尾羽,均修长而雅丽。战国时楚国的一幅帛画描绘有一只凤凰。其整个体态宛如雉类。(见《人民文学》1953 年第 11 期)卜辞中的一些象形"凤"字,也与雉类相近。唯其如此,所以《山海经》:"说有鸟焉,其状如晕,而五彩文,名曰鸾鸟。"(《西山经》)按鸾鸟,一说是凤凰的别名:"有五彩鸟之名,一曰皇鸟,一曰鸾鸟。"(《山海经·大荒石经》)一说是凤凰的左右:"鸾鸟者,……凤凰之佐。"(《后汉书·孝章帝纪》章怀太子注引《瑞应图》)说法虽不一,但反正是凤凰之属。

持这种意见的还认为,上古神话的艺术形象,不仅其形状如其原型,而且原型的性质往往决定着其艺术形象的性质。凤凰与雉类的关系正体现了这种情形。雉类善良,无损于人,对人还有许多好处。雉肉是一种佳肴,被视为君王的贵重食品之一,或当做待客的山珍。雉羽是华丽的装饰品,整只雉更是赠人的厚重礼物。人们尊雉为吉祥之鸟。雉类的这种禀性,为上古人民所看重、所采撷,融化到凤凰的形象里,凤凰遂以祥鸟的姿态出现在人们面前:"凤凰……见则天下安宁。"(《山海经·南山经》)凤凰还有一个很多学者所忽略的特点,那便是异常强大有力。古人描述凤凰的形态是"其翼若干"(《荀子·解蔽》引逸诗),"戴盾"(《山海经·海内西经》),"戴蛇、践蛇,膺有赤蛇"(同上),显得极其英武。因而,在上古人民的幻想中,凤凰又是一位强劲有力的保护神。是威猛而大有利于人的火的化身："凤凰，火精，生丹穴。"(《引演图》)人们常祈求凤凰运用神力，打击害人的凶神恶煞。凤凰的这一特性，和雉类密切相关。雄雉勇于搏斗，顽强果敢。所以武官侠士多喜欢用雉尾饰冠。而且古人还以为雉也是火精："火离为雉"(《太平御览·禽兽部》)。雉类还以良好的两性关系引起人们的赞赏。雄雉向雌雉求"爱"的情景相当热烈，如《诗·小雅·小弁》所描述的"雉之朝雊，尚求其雌"。雉类常常偶居，形影不离。因此，古人的爱情诗，常有以雉比兴的。与此相关，古代妇人就爱好用雉类作装饰，有用雉羽饰车舆的；有在衣服上画雉的；有冠上雕镂着雉形的；其中寓含着对幸福婚姻的憧憬。这种情况，折射到凤凰那里，它便又富有忠于美好爱情的性格了。于是"凤侣鸾俦"一词意味着最好的姻缘，"凤求凰"一语代表着热烈的求爱。妇女们极其喜爱凤冠、凤簪、凤钗、凤衣、凤鞋、凤镜之类，都是满含着对美好爱情的热望。

论者在提出凤凰的原型主要是雉类的同时，还指出凤凰从其他鸟的身上也汲取了一些营养，如鹰类、鸿类；而鹳、鸳、燕等，也可能都向凤凰贡献过若干素材。

凤凰的原型主要来自于雉类吗？看来也还不能成为定论。这一问题的解决，还有待于专家学者进一步努力。

船棺葬

船棺葬是分布于我国南方地区(主要是福建、江西的武夷山区)的一种古老的葬俗，其基本特征就是把死者遗体放进形状似船的棺材里，再行安葬。安葬船棺的方式，又有悬挂岩洞、架在树中和埋入土中之分。迄今所发现年代最早的船棺，是从武夷山观音岩和白岩上取下的两具棺木，均用完整的楠木刳成，和现在闽南等地使用的渔船形制基本相同。经碳素测定，两具棺材的制作时间距今3500年以上，约夏商时代；也有人估计是商周时代。用为土葬葬具的船棺。大多从四川地区出土，一般呈独木舟形状，年代最早者不超过战国中期，距今约2500年左右。由历史文献的记载可知，自古以来，我国南方许多民族都有以船为棺的习俗，上述考古成果不仅印证了文献记录，而且为研究这种葬具和葬俗提供了重要的实物资料。但是，古人为何以船为棺？这种习俗究竟是怎样形成的呢？寓于这种习俗中的观念是什么？这恐怕永远都是一个见仁见智的谜团。

中医针灸术

有中医常识的人，都会知道中医有一种叫针灸的治病方法。针灸讲究对准穴位下针。穴位是人身上一些有特殊感觉的点。医生用银针刺你的某个穴位，你的身体就会有一些相应的感觉。我们身上有700多个这种点，它们各司其职、互不相犯，针刺进穴位之后，我们的身体会感觉到酸、麻、胀等，这些感觉就好像沿着一定的路线在行进。这些路线在中医里叫做"经络"，历史上和现实中被针灸治好疾病的人很多。中医理论认为经络分布在人的全身，包括各器官、皮肤及筋肉，就好像一个大的交通系统一样；而穴位只是经络上的一部分，它们处于这个大交通系统的诸多十字路口上。可实际上，经络和穴位是无形的。它们不同于血管和神经，可以凭借解剖学清晰可见，于是要用现代医学理论来理解它，还得按照另一番原理来做一通理性的梳理。

现代医学发现人体穴位大多和神经系统有关。很多穴位的深层就有神经束。另外，它和血管、淋巴管、肌肉等组织也有着密切联系。西医术语中的触发点、运动点等概念跟穴位都有相通之处但又不完全相同。看来要用西医理论来给穴位做一个命名还是件难事，经络也曾被认为和神经有关，可又有人证实经络传感路线和神经走向不一样。于是有学者指出，经络的实质只是大脑皮层感觉中枢的一种反射，实际上并不存在所谓的路径。这一下子就否定了几千年来传统中医对经络的研究和认识，于是遭到了传统中医的反对。这种说法并不足以服人，而中医理论要保护自己的观点也需要积极寻找证据来反驳。看来，争论还会继续下去，等待真相需要的是时间。

古代麻醉药

古代名医华佗曾创制麻沸散，并成功地用之于外科大手术中。《三国志》载："若病结积在内，针药所不能及，当须刳割者，便饮其麻沸散，须臾便如醉死无所知，因破取。病若在肠中，便断肠湔洗，缝腹膏摩，四五日差，不痛，人亦不自寤，一月之间，即平复矣。"这是人类文化史上最早的腹部手术记录，实在令我们引以自豪。试想，不必做脊椎穿刺，只要口服一些药就可以达到全身麻醉，施行手术，多么舒适和方便！即使用现代医学的眼光看，这也是一种令人神往的麻醉方法。而中国在1800年前就已经做到了,其关键就是有了麻沸散这种功效神奇的麻醉药!那么麻沸散究竟是什么药呢?因为史料缺乏,详情不可确知,便成了千古之谜。后世医家、史家对此多有议论,疑问很多,归结起来无非是:到底有无此药?如果有,那它的配方是怎样构成的?

《圣经》作者

《圣经》究竟是不是一本"圣"书?它是不是得自神的旨谕、晓示神的旨意,因而内容绝对正确无讹,永远神圣不可侵犯?这不仅使神学家、历史学家颇感兴趣,而且一般的普通群众也对此兴味盎然。犹太教或基督教神学家,尤其是传教士、牧师都说《圣经》是神圣的书,不是上帝亲自编写的,就是上帝在西乃山上向摩西口授、委托摩西编写的。当然这只是反映了他们的信仰。而其他的人对此却提出了质疑。19 世纪的自由思想家们,把史料考据方法应用于分析和批判《圣经》及有关资料,创立了《圣经》考据学和实证宗教学。使人们得以用科学的态度和方法分析研究基督教的经典文献——《圣经》,从而为拨开笼罩《圣经》的迷雾作出了可贵的探索。现在有人已证明《圣经》并非上帝或摩西所作,而是后人的作品。但究竟又是何人所作呢?

《旧约》学家、圣迭戈的加利福尼亚大学教授理查德·埃利奥特·弗里德曼所作《< 圣经 > 系何人所著》指出,《圣经》是真实有人认为罗马风行角斗的根本原因是奴隶制度造成的。奴隶制度把人不当人看待,对奴隶、战俘、犯人任意折磨和杀戮。奴隶制还造成了大批破产农民,他们涌入城市,成为流氓无产者。这些人视劳动为耻辱,整天无所事事,不劳而获,是社会寄生虫。但他们却是全权公民,握有选票,因而在政治斗争中居于举足轻重的地位,统治阶级在权势斗争中需要他们作为支柱,于是就采取高压和引诱对付他们,用"面包和马戏"拉拢腐蚀他们,使他们在日复一日欣赏角斗流血的过程中,日益堕落、沉沦,成为统治者俯首贴耳的工具。

也有人认为,罗马风行角斗在于传统自身的简单发展,如罗马人喜欢血,就要求更多的血,渴望经常举办流血的角斗比赛。

还有人说,原因可能在于群众的社会心理方面,那就是一种把它作为一种特别方式的安慰,可能产生与攻击者的胜利相一致,而不会与失败者的痛苦相一致的心理状态。角斗表演为暴力和悲剧提供了一个共同的舞台,每一次表演就是再一次向观众证明他们又一次免于灾难。

古希腊雕塑

旧石器时代晚期,当远古人类在幽深的洞穴中创造大量的洞窟壁画的同时,还创造了一种易于携带的小型雕像。这种小型雕像伴随着人类的狩猎生产活动,在地中海周围、大西洋沿岸直至西伯利亚平原的整个欧亚大陆广为流传。

这些小型雕像的表现题材,主要是裸体女性。虽然尺寸不大,只有十几厘米,材质也嫌粗糙,多为石灰石料,但造型奇特。其最突出的特征是以夸张或变形的手法,表现女性的生殖器官,有意识地强调乳房、腹部和臀部的丰满和结实。甚至以十分概念化、抽象化的球体结构,将女裸形象紧缩成浑朴而自然的团块状。作为女性标志的符号,其性征意识是明确的。稚拙而粗犷的雕凿,原始而天然的质地,久远而陌生的斑痕,使女裸雕像犹如混沌初开一样,具有一种顽强而内在、神奇而又熟悉的生命运动和精神震慑。

女裸雕像作为原始人类生殖崇拜和生命意识观念的一种精神体现,伴随着人类自身的繁衍与壮大,流传于广泛的社会生活之中。作为原始艺术,女裸雕像所展示的审美意义,在于它以人类第一次直观自身并同时稚拙地表现自身的创造性活动,开始了人体艺术的初始步履。尽管它的巫术功利与目的十分明确而突出,但其最为纯朴与最为真挚的自然美感,恰恰是它最为无华地表现了人类对母性的精神崇拜和生命观念的永恒。这一点也正是作为今天的人体艺术最为本质的存在价值和审美意义。后人将其赋予爱与美的理性蕴涵,称其为"维纳斯",正是出于人们对人体艺术美感精神原初范例的历史追溯,其实女裸雕像在本质上是人类童年期母性的偶像,是具有明确的原始巫术与实用功利的祭祀工具。

我们可以看到古希腊人雕塑采取裸体的形式,这和当时战争的频繁与体育的盛行紧密相关。大约在 3000 年前,爱琴海一带出现了无数城邦。由于各个城邦都想占有其他城邦。因此当时的公民只有两个职责,就是公共事务和战争。为了培养懂政治、会打仗的公民,就出现了一种特殊的教育。由于那时战争全凭肉搏,因此每个士兵都得锻炼好身体,越强壮越矫健越好。青年人大半时间都在练身场上角斗、跳跃、拳击、赛跑、掷铁饼,把赤裸的肌肉练得又强壮又柔软;目的是要练成一个最结实、最轻灵、最健美的身体,当时,几乎没有一个自由民不经过练身场的训练,而运动不高明的人,则被人看不起。希腊人的孩子从会走路开始,就要接受体育训练。古希腊各个城邦每逢节日,都要举行体育竞赛,从中挑选出最有气力、身手最敏捷的青年。在当时的运动会上,人们并不以裸体为耻,青年男女为了显示自己健美的体魄,常常把衣服脱光。对于运动会上的优胜者,人们都报以雷鸣般的掌声,姑娘会向他献上鲜花桂冠,诗人为他作诗,雕塑家为他塑像。基于这种思想,裸体雕塑自然地成了当时的艺术主流。从艺术规律来看,雕塑为三维空间艺术,有实感,最能表现力量;而那些运动场上的优胜者和美丽的肌体都可成为雕刻家最理想的模特儿。

从总体上来说,希腊雕塑的裸体和战争、体育以及审美都是有联系的。希腊的人体雕塑主要是希腊现实生活的反映,可归咎于社会原因:军事海盗式争夺、相适应的体育运动裸体竞技、久而久之所形成的特殊审美观念。当审美观念一经形成,往往会逐渐离开了原来的实用目的,而具有相对独立的审美意义。于是,裸体雕塑就大量地出现了。

维纳斯

爱琴海上的罗德斯岛,在希腊化时代出现了一个著名的雕塑学派——罗德斯学派。它承袭了吕斯玻斯创作的特点,善于雕塑矫健有力的男性人体、长衣垂复的女像、结构复杂的人物群像以及壮丽宏大的雕塑像,《在祈祷中的男童》、《胜利女神》、《拉奥孔群像》以及《罗德斯巨人像》分别是上述四种类型雕塑的代表作。《拉奥孔群像》是罗德斯雕刻大师阿基山德鲁、阿辛诺拉斯和坡里多拉斯的杰作。它创作于公元前2—前1世纪之间。取材于特洛亚战争中的一个神话故事。在特洛亚战争中,特洛亚的祭司拉奥孔,因识破天神帮助希腊人攻破特洛亚的计谋,他和两个儿子被海神派来的巨蟒缠死。它生动地表现了拉奥孔父子与巨蟒搏斗时痛苦挣扎的面部表情和全身筋肉的紧张状态,形象逼真,具有高度的写实技巧,对后来西方的雕刻艺术有着深远的影响。《罗德斯巨人像》是公元前3世纪雕刻家卡瑞斯的作品。"巨人像"是一尊太阳神像,高34公尺,费时12年用青铜铸造而成。因其宏大壮丽而被誉为古代世界七大奇迹之一。

如果说《在祈祷中的男童》是希腊化时代表现男性人体的杰作,那么

《米洛斯的维纳斯》像则是表现女性人体美的杰作。《米洛斯的维纳斯》像一直静静地躺在爱琴海南部的米洛岛上，直到1820年4月的一天，希腊爱琴海中的一座小岛——米洛岛上，一位农民才发现了"断臂维纳斯"。当时它的发现曾轰动了整个西方艺术界，并很快成为了世界上最流行的雕刻作品。女神像的左右手虽已失落，但头部和身躯保持完好。她形象优美，散发着温柔、幽雅的迷人气息，但面部表情有点冷漠。女神像上身部分以裸体表现，下身裹着衣裙，神态优美、健康、活泼有力。在雕刻艺术上，它显得风格独特新颖，一般认为它融合了希腊派各派之长，达到了古希腊艺术至高的境界。从女神像的面部表情和半身裸体的姿态，可以使我们感受到公元前4世纪后期的社会气息；从女神身躯的简练、概括的曲线中，我们又可以看到古典时期那种神圣庄严的特点；从衣裙的处理还可以看到希腊化时代自然人间的痕迹。法国公使利比耶尔侯爵以二万五千法郎的高昂代价买下了这座雕像，把它匆匆装上法国军舰，偷偷地运往法国。如今这尊稀世珍像藏在法国巴黎的著名美术馆——卢浮宫中。她与达·芬奇的"蒙娜丽莎"画像以及"带翼的胜利女神"石像一起成了卢浮宫的三件最珍贵的藏品。

有些考古家、艺术家曾经尝试着为美人修复手臂。那么，她原先的手臂形状与姿态又是怎么样的呢？又有多种说法。

德国考古学家福尔托温古拉设想，女神的左手前伸，小臂搁在一根柱子上。手掌里握有一个金苹果；右手下垂按住已坠落在下腹部的衣裙。另一位英国医生克罗蒂阿斯·达拉尔则设想，女神左手上臂向前平伸，小臂陡然上曲，手掌里也握有一只金苹果；右手的姿势则类似福尔托温古拉的设想，下垂按住衣裙。还有一种较为流行的意见是：她左手前伸握着一面盾牌，右手腾空略前下垂，并不按住衣服。近年又有人考据认定她的左手向前平伸，向着"天神"丘比特……。

人们还按照各自的猜想补塑了"美神"的一双断臂。可是，按上手臂以后，人们总是感到不怎么自然、合理，不够协调，似乎反而不如断臂时的"美神"那么美了。直到今天，人们喜爱的还是这一位断了臂的"美神"。

威林道夫的维纳斯

1908年发现于奥地利维也纳附近的威林道夫。这是一件高11厘的石雕像。该像很显然是特意地夸大了女性的肉体特征:硕大丰满的乳房垂附于腹上,腹部涨圆,臀部臃肿肥大,向后撅出,肥胖的大腿充盈了两腿间的缝隙。与此形成鲜明对比的是,搭在硕大乳房上的双臂细小得不成比例,通常令人们注重的面部全没有刻画,到是头发被雕成精细的小卷,据推测可能是当时妇女流行的发式。这种有意识的主观变形,使女裸雕像的主题意味和功能指向非常明确。虽然雕刻手法还嫌稚拙僵笨,材质也显粗糙斑驳,但是那种团块状的浑厚感,却明显地突出了其成熟、健壮而充满活力的体态,表现出人类母性生殖力的旺盛与生命力的顽强。这尊著名的女裸雕像距今至少有3万多年的历史,是世界上发现最早的雕像之一。

劳塞尔的维纳斯

　　发现于法国西南部多尔多涅地区劳塞尔岩窟中,为一组浮雕中的一件,高46厘米。这件浮雕以粗放而流畅、概括而又充满韵律的线条,在略为平整的岩壁上雕凿出的正面女人体的生动形象,堪称原始雕塑中人体艺术的典范。如同其他女裸雕像一样,它同样强调了女性硕大而丰满的乳房,宽阔而结实的臀部,圆润而富弹力的腹部,以及女性长长的头发。然而,更富意味的是这件女裸雕像的左手轻轻抚摸着隆起的腹部,右手则高高擎着一只象征雄性的牛角,使祈求人类生命繁衍的观念意识更为直观和明确,并且也使我们多少窥见到人类在进行生殖崇拜仪式时的庄严与神圣。这件女裸雕像出现在旧石器时代晚期的奥瑞纳文化期,距今大约有二三万年之久。

基督圣体裹尸布

　　意大利的都灵大教堂范围之内,萨夫瓦公爵世家的一座小礼拜堂里,保存着耶稣基督的裹尸布。这块有一块十四尺五寸长、三尺八寸宽的布,布上隐隐约约有一个人的前身和后身的影像。如果这真是基督的遗物,那肯定是无价之宝。那么,这真是耶稣基督的裹尸布吗?
　　据说在早期基督徒被压迫的时代,这块圣体裹尸布被人藏起来有三百年之久。后来它落人君士坦丁堡拜占庭帝国统治者之手,1240年该城沦陷时,由战胜的十字军运到法国杜斯省的贝桑松大教学里安放,教堂1349年失火几乎把它烧掉。1432年,有人把它奉献给萨夫瓦公爵。公爵府中又失过一次大火，把它稍微烧损，然后就移到都灵大教堂公爵住的地方。从 1578 年起一直保存到今天。

德国作家班纳研究过圣体裹尸布之后说，如果真是耶稣基督的裹尸布，上面的血迹显示他在十字架上被解下来之后，心还在跳。因为假使他的心已经停止跳动，他的伤口一定不再流出血水，而身上已经流出的血也一定会在尸身裹上布之前凝结。

班纳认为基督不是钉死在十字架上的，也不是被矛戳腰，伤重身亡的。他说利用摄影的方法把人体重拼起来，可以证明如果按照裹尸布上表示的位置，用一支长矛刺入人身，不会伤害到心脏。因此，他相信耶稣在十字架上也许仅是失去知觉而暂停呼吸，因为受不住苦刑，流血过多而昏倒的。这样一来，几个刽子手以为耶稣已经死去，就让人把他解下来，放进坟穴里。但是在入土之后，可能芦荟和药膏发生了效力，再加上坟内寒冷，基督便苏醒过来，在门徒面前复活，然后才升天。

班纳又特别注重一点，就是裹尸布上显出的钉子伤口是在手腕上。他说这一点足以证明裹尸布是真的，因为如果像大家相信的那样，钉子是钉在手掌上，那么身体的重量会把两只手都扯破了。研究过裹尸布照片的其他医药专家，注意到影像上所显现的肌肉都变了形。他们说这种情形是因为钉在十字架上才会发生的。英国警察局的外科医生卫里斯指出，影像上两个大拇指缩短了大半截。这完全是钉子穿过手腕，伤了一条筋所致。

埃及艳后自杀

公元前 30 年，屋大维逼近埃及，此时埃及军队发生内乱，安东尼眼看大势将去，便把披甲解去，抽出佩剑，自杀了，时年 52 岁。

被屋大维活捉的克里奥帕特拉得到她将被作为战利品带往罗马游街示众的消息后，便请求屋大维让她祭奠去世的安东尼。之前，她已把自己的遗书写好了。沐浴后，她用了一顿丰富的晚餐。此后，便失落地进入自己的卧室，躺在一张金床上，非常安详地睡去，但从此没有再醒过来。匆忙赶到的屋大维把她的遗书展开，女王请求把她与安东尼埋葬在一起，对她的自杀屋大维虽然有些失望，但由衷地佩服她的伟大，便依照她的遗书，把她的遗体葬在安东尼身边。

那么她究竟是用何种方法自杀的呢? 至今仍是个迷。

大多数人认为,女王提前安排将一只藏有一条叫"阿斯善"的小毒蛇的盛满无花果的篮子带进屋中,再让小毒蛇咬伤自己的手臂,因中毒昏迷而死亡。亦或是,女王早就在花瓶里喂养了毒蛇,然后用一支金簪在蛇的身体上刺,引它发狂,直到把她的手臂缠住。持这种观点的人依据考证资料提出:卧室朝向大海的一边开着一个窗户,从这里受惊的毒蛇完全可以溜走。此外,女王的医生证明:"她的手臂上,的确有两个不是很明显的疤痕。"

也有不少人不同意上述两种观点,因为咬伤或刺伤的痕迹没有在死者尸体上发现,在卧室中也没有发现任何有毒的小蛇。他们认为服毒而死的可能性最大。

美艳的克里奥帕特拉像夜空中转瞬即逝的流星一样,关于她的死亡之谜,仍为后人所疑惑不已。也许最终都无人能解此中奥秘,谁让克里奥帕特拉本身即是一个"万人迷"呢?

古罗马人沐浴

随着罗马帝国的强盛,城镇发展起来后,公民生活优裕,公共澡堂很受欢迎。罗马城内的澡堂有热气室、热水浴池、冷水浴池和凉气室。如果一个人跑去洗澡,往往先在特设娱乐室里打球或者做些别的锻炼,随后脱光衣服在热气室内直到全身热汗淋淋,再用油洗净,然后洗热水澡,凉了之后便跳进冷水浴池以强身健体。罗马和其他城市的大型热澡堂规模宏大且气派。内有大理石柱、精美拼花地板、穹隆天花板、喷水池和塑像。罗马城内名喀拉凯拉皇帝修建的澡堂,方圆11公顷,可供1500多人同时洗澡。罗马市中心戴欧克里兴皇帝的热澡堂占地更广。很多热澡堂除游戏室、热气室和浴池外,还有酒吧、商店和咖啡座,甚至剧院和图书馆设施。澡堂也成为狂饮者的最佳场所。不管在运动室或热气室里,总会感觉口干舌燥,那就更易借口喝上几大杯酒。富人们喜欢夸耀财富,他们华衣盛装来到公共澡堂,带一群奴隶在两旁伺候,替主人宽衣,用油脂为主人身体按摩,再用金属或象牙制成的上有槽纹的刮板把皮屑刮净,然后全身抹上珍贵的香水。